光明版
GUANGMING VERSION

我从驼乡来

布和朝鲁　著

光明日报出版社

图书在版编目（CIP）数据

我从驼乡来 / 布和朝鲁著 . —北京：光明日报出版社，2023.7

ISBN 978-7-5194-7334-1

Ⅰ . ①我… Ⅱ . ①布… Ⅲ . ①回忆录—中国—当代 Ⅳ . ① I251

中国国家版本馆 CIP 数据核字（2023）第 114356 号

我从驼乡来

WOCONG TUOXIANG LAI

著　　者：布和朝鲁

责任编辑：许黛如　　　　责任校对：曲建文

封面设计：MXK DESIGN STUDIO　　　　责任印制：董建臣

出版发行：光明日报出版社

地　　址：北京市西城区永安路 106 号，100050

电　　话：010-63169890（咨询），010-63131930（邮购）

传　　真：010-63131930

网　　址：http://book.gmw.cn

E - mail：gmrbcbs@gmw.cn

法律顾问：北京市兰台律师事务所龚柳方律师

印　　刷：天津融正印刷有限公司

装　　订：天津融正印刷有限公司

本书如有破损、缺页、装订错误，请与本社联系调换，电话：010-63131930

开　　本：170mm × 240mm

字　　数：289 千字　　　　印　　张：19.5

版　　次：2023 年 7 月第 1 版　　　　印　　次：2023 年 7 月第 1 次印刷

书　　号：ISBN 978-7-5194-7334-1

定　　价：69.00 元

布和朝鲁

自　序

内蒙古最西端的阿拉善盟是骆驼之乡。我是阿拉善一家牧民的儿子。我从驼乡走来，不期而然走上了从政之路。人人都走路，但走的路各有不同。呈献给读者的这本书，是我从驼乡走来，又走上从政之路的回顾。

一想写回忆录，很多人来到我面前，他们是我这一路上不期而遇的人们。在这本书里，写的是真实的我、真实的你、真实的他；写的是真实的情况、真实的情节、真实的情感。因为在念初中的时候我就开始写日记，一直坚持下来。所以我能写得真实。

1961 年，在一次座谈会上，有人对周恩来说："总理，你给我们写一本书吧！"周恩来笑了笑说："如果我写书，我就写我一生中的错误。让活着的人们都能从过去的错误中吸取教训。"这是伟人的情怀和境界。苏格拉底说："认识你自己。"认识自己比认识别人要难得多。我这个人，自己有不少缺点错误，却见不得别人的毛病，老是想改变别人。

在从政的 32 年以及之后的岁月里，我听党的话，跟党走，在不同的岗位上为老百姓做了一些事情，也有不少失误，确实需要像周恩来说的那样"从过去的错误中吸取教训"。苏格拉底还说过："未经反省的人生不值得过。"在这本书里，对自己的失误，我都进行了反思和反省。到了晚年，我至少悟出一个道理：改变别人，莫如改变自己。

末了，我要对作家田培良和内蒙古大学副教授、内蒙古作家协会副主席安宁的赐教，对我爱人乌云和孩子们的鼓励支持，一并表示深深的谢意。

布和朝鲁

2022 年 12 月 3 日

目　录

Contents

第一章　在两片草原上

第一节　从两片草原说起　/002

第二节　难忘是童年　/007

第三节　父亲教我识字　/015

第四节　母亲教我唱歌　/023

第二章　在广阔的天地里

第一节　学生时代　/036

第二节　遭遇挫折　/043

第三节　做一个庄户人　/049

第四节　爱情的奇遇奇缘　/056

第五节　从教八年的回顾　/071

第三章　在故乡的怀抱中

第一节　故乡，儿子回来了　/076

第二节　额济纳之行　/080

第三节　伯乐不常有　/083

第四节　盟长的深意　/091

第四章　在巴丹吉林南缘

第一节　在较量中淬炼　/100

第二节　牧民的事就是我的事　/114

第三节　用新办法解决老问题　/124
第四节　不吃别人的饭就没有饭　/130

第五章　回到阿拉善盟委

第一节　在最高学府学习　/142
第二节　当宣传部长　/154
第三节　改任秘书长　/158

第六章　在内蒙古党委组织部

第一节　三人领导班子　/164
第二节　把重点当重点　/175
第三节　细节决定成败　/181
第四节　干部教育种种　/187

第七章　在锡林郭勒草原上

第一节　拜农牧民为师　/196
第二节　转变方式方方面面　/204
第三节　牧民问我怎么办　/215
第四节　喊破嗓子不如做出样子　/227

第八章　在内蒙古党委政研室

第一节　学习无止境　/239
第二节　创新处处有　/249
第三节　服务求质量　/258

第九章　退而不休的岁月

第一节　学习理论写书写文章　/269
第二节　做好需要我做的事情　/277
第三节　共享天伦之乐　/292

第一章 在两片草原上

第一节　从两片草原说起

我说的草原是驼乡阿拉善的草原。它和别处的草原不一样，不一样的草原养育不一样的人。阿拉善的草原总体上属于沙地草原，有大片大片的骆驼喜欢吃的梭梭等各种沙生灌木。梭梭等灌木非常耐干旱，吃梭梭的骆驼也具有极强的在恶劣严酷的环境条件下生息繁衍的能力。阿拉善沙漠很大，骆驼很多，面积很广，人口却很少。

举世闻名的巴丹吉林、腾格里大沙漠在阿拉善。全国骆驼的三分之一、内蒙古骆驼的三分之二在阿拉善。因此阿拉善被称为驼乡。“骆驼之乡”的面积差不多占全区面积的四分之一，而人口不足全区的百分之一。解放前的几个世纪里，繁衍生息在广袤无垠的沙漠戈壁上的阿拉善人，他们的生产生活离不开骆驼这个特殊的交通运输工具。骆驼被世界公认为“沙漠之舟”。我从小对骆驼抱有很大的敬意。它高大雄伟，像一座移动的山，而又温顺可亲，是牧民的亲密伙伴。赤日炎炎，黄沙滚滚，骆驼负重前行，一步一个脚印，不到目的地，从不停蹄。它坚强不屈的性格给我留下不可磨灭的印象。

不一样的驼乡养育不一样的人。从一定意义上讲，环境造就了人，人也改造了环境。阿拉善的环境，造就了阿拉善人；阿拉善人也祖祖辈辈、日复一日地改变了阿拉善大地。阿拉善人有骆驼的性格，人们这样赞誉阿拉善人的精神：特别能负重、特别能吃苦、特别能奋斗、特别能奉献。

我是内蒙古阿拉善盟阿拉善左旗人。阿拉善地处内蒙古最西端，阿拉善古老的经典长调歌曲这样赞美它：“富饶辽阔的阿拉善，是我千辛万苦找到的故乡。”据记载，阿拉善和硕特蒙古部是原四卫拉特之一的和硕特蒙古部的分支，是大蒙古帝国时期成吉思汗胞弟合撒尔的后裔。到了元代，他们游牧于额尔古纳河流域，明代游牧于天山南北，清初游牧于阿拉善地区，而后归附于清廷。1697 年（康熙三十六年），由清廷赐地建立阿拉善和硕特特别旗，直隶清廷。

我想，祖先们找到这片“难得的”地方，是阿拉善蒙古子孙后代永远的福气。1949 年 9 月 23 日，阿拉善旗末代王爷达理札雅巧妙而成功地挫败了宁夏的马鸿逵威逼利诱拉他反共的企图，毅然宣布起义，站到了人民这一边，阿拉善和平解放了。[①] 20 世纪 50 年代初，我没有上学的时候，就跟着母亲学会了一首蒙古语新歌，至今还记着它的歌词：

十月初的那一天，
解放了阿拉善。
啊哈嗨！
走投无路的马鸿逵，
夹着尾巴逃台湾，逃台湾。

这首歌充分反映了阿拉善老百姓实现和平解放的喜悦心情。

这是七十多年前的事了。从那时起讲我的故事，需要从两片草原说起。

阿拉善大地的中部耸立着两个举世闻名的大沙漠，西边是巴丹吉林沙漠，东边是腾格里沙漠。在腾格里沙漠东缘与其相连的是一片沙滩草原，叫巴音呼都格滩。在巴音呼都格滩的东南还有一片与其相连的草原，叫浩依尔呼都格草原。这两片草原不同于内蒙古东部呼伦贝尔的草甸草原，也不同于中部锡林郭勒的典型草原，它们是内蒙古最西部阿拉善的荒漠草原。这两片草原虽然都是荒漠草原，但有各自的特点。从地形地貌看，巴音呼都格是平缓的沙地，而浩依尔呼都格则是一眼望不到边的平原。

① 参阅孛儿只济特·道尔格著《阿拉善和硕特蒙古部》。

极目远眺，巴音呼都格滩的东北和东边，是著名的阿拉夏乌拉，即巍峨的贺兰山。贺兰山是我国为数不多的南北走向的山脉。贺兰山山脉向南延伸，最南端叫古日文赛罕山。与巴音呼都格滩相连的浩依尔呼都格草原，一直延伸到古日文赛罕山西麓。往南看，坐落在巴音呼都格滩南部的是颇有名气的超格图呼热庙，是阿拉善八大寺庙之一。在超格图呼热庙东北十来里地有一眼井，叫巴音呼都格井，其意为富有井。巴音呼都格滩就是因这眼井而得名。什么时候有了这个名字，谁起的名字，无从考证。

19世纪末，在巴音呼都格滩上住着一户牧民，有两间土房，还有三十来只羊、两匹二岁的马和驴。这户住在“富有井”滩上的牧民，生活并不富有。他们原先住在腾格里沙漠中的额木讷高勒，后来搬到巴音呼都格。高勒意为川，是指沙漠中的盐碱性湿地，额木讷高勒即南川。这户牧民叫什么名字，知道的人不多，人们都叫这个大高个汉子的尊称阿蒙嘎。我们阿拉善蒙古族区别于其他地区蒙古族的一个习俗是，不管男女，既有名字，又有尊称，人们见面只叫尊称。只知尊称，不知其名是常有的。

阿蒙嘎属于阿拉善的额鲁特氏。1896年，阿蒙嘎生下一女，取名那日满都拉，嫁给道尔吉僧格·宁嘎。1900年，阿蒙嘎生一男，属鼠，取名贡格尔扎布，尊称满吉。贡格尔扎布·满吉就是我的父亲。阿蒙嘎是我的爷爷，据说他老人家活到80多岁。这些简略情况都是母亲后来给我讲的，父亲生前没有讲过我们家过去的事。巴音呼都格沙原，我称其为父亲的滩，因为我的父亲，我父亲的父亲，都在这里住过。我的童年也是在这里度过的，但我不是生在巴音呼都格滩，我出生于浩依尔呼都格草原。

浩依尔呼都格草原地处阿拉善的最南端，在巴音呼都格滩的东南几十里地与其相连，往东一直延伸到贺兰山的余脉古日文赛罕山的西麓。浩依尔呼都格在蒙古语里是两眼井的意思。最初，浩依尔呼都格草原中部的那块洼地里也许只有两眼井。到后来，浩依尔呼都格草原上人多了，牲畜多了，那块洼地里打的井也多了。所以，汉语名字并不叫两眼井，而是叫乱井。

20世纪初，当地嫌乱井这个名字不好听，就按蒙古语的意思改称孪井。浩依尔呼都格草原上的牧民以孪井为中心，以十里的距离为半径，居住在一个大圆圈上。我觉得，他们以这种几何图形安排居住是很科学的。因为除了夏天需要每天到孪井饮羊以外，其余季节一般是隔一天饮一次水。饮水天，羊群往孪井方向边吃草边走十里去饮水。隔水天，往相反的方向去吃草，往返也是二十里。

在浩依尔呼都格草原上，孪井以北十里地，住着巴岱、温岱两位老人和他们唯一的女儿阿尤尔扎娜。在他们家东边还住着一户牧民，女主人叫策仁佳，是巴音呼都格滩的牧民贡格尔扎布的姑舅姐姐。策仁佳把巴岱的女儿阿尤尔扎娜介绍给了贡格尔扎布。

那年，超格图呼热庙的“雅日登”（雅日登是由寺庙举办的小型那达慕）其间，贡格尔扎布和阿尤尔扎娜见了面。由于先前策仁佳做过介绍，他俩都了解彼此的情况。对于贡格尔扎布的求婚，阿尤尔扎娜说，如果我嫁给你，我们还要照顾赡养我年迈的阿布额吉（蒙古语父母），否则我不能去你家。贡格尔扎布非常肯定地说，赡养老人的事你不用担心。有缘人终成眷属，他们俩很快成家了。

这个嫁给贡格尔扎布的阿尤尔扎娜就是我的母亲。我母亲生于1919年，属羊，尊称叫敏吉盖。父亲娶我母亲的时候，他的牲畜发展到70多峰骆驼、400来只羊，还攒了40块大洋。他们是1945年结的婚，1947年生了我，父亲给我起名叫布和朝鲁。接着，1951年有了二儿子巴图朝鲁，1959年有了三儿子孟和朝鲁。在蒙古语里，朝鲁是石头

父亲贡格尔扎布和母亲阿尤尔扎娜

的意思，布和朝鲁是坚固的石头，巴图朝鲁是牢固的石头，孟和朝鲁是永固的石头。有了这三个“石头”，父母喜出望外、喜笑颜开、喜气洋洋，自不用说。

我的父亲和母亲相敬如宾，相互间从不直呼其名，只叫尊称。他们对放牲畜的帮工们也是以家人相待，大家在一个锅里吃饭。父亲把自己的旧衣服给帮工们穿，过年时，母亲为帮工缝制棉衣。和帮工们常年在一起，父亲和母亲都学会了汉话。相比之下，帮工们的蒙话讲得要比我父母的汉话流利得多，听不出来他们是汉族。父亲每年给帮工几只羊作为工钱，年长了，帮工自己的羊也发展起来。帮工的羊多了就另立门户、成家立业，养自己的牲畜。中华人民共和国成立后，曾为我父母家做过帮工的一个叫王绍的人不仅另立门户、成家立业，还当上了苏木的领导。

父亲兑现了婚前对母亲的承诺。为了就近照顾妻子阿尤尔扎娜年迈的父母巴岱和温岱，1952 年，父亲在浩依尔呼都格草原上盖了 5 间房，离巴岱的家很近。1956 年，我们家从巴音呼都格滩搬到了浩依尔呼都格草原。1956 年我上小学，上学以前我的少儿时代是在巴音呼都格滩度过的。小学和初中的假期，我多在浩依尔呼都格草原上放羊。

这就是我的故乡巴音呼都格、浩依尔呼都格两片草原，以及祖祖辈辈在这两片草原上繁衍生息的我们家族在解放前后那一段的生产生活写照。在明亮的天空下，光芒万丈的红太阳普照的巴音呼都格滩和浩依尔呼都格草原，是我父亲的滩、母亲的草原，是我的摇篮，是我的乡愁，是我永恒的记忆。

第二节　难忘是童年

我的老家在阿拉善盟阿拉善左旗嘉尔嘎勒赛罕苏木的巴音呼都格滩，而我出生在浩依尔呼都格草原。浩依尔呼都格草原南部那个梁叫查干鄂木，在查干鄂木梁和梁南边的哈日乌珠尔山之间的那块地方叫布拉格乌森。再往南，就和宁夏的中卫县接壤。在布拉格乌森有一个用柴火砌成的羊圈。1947 年初春，我们家的羊群从巴音呼都格滩走“敖特尔”[①]来到这里。后来母亲给我说，我就出生在这个敖特尔的毡包里。那天是 1947 年农历二月初六，那年是猪年。

我出生的第三天，西风大作。我们家的一个帮工在羊圈的西边燎羊头。所谓燎羊头，就是宰了羊以后把羊的头蹄拿到野外，笼起火，用火烧掉头蹄上的毛，以便洗干净了煮着吃。不料，这个帮工没有经验，在羊圈的上风头笼火燎羊头，风刮着火苗烧着了下风头柴火砌的羊圈。

那时候，父亲不在“敖特尔”上，而是在巴音呼都格的家照看骆驼群。那天，听到外边有人喊“羊圈烧着了”，母亲便扔下出生才三天的儿子，跑出去救火。风助火势，越烧越旺，把羊圈烧成了火圈。事后帮工们说，“火烧财门开，元宝滚进来”。可是，元宝没有滚进来，却用 20 只羊、1 头驴赔了宁夏人砌的这个羊圈，还差一点把圈里的羊羔烧死。没有了羊圈，只好把毡包往东挪，挪到一个洪水冲开的沟边，把沟崖收拾收拾做成了羊圈。

① 蒙古语里指牧民赶着自家的畜群从较差的草场移牧到较好的草场上放牧，叫走敖特尔，也叫通场移牧。

这次烧着羊圈是我来到人间后遇到的第一个“险情”。据母亲说，我小时候还遭遇过一些“险情”，多数与火有关。在巴音呼都格的家里，我刚会爬的时候，母亲正在羊群里挤奶。突然听到儿子的哭喊声，她跑回来一看，儿子一屁股坐在炉灶口的火灰上，烧了屁股，后来留下了疤痕，至今还能摸得着，留作了永久的纪念。

我三四岁的时候，有一天，一个帮工去野外燎羊的头蹄，我好奇地跟去看。那个帮工燎羊蹄，我也学着燎羊蹄。帮工把火剪放在火堆里烧红用来烫羊蹄两指之间的毛，我没有火剪，就把一根柴火棍烧透以后也学着烫羊蹄。不料稍一使劲，柴火棍断了，指甲大小的火块掉进了我的布袜子里。我被烧得直喊叫，帮工急忙帮我脱鞋脱袜。结果是我没有烫着羊蹄，却把自己的脚腕烧了一块，把额吉给我缝的布袜子烧了一个洞。

有一年大年初一的早晨，我跟着父母在我家东北坡上笼火烧香、放炮祭天。我听到父亲燃放的“二踢脚”中有一个只响了一声。太阳升高以后，我就跑到清晨笼火的地方找那个只响了一声的“二踢脚”。我找到了，把那半个“二踢脚”拿回家，蹲在炉灶口，在“二踢脚”没炸的那一头上放了着过的骆驼粪火块，拿在手里看会怎么样。当时，大人们都在忙别的事情，谁也没注意我在这里进行着一个“重大试验”。不一会儿，“砰”的一声，半个“二踢脚”从我的手中弹出去，撞到房梁上。人们闻声跑进来，看到我双手捂着脸站着。“怎么啦？怎么啦？”父亲抱起我，我的脸被火药喷黑了，母亲忙拿来湿毛巾给我擦脸。还好，半个“二踢脚”只是把我的眉毛和前额的头发烧了，眼睛和脸并无大碍。

1951 年，我家的羊群走敖特尔来到浩依尔呼都格草原古日文赛罕山那边的阿尔善布拉格落脚。人们都在忙乎搭帐篷，不一会儿工夫，他们突然发现我不见了。当时正是狼猖獗的年头，父亲和母亲吓得魂不附体。他们跑遍四周寻找，最后发现我在较远的洪水沟里一个人玩。母亲说，你怎么跑这么远呢，狼来把你叼走怎么办。我却说，额吉，您给我讲故事说狼是趁下雨的黑夜跑进羊群里的，现在有太阳的白天狼怎么会来呢？他们都笑了。母亲说，再不要一个人离开这么远，听见没有？我说，记住了，额吉。

我出生在浩依尔呼都格草原的布拉格乌森敖特尔上，但我的孩提时代是在巴音呼都格度过的。在巴音呼都格井的正北十里地有一个平缓的红土堆叫乌兰川吉，背靠乌兰川吉梁有一排土房，那就是我的老家。

这一排土房由正房、伙房和库房构成，中间部分是正房，东侧向南拐过来是伙房，西侧向南拐过来是库房，南面连接伙房和库房的是三四尺高的院墙，院门在正中间。正房门的东侧有两个较大的窗户。从正房门进去是一个过道间，从过道间北侧的门进去是一个住人间，炕在西侧。从过道间东侧的门进去是一大间房，南侧临窗的是大炕，北侧是一个小储物间，这个大房间是父母我们三个人的卧室。再往东是布局和大卧室一样的小卧室，靠北墙放置箱柜，箱柜上放置佛龛。两间卧室的炕上是带抽屉的炕桌和配套的火盆架及黄铜火盆。卧室的箱柜、炕桌等都是描金枣红漆，炕桌面上画着龙、狮和祥云。卧室的墙壁贴了墙纸，炕围上贴了腰墙纸。

东侧伙房的门是朝西开的，进了门南北开间很长，南侧、北侧分别有两个大炕，东侧中间是几个锅灶，西侧放置案板和水缸等。南北炕上也都有炕桌、铜火盆，但炕桌不是描金漆的。由于长年烧火煮饭，伙房的墙壁都熏黑了。帮工们睡在北炕上。到了冬天，烧饭的同时烧炕取暖，父母和我睡在南炕上。

西侧的库房有两间，紧挨正房的库房是放粮食的，放置几个芨芨草编的大粮囤，几口大面缸和咸菜缸。另一间库房是放鞍具、口袋、绳索等杂物的，紧挨库房的是马棚。出了院门绕到房西，靠北还有一个朝西开门的比较窄的长方形库房，主要是堆放麦草和各种驼具等。

那一排住人房的前檐下有好些燕子窝，每到夏天，窝里的小燕子伸长脖子、张大黄色的嘴，大燕子们飞来飞去捕虫子送到小燕子的嘴里，叽叽喳喳，好不热闹。住房的西边不远处是用羊粪砖砌的羊圈和驼圈。在羊粪砖墙缝里，也有很多各种鸟的巢穴。不过，这些鸟的活动一般比较隐秘，不像燕子那么显摆。

上学之前，我俨然是这些房屋和圈舍的主人，它们是我的天堂。因为，在哪个屋子、哪个圈里玩，完全是我的选择。我在院子里长时间观察大燕子喂小燕子的过程，燕子们对我毫不在意。我又蹑手蹑脚走到圈门口去侦察哪个鸟是从哪一个墙缝进去或出来，但我从来不掏鸟窝。我是在家门口看着燕子妈妈飞来飞去的矫健身影，听着小燕子叽叽喳喳的声音长大的。

一开春，我们家最热闹的地方是羊圈。傍晚的时候，圈里的羊羔们不停地，而且是有节奏地、高调地咩咩叫着，迫不及待地要吃羊妈妈的奶。这时候，用一天时间在自己的乳房里“酿”满了奶的羊妈妈们，按低八度的声调咩咩叫着，遥相呼应，一路小跑赶往羊圈。我帮母亲打开羊圈门，满圈的羊羔潮水般涌出羊圈，准确无误地找到自己的羊妈妈，两个前腿虔诚地跪着吸吮妈妈的奶，小尾巴在不停地摆动。这样，每晚一次准时开场的交响乐，才告一段落。

如果说老家是我的天堂，那么巴音呼都格滩就是我的乐园。解放初期，阿拉善牧区人口稀少，十里八里没有别的人家，弟弟出生前我没有见过别的小孩。但在巴音呼都格滩上不是我一个人。春天，我在老家周围的滩上放小羊羔，小羊羔尽情地吃小草。在和煦的春风吹拂下，巴音呼都格滩上最先探出头来接受暖风抚摸的是嫩绿纤细的沙葱苗。接着各种沙地细草争先恐后地钻出来伸懒腰，使劲拔高。我惊奇地发现，它们一天一个装扮，使浅黄的沙滩一天天变为深绿的地毯。

在阳光明媚的夏天，金子般的腾格里沙漠，翡翠一样的巴音呼都格滩，相映生辉。那是一片沙滩，土质松软而肥沃。滩上有两种类型的植物，一类是冬青、白刺、霸王、特斯格等小灌木，另一类是各种沙地细草。

冬青是长得较高的常青灌木，它的叶子发苦，骆驼和羊都不肯吃，当柴火烧时，它的叶子噼里啪啦响个不停，像过年放鞭炮一样。儿时的我很奇怪，也很喜欢这个响声，但不知道为什么唯独它有这样的响声。春末夏初，漫滩遍野金灿灿的冬青花，竞相开放、争奇斗艳。白刺的枝条为白色，绿叶有刺，秋天结类似葡萄的紫色小圆果实，酸甜酸甜的。霸王的椭圆形绿叶长得鼓鼓的，骆驼爱吃。

另一类是羊爱吃的哈扎尔、苏里、叶莸、苏里克尔等沙滩细草。遍地的毛尔头和山羊刺的黄花、塔那的百花、软毛头的蓝花、沙葱的粉花等花草的清香扑鼻而来。特别是沙葱，一撮挨着一撮，一片连着一片，经微风轻轻吹拂，像是绿水的涟漪。

在这广阔无垠的沙滩上，各种小鸟在鸣叫，达兰和勒图等的叫声清脆悦耳。成群结队的麻雀上蹿下跳，三三两两的沙鸡见了我就“呱呱呱”叫着飞走。近处的羊群，像断了线的珍珠串滚落在五色地毯上，似动非动；又像蓝天上的白云，连成一片，缓慢移动。而远处散开的双直峰骆驼群，驼峰像山峰，驼群像山峦，峰峦叠嶂；刹那间它们又变为海市蜃楼，若隐若现。

在调皮的羊羔群边，我揪着吃毛尔头和山羊刺的黄花，掰断吮吸着“羊乳房”“驼乳房”等草果。这是两种草的橄榄形果实，掰断以后会流出甘甜的羊奶似的白色果汁。看见我吮吸着野草的果汁，蝴蝶也落到野草野花上，呼扇着美丽的翅膀。我想捏住蝴蝶的翅膀好好看看，可是每当我的手指快要接触它的翅膀时它就飞走了。于是我不停地追蝴蝶，跑得直喘气。看见我喘气，一条蜥蜴也跑到我跟前喘气。蜥蜴的头和后背上有花纹，肚皮是白的。它瞪着圆圆的双眼，翘着细长的尾巴看我。脊梁两旁的肚皮一鼓一收的，我知道它也在喘气。我想凑近看一看，它却跑了。我又追蜥蜴。蜥蜴跑得没有我快，但它躲闪得很机灵。眼看要踩住它细长的尾巴时，它却跑进灌木丛里不见了。我是追逐花蝴蝶和沙蜥蜴长大的。

秋天，湛蓝的天空没有一丝云彩。一排排鸿雁互相呼应着飞过。我仰天问它们，你们这么着急地飞，是从哪里来，要去哪里呢？雁阵里发出“咕嘎，咕呀”的声来，似乎是在回答说“更高，更远”。我说，那就快飞吧。我目送雁阵，直到看不见。雁阵下面是金黄的腾格里沙漠，遥望其高耸的沙山，绵延无际的沙梁沙丘，像是千万峰骆驼聚在一起，气势磅礴。我周围的沙滩草场上覆盖了一片片白雪。不，那不是白雪，而是雪白的羊群。

冬天，不能去野外玩。一早，我就站在院门口看离院门口不远的还没有起床的驼群。它们多数卧着，不紧不慢而有节奏地倒嚼。它们之中有一位与众不同。它个头高大，腰背宽阔，双峰直立，长长的鬃毛飞扬，两眼瞪得圆圆的，很威武。它好像不是在倒嚼，但嘴里吐着白沫子，连鬃毛上都沾了白沫子。它把两个后腿岔开，又粗又长的尾巴不停交替地拍打着自己的肚皮和后峰，发出啪嗒啪嗒的响声。第一次看到它，我好生奇怪。我问父亲，那峰骆驼怎么和别的骆驼不一样呢。父亲告诉我，那是儿驼。我又问，什么是儿驼？父亲说，驼羔长大之前，把小公驼骟了就成为骟驼，挑最棒的留下做种公驼，就叫儿驼。现在是儿驼的发情期，不要靠近它，它会追人，咬人的。我更好奇地盯着看那峰与众不同的儿驼。不过自那以后，只要看到儿驼，我就不敢出院门了。

巴音呼都格滩南部的超格图呼热庙，是我们一家人每年都去几次的地方。超格图呼热庙，汉名叫昭化寺，是历史上六世达赖喇嘛仓央嘉措传经布道的寺庙。这座著名寺庙所在地也是行政中心。庙里念经的时候，我跟着父母去庙里磕头。风调雨顺的年景，在超格图呼热庙的东面还办雅日登，我跟着父母去看。看喇嘛念经，看雅日登，使我大开眼界，那是另一个世界。

几百个喇嘛一排一排端坐在铺着地毯的长条座架上，齐声念佛经，声音洪亮。磕头的人们双手合十，点酥油灯，把前额往佛龛上轻轻触碰一下，然后再回到门口下跪磕头。这个过程似乎非常神圣。看雅日登更为热闹，在庙东边的滩里人山人海，赛马、摔跤、射箭，参加“男儿三艺”的高手们令人羡慕。

让我有一点骄傲的是，在庙里领众喇嘛念经的“温子德”即领经者，是我的姑舅哥哥。他叫达西尼玛，是我父亲的姐姐那日满都拉的长子，经文学得好，被选为令人尊敬的“温子德”。但他们家里很穷，我父亲在超格图呼热庙上为这个有才的外甥建了一处四合院住宅，有上房、西厢房、东厢房和南库房。达西尼玛住上房，我们一家来庙上就住西厢房，我的姑妈那日满都拉、姑父道尔吉僧格·宁嘎来庙上就住东厢房。我上小学期间也住在西厢房。

1956年，我上小学了。那一年，为了就近赡养我姥爷姥姥，父母把家搬到了浩依尔呼都格草原。从此以后，我再没有去过我的“天堂”、我的“乐园”，而且离巴音呼都格老家越走越远。2004年，我们全家从呼和浩特回到阿拉善过春节。其间，我和全家人专门来到巴音呼都格滩看老家，给爱人乌云和孩子们讲述当年的故事。五十年后，我们看到的只是刚能辨认出房基的遗址。因为五十年前搬家时拆了老家，把木料门窗运到浩依尔呼都格盖新房了。虽然是遗址，但仍然感到特别亲切，儿时的往事历历在目。我和爱人在老房子遗址上献了哈达，敬了酒，以寄托我们无尽的思念。女儿红霞、儿子乌特哈和外孙哈妮还把老房子遗址的沙土装进小袋子带回呼和浩特。此后，我们连续三年来看老家遗址。也许这就是我们的乡愁。

巴音呼都格滩的一棵草和一簇灌木、一道沙梁和一座小丘，哪怕是这里的一阵风、一场雨、一朵云、一缕阳光，对我来说都是那么亲切。无论我走到哪里，只要听到故乡两个字，我的脑海里总会呈现出巴音呼都格的美丽风光、我老家的模样、我父母及所有亲人的音容笑貌。

我们家从巴音呼都格滩搬到浩依尔呼都格草原，我也由儿童时期进入学生时代。我在浩依尔呼都格草原上的时间，主要集中在小学和初中的假期。大体上说，我在巴音呼都格、浩依尔呼都格两片草原上各生活了 9 年。不同的是，在巴音呼都格滩上是实实在在的 9 年，而在浩依尔呼都格草原上则只是每年的两个假期。

相比巴音呼都格滩，浩依尔呼都格是很适合养畜的草原，在全阿拉善也是较好的草原。东边是连绵几百里的贺兰山，在其主峰巴音笋布尔峰顶上，夏天也能看到皑皑白雪，其延伸到浩依尔呼都格草原的余脉叫古日文赛罕山，在蒙古语里意思是三座好看的山。那三座山的形状几乎一样，远看山顶都是半圆形，像是三个驼峰。“文革”以后，我的弟弟巴图朝鲁一家就定居在古日文赛罕山西麓。

说浩依尔呼都格很适合养畜，主要是地势平坦，草的种类多、密度高。阿拉善的北部有大片大片的梭梭林，而在南部的草原上不长梭梭。在一眼望不到边的浩依尔呼都格草原上，有一种小灌木叫乌兰布达日干。夏天，乌兰布达日干的颗粒状叶子是绿色的，到了秋天却变为紫红色，整个草原像是铺满了寺庙大殿里的红地毯一样。包日布达日干也是小灌木，其小珍珠似的叶子由最初的浅蓝色慢慢变为灰白色。哈扎尔、叶芮、马勒土什、塔那、绍芶等细草，覆盖了被小灌木占领之外的所有草原。这些小灌木和细草都是羊喜欢吃的。浩依尔呼都格草原离宁夏不是很远。那个年代，从宁夏来到牧区为牧民做帮工的人概括了一句话：“要放羊李井塘（滩），要放骆驼石篷子梁。”李井塘指的就是浩依尔呼都格草原，意思是浩依尔呼都格草原是最适合养羊的地方，在浩依尔呼都格草原南端的丘陵地带石篷子梁则是最适合养骆驼的处所。

浩依尔呼都格草原——最适合放羊的地方。我的父母在这里放过羊，我的父母放了一辈子羊，直到离开这个世界。因为，放羊是他们的工作，他们的追求，他们的幸福。我也在这里放过羊，但多是在学校的假期里放羊。在从政经历中，我担任过旗的领导、盟的领导，其间需要指导畜牧业发展。我放羊的经历与从政实践相结合，使我懂得了为什么放羊、放什么羊、该怎样放羊。这些是我指导畜牧业发展的不可或缺的基础。这些知识、经验和能力，是我的父母给予的，是浩依尔呼都格草原给予的。这些，是浩依尔呼都格草原在我生命中的意义所在、价值所在。

第三节　父亲教我识字

我的父亲贡格尔扎布，中等个儿，宽额头，高颧骨，浓眉毛，长耳垂，剃光头，留胡须，两眼炯炯有神，闪耀着智慧的光芒。他言语不多、心地善良。不喝酒，不唱歌，不爱玩，没有什么特别的嗜好。他用一尺多长的旱烟袋抽烟，烟袋嘴儿是翡翠的，烟袋锅儿是银子的。他抽烟也不是烟袋不离口，只是在歇息时抽两锅。他身穿长袍，外套蒙古坎肩。出门时头戴礼帽，脚蹬蒙古靴子，腰带上挂着火镰。

父亲的勤劳是远近闻名的。他从小日夜操劳，省吃俭用，发展自家的牲畜，靠勤奋劳作结束了穷日子。盖了房子，有了妻儿。但他没有满足，勤劳是他的习惯。别人问父亲：满吉，您总是闲不住，最近在忙什么呢？父亲嘿嘿一笑，说：不忙，不忙。说是不忙，其实我父亲一年四季都闲不住。闲不住，是父亲的性格特点。

有句话说得好："有其父必有其子。"我这一路走来也是闲不住，越忙越出活，效率越高。我从没有看到父亲躺在炕上休息。我也从来没有躺着歇息过，到了睡觉的时候睡觉，起来了就干该干的事。我信奉那句话：能跑着不要走着，能走着不要站着，能站着不要坐着，能坐着不要躺着。

父亲的闲不住，主要是忙活草场和羊群驼群的事，家务事全靠我特别能干的母亲。父亲忙活的唯一目的是发展牲畜，让全家过上幸福美满的日子。草场和牲畜是牧民的命根子。父亲总是骑着他那匹枣红骒子，或去看草场，或看羊群和驼群，或寻找走丢的牲畜。天下雨了，父亲回来总是给母亲说，雨下了一指头、两指头、三指头或一拃。他是给母亲说雨下的深度呢。我问父亲“一拃”是什么意思？父亲说，一拃就是大拇指和中指伸展开的长度。天旱了，父亲就去远处走“敖特尔”的草场。这些事情中，一年一度的走“阿音”是我父亲做的最辛苦的事。

走阿音就是每年冬天用骆驼链子搞运输，把牧区沙漠中的湖盐驮到宁夏中卫等地卖了赚点儿钱。这是那个年代我们驼乡特有的流通方式。只有骆驼才能背负沉重的盐口袋，攀爬沙漠如履平地。巴音呼都格滩的牧民走阿音，要拉着骆驼走四十里进沙漠，到达查干达布斯盐湖。途中在沙漠里搭帐篷住一宿，从查干达布斯驮着盐原路走出沙漠，再把盐送到宁夏中卫换成钱。

选择冬天走阿音，是因为沙子冻得硬实了，骆驼走起来省劲。可是天寒地冻的，拉骆驼的人要受罪。虽然白茬皮袄皮裤和毡嘎登[①]一穿，能解决御寒问题，但干活时手冻得麻木，甚至裂口子流出血。这样辛辛苦苦走一趟阿音往返要七天，一峰骆驼的收入七元钱。

到了冬天，父亲总是从驼群里挑选出几十峰强壮的骟驼，分成若干骆驼链子，亲自带领几个人拉骆驼链子走阿音。一链子有十几峰骆驼，连的方法是把后一个骆驼的缰绳拴在前一个骆驼的夹杆上。拉链子的人骑头一个骆驼，最后一个骆驼的夹杆上挂一个驼铃。行进中如果链子里有一个骆驼的缰绳松开了，骆驼停步，驼铃停响，拉链子的人就会发现。

走阿音的骆驼，一链子接一链子，在寂静的沙漠里很多驼铃叮当——叮当有节奏地响起，由近而远，久久回响。父亲走阿音的驼队就这样起身了。骆驼驮着两口袋三四百斤重的盐，一天只能走几十里路，途中要在野外扎单布帐篷住一宿。寒冬腊月，单薄的帐篷挡不住刺骨的严寒，拉骆驼的人只好彻夜笼火取暖。

父亲走阿音那会儿，我才五六岁，在家等着他回来。有一天，我问母亲：“额吉，阿布多会儿能回来呀？”母亲说：“我也不知道，你听着驼铃声，什么时候驼铃响了，你阿布就回来了。”从母亲说驼铃声那天起，我每天早

① 用羊毛做的毡靴子。

晨一睁开眼就听驼铃，一直听到晚上睡觉。或者每天傍晚，我都登梯子爬到房顶上往西南看，盼望远处出现驼队。

父亲贡格尔扎布的骆驼链子走阿音

不知道过了多少天，快要过年了，我突然听到叮当——叮当的驼铃声，隐隐约约，由远而近，那声音像是一曲美妙动听的交响乐。我先是往母亲那里边跑边喊，阿布回来了，阿布回来了。接着跑出院门去迎接父亲。驼队已经到了院门口，父亲拿着一个大褡裢进来，放下褡裢，抱起我来亲，又把我高高地举起来。

这意味着这一年的阿音结束了。父亲把年货都买回来了，母亲把褡裢里的东西拿出来给我看：红红的大枣、白白的麻糖、圆圆的干撸子①、二踢脚和鞭炮，还有大米、猪肉、粉条和冻白菜，当然也少不了父亲自己抽的敦丝旱烟。

父亲买回来的年货里我最喜欢红枣和麻糖，二踢脚我不敢放，至多放放鞭炮。猪肉炒白菜粉条是母亲最拿手的大年初一的菜。我们这里牧民的

① 宁夏中卫产的一种特色烙饼，形状似碗。

年俗是除夕晚上吃饺子，大年初一早晨喝酥油奶茶、吃油果子和干撸子，中午吃大米饭和猪肉炒白菜粉条。母亲炒猪肉，先用开水把固体酱油化开，用酱油炒猪肉，差不多炒熟时再把白菜粉条放进去。这个过程中的香味真是太诱人了。由于牧区没有猪肉和白菜粉条，这样的菜只有在过年的时候才能吃得到。母亲的猪肉炒白菜粉条，也是我的乡愁。多年以后每次回到老家，都要吃猪肉炒白菜粉条。

我知道父亲爱抽叫作“敦丝”的旱烟，也爱看父亲抽烟的样子。他用旱烟袋抽烟。烟袋里的烟抽完了，我为父亲打开新的烟包。父亲高兴得不断摸我的头。这种旱烟，三寸见方，麻纸包裹，打开包，上面放着一片柏树叶，散发出烟草的芳香。休息时，他盘腿坐在炕上的铜火盆旁，用火盆里的火点烟，抽完一锅烟，用烟锅噔噔地敲铜火盆边，把烟灰揸掉，再装一锅。

在野外抽烟，父亲用火镰取火点烟。就是用一种小石头块衬着一种极易燃着的棉花状植物干，往火镰上猛蹭，小石头和火镰蹭出来的火星点着棉花状植物干，就能点烟了。抽完一锅，把带火的烟灰揸到烟袋上的小烟锅里，从烟袋里再装一锅烟，用小烟锅里的火把烟点着。

父亲不仅很勤奋，而且很精明。每年秋天草黄羊肥的时候，总有一些戴白色圆帽的人，三五成群地来我们家羊群看羊。他们赶着毛驴，驮着行囊。他们是宁夏的回族人，来牧区买羊，自称是山前的。由于他们每年都来，有的认识父亲。这些人来了，父亲就领着去羊圈看羊，他们把看中的羯羊逮出来，为首的过来和父亲通袖子[①]。

我非常好奇地看他俩通袖子。他俩站在那里，眼睛对视着，手却在袖筒里不断地“动弹”。有时候两个人经过几个回合，双方的脸上才表现出满意的神色。有时候对住袖口不一会儿，父亲便不耐烦地甩开袖子。对方回到一起来的人那里嘀咕半天，又返回来和父亲通袖子。多数情况下经过几个回合，双方都能满意。这时，那个通袖子的人掏出银圆数了数递给父亲。

买羊的回族人走了以后，我就问父亲，您和那个人在袖筒里握着手干

① 旧时称“袖里吞金”，指买卖双方在袖筒里讨价还价的方法。

什么呢。父亲说，那是他在问我要多少钱，我问他给多少钱。我问父亲，你们俩为什么不说话呢。父亲说，他们是买卖人，就用这么一种方法商量价钱。我又问，那你们怎么知道是多少钱呢？父亲说，我们用手指头在对方的掌心里说钱数字。我听了以后更奇怪了。

于是，父亲掰着我的小手指头，教给我他们在袖筒里说的数字：伸出大拇指是一，食指和中指是二，食指、中指和无名指是三，食指、中指、无名指和小拇指是四,五个指头全伸出来是五，大拇指和小拇指是六，大拇指、食指和中指的指尖聚在一起是七，大拇指和食指伸展是八，用食指做弯钩是九，把五指握成拳头是十。我第一次知道还有这么奇妙的方法。接着，我就和父母通袖子玩。我觉得父亲很厉害，在袖筒里动一动手指头就用羊把银圆换回来。这是我头脑中最初的做买卖的概念。

最难能可贵的是父亲教我识字，他是我的启蒙老师。父亲的独特之处在于他竟然识字，因为在那个年代，牧区识字的人很少。至于我的父亲怎么识字学文化的，无从考证。记得在我五六岁的时候，父亲就用一本《查干陶勒盖》的书教我识字、读诗文。那是一本民间用的线装蒙文识字手抄本。查干陶勒盖，是指从字母开始学习蒙文的入门读本。母亲用红底黄花纹的棉布粘了书皮，粘贴得平平展展、整整齐齐。

翻开书皮，宣纸上用小楷毛笔写了课文，工工整整，一气呵成，就像印刷的一样。书的内容，从蒙文字母“阿、额、伊”开始，有谚语、民歌、佛经诗文、寓言故事等。父亲手把手，一个字母一个字母、一句一句、一段一段地教我，并要求我把所学的内容都背下来。父亲教我背民歌、佛经诗文时自己也念得抑扬顿挫，把我完全迷住了。父亲和母亲不在时，我也学着父亲朗诵，感到世上没有比这更美妙的事情了。

我一遍遍地朗读，一遍遍地背诵，把整本书都翻旧了。甚至当我染上荨麻疹发高烧说梦话的时候，也在念《查干陶勒盖》里的诗文。据父母给我讲，那是一次可怕的经历。小小年纪的我发高烧不省人事，治病的唯一办法就是喝蒙药查干汤、敖什根汤[1]。父母日夜守候在我身边，寸步不离，母亲不断擦着眼泪，他们终于从死神手中夺回了儿子。

我特别喜欢和珍惜这本书，不论是在巴音呼都格的家里，还是在浩依尔呼都格走敖特尔的帐篷里，我都带着《查干陶勒盖》，并把它放在最干净的地方。

父亲给我的《查干陶勒盖》让我开始认得了字、知道了纸、捧上了书，对书中讲的有趣的故事和奇妙的神话产生了浓厚的兴趣，使我开始有了无穷无尽的想象。我时不时要求父母给我讲故事。父亲有空就自己给我讲，没空了让母亲给我讲。母亲每次讲故事都说“很久很久以前有一个……”，而我也总是问，额吉，再讲一个，很久很久以前怎么了？父母讲的故事中的人物和情节在我幼小的脑海里形成了一幅幅活生生的画面，使我开始对善恶美丑有了比较。

我上学以后给同宿舍的同学们讲的故事，都来自《查干陶勒盖》，来自父母讲述的故事。从《查干陶勒盖》开始，我和书结上了不解之缘。在成长过程中，我逐步养成了看书的习惯、想象和思考的习惯、记录和记述的习惯等。

还有，我念小学的时候学习成绩始终名列前茅，连跳几班，都源自父亲和他教我的《查干陶勒盖》。这本书是父亲除了生命之外对我的最大给予！在我幼小的心灵里，没有什么比这本书更珍贵的。《查干陶勒盖》是我终生不忘的课本，父亲是我永远的启蒙老师。

父亲给我的那本《查干陶勒盖》，我一直珍藏着。上小学、念初中期间，我收藏的书籍中《查干陶勒盖》是唯一线装本。在小学毕业之前有一天，我的姑父道尔吉僧格·宁嘎把我领到自己的储藏室，打开他的书箱，把《青史演义》等非常珍贵的书籍给了我。在假期，我一边放羊一边看书，把那些书都看完了。1966 年“文革”开始，那时我在巴音高勒[2]上高中。浩依

① 两剂蒙药名字，用于退烧和治咳嗽。

② 巴音高勒，当时是巴彦淖尔盟盟府所在地，现在是磴口县所在地。

尔呼都格大队的造反派来抄我们家，砸我的书箱，把我的两箱书都当废纸卖了。由此我永远失去了我的《查干陶勒盖》。但父亲和《查干陶勒盖》却永远铭记在我心中。

莎士比亚说："书籍是全世界的营养品。"《查干陶勒盖》是我儿童时期父亲端给我的第一碗营养品。"人之初，性本善。"人生之初，所看到的、学到的、知道的、懂得的，会影响他的一生，会成为他一生事业和生活的基础。父亲是最初最深刻影响我人生的人。

父亲是勤奋精明的人，母亲是勤俭持家的人。他俩结合而成的家庭充满了幸福和活力，真正实现了当时内蒙古自治区主席乌兰夫倡导的"人畜两旺"要求。接连生了三个儿子，使这个额鲁特氏人家后继有人，而且牲畜逐年增多，实现了五畜俱全。到 1958 年秋人民公社化时期，我们家有 500 多只羊、119 峰骆驼、19 匹马、3 头牛、5 匹骡、15 头驴。

当时，政府让牲畜多的牧民参加公私合营牧场。父亲坚决响应党和政府的号召，用自家的全部牲畜参加了嘉尔嘎勒赛罕公私合营牧场，还担任了牧场的牧业组组长。父亲仍然是那个闲不住的牧民，仍然保持着不辞辛苦、不知疲劳的性格。1959 年夏天，父亲去牧场各畜群点查看的途中走得口渴难耐，喝了"涝坝"[①]的水。回来以后，父亲一病不起，越来越重。

那年秋季开学时，我因帮助母亲照料父亲，没有去上学。当时牧区的医疗条件和交通条件很差。虽经多方努力，仍未能救治父亲的病。农历 1959 年十月二十四早晨，我敬爱的父亲在浩依尔呼都格家里，永远离开这个世界，享年 60 岁。父亲走得太早了，他本想还要为自己的家、为公私合营牧场，做更多的事情。父亲就像一峰负重前行、永不停步的骆驼。现在，他匆匆地走了，支撑这个家的重担压在母亲一个人的肩上。

当时，我小学还没毕业，二弟巴图朝鲁还没有上学，小弟孟和朝鲁生下来才几个月。父亲对我的爱集中体现在亲自教我读书识字和念书成才。后来母亲给我说，父亲临终前还特别嘱咐母亲，要让布和朝鲁好好念书，

① 涝坝，指野外因下雨积水而形成的水坑。

这个儿子爱学习，日后念书可能要往上走往远走，家里缺什么钱也不要缺了儿子上学念书的钱啊！

我还没有来得及报答阿布的大恩大爱，阿布却早早地离开我，离开家人而远去了。阿布的爱如贺兰山，巍峨而厚重；阿布的恩如腾格里沙漠，永恒而深沉；阿布的情如头顶的蓝天，高远而无边。阿布的音容笑貌永远在我的心中，儿子绝不辜负您的殷切期望，努力实现阿布的遗愿，愿阿布的在天之灵永远保佑儿子。

第四节　母亲教我唱歌

作者母亲阿尤尔扎娜

我的母亲阿尤尔扎娜，双眉略弯，双颊泛红，双眼里闪耀着恩慈的光芒，双辫子套上阿拉善蒙古妇女特有的黑缎长发带，镶着宝石的吉祥结银发簪①和两颗杏子大小的红珊瑚舒日②闪闪发光。她中等个的身材，穿着长袍、坎肩和蒙古靴子。

人，在幼儿时期吃母亲的乳汁长大，在少年时期吃母亲做的饭长大。在我幼小的心灵里，母亲给我留下的最深刻的记忆是饭的味道，那是我乡愁的一部分。她做的饭都好吃。比如，每年大年初一才能吃到的猪肉炒白菜粉条，其浓香让我回味无穷。同样让我常常回味的还有母亲做的拌面、辣羔肉、干羊肉面片等。拌面的做法也极简单，把面一条一条抻开，煮熟了捞出来，用事先调好的拌料拌好了就

① 蒙古语叫“达茹乐嘎”，是阿拉善蒙古妇女特有的头饰。

② 蒙古语叫“舒日”，是阿拉善蒙古妇女特有的头饰。

是一道美食。其特点是抻面的长短宽窄薄厚恰到好处，构成拌料的香油蒜泥红辣面的比例恰到好处。辣羔肉只有在冬天才能吃到。寒冷的冬季，夜间羊群挤在羊圈里，往往有羊羔被拥挤的大羊压死。被压死的羊羔，一来没有病，二来死的时间不长，母亲舍不得扔掉。收拾干净，剁成块，用香油炒熟时放点红辣面，味道美极了。

我问母亲，额吉，您做的饭真好吃，怎么做的呢？母亲说，我下次做饭时你好好看着。此后，母亲做饭时，我就蹲在灶口，一边帮母亲添柴火，一边仔细看母亲做饭的顺序和细节，给她打下手。1968 年，我插队到巴彦淖尔盟乌拉特后旗查干温都尔饲料基地，知青们自己做饭，我向母亲学的手艺派上了用场。做面条时，我在案板上擀开的面薄厚均匀且圆圆的，令其他知青惊叹不已。听到同学们的赞叹，我就想起了母亲做的那些香甜可口的饭菜。

母亲做的饭菜中最令我想起来就流口水的是油饼卷沙葱。沙葱是一种沙生植物，既是牧草又是野菜。沙葱的茎比韭菜细而圆，能长半尺多高，一簇一簇，深绿色茎，粉白色花，味道独特，性醇辛，助消化，是绝佳美味。沙葱和韭菜一样是续根的，根系发达，耐干旱。春季下一点雨，首先发芽的就是沙葱，而且长得很快。阿拉善的羊肉好吃，是因为阿拉善羊是吃沙葱的羊，沙葱本身去膻气，羊肉当然没有一丝膻味。沙葱生吃有辣味，熟了则是微辣、甘甜、鲜香、嫩美，简直妙不可言。

在巴音呼都格滩上，在灿烂的阳光下，在和煦的微风中，满地的沙葱泛着绿色波浪。母亲正在灶房里炸油饼，快把油饼炸完的时候，她总要喊一声，儿子，快去给额吉撮点儿沙葱来。我拿了簸箕跑到房后，走几步就是沙葱，一簇就能撮一把，不一会儿工夫就端来一簸箕绿油油的沙葱。母亲把锅里的油倒出来大部分，把洗过的沙葱往油锅里一放，发出“欻啦—嘶嘶”的声音，顿时满屋飘香。一家人围着炕桌，一人拿一张圆圆热热的油饼，把炒沙葱放在油饼上摊得匀匀的，再从一边把油饼卷得紧紧的，捏在手里慢慢地咀嚼。对我来说，那不只是吃一顿饭，而是一种不可多得、回味无穷的享受。

关于沙葱，母亲有很多种做法。做酸奶沙葱，把沙葱切碎，用擀面杖把切碎的沙葱推擀出汁儿来，把带汁儿的沙葱倒进陶罐里，再把酸奶加进去，用布子把罐口封上。隔一夜就能吃，微酸微辣，放到嘴里满口香，吃了还想吃。赶着羊群走敖特尔，酸奶沙葱是最好的就饭菜。做干羊肉炒沙葱，先把风干羊肉炒熟了再放进沙葱，因为沙葱熟得快，也是牧区少有的美味。做沙葱面片儿，在面片快煮熟的时候再把沙葱放进去，一下子就把面片的味道提起来了。做沙葱包子、沙葱饺子，肉馅里放沙葱或放大葱味道大不一样，因为跟羊肉搭配最好的菜就是沙葱。牧民吃沙葱，普遍的做法是用沙葱腌咸菜。旧时牧区吃不上蔬菜，都在秋天多腌一些沙葱。母亲每年要腌几大缸沙葱。腌沙葱，可以腌咸的，也可以腌酸的。酸的好吃，但是费菜。咸沙葱可以一直吃到第二年长出新沙葱。

儿时的口味，一辈子的记忆。所谓乡愁，就是一种思念家乡的记忆和情绪。我对家乡的记忆里就包括母亲做的沙葱。离开阿拉善的头些年，特别是在内蒙古党委组织部工作的五六年里很少吃到沙葱。想吃鲜沙葱受季节的限制，那时从阿拉善到呼和浩特的交通条件也不是很便利，从家乡给我捎沙葱就不那么方便。到锡林郭勒盟工作以后，又可以吃到沙葱了，虽然不像在家里那样。锡林郭勒盟的十二个旗县市中，主要是苏尼特右旗、苏尼特左旗的草原上长沙葱。当地的同志知道了我喜欢吃沙葱，就给我弄沙葱吃，而且说布书记好招待，有点沙葱就行了。后来，盟宾馆接待客人时也上沙葱菜，客人吃了很高兴，说很鲜美，有牧区特色。

母亲教我如何放羊、如何做奶食。她对我们弟兄三个很爱，但从不溺爱。母亲从小就让我们帮她干家务活，我们能干的活儿都教给我们去干。我从小放羊，就是按照母亲的方法去做的。放羊不是跟在羊群后面赶羊，而是走在羊群前面拦羊。拦羊就是不让羊走得快，一字形排开来，慢慢吃草。羊把式①要在一字形排开的羊群前面从左到右、从右到左地拦羊。这样拦下来，羊群半天才走四五里路。下午，照例把羊群拦回来。

① 指放羊的人。

喂羊是冬天的事。先用石磨把黄豆粉碎了，而后把粉碎的黄豆倒进大盆里泡软。晚上在羊群回来之前，把黄豆料均分装进喂羊的料兜里，码放在羊圈上。羊群回来时吃料的羊一路领先，直奔码放的料兜。我和母亲往羊头上戴了料兜，羊就到一边吃料去了。吃完了料，羊又跑来找我们，摘了料兜，羊就进圈了。一开始转石磨粉碎黄豆我觉得好玩，接下来就没那么好玩，而是小胳臂好痛，但日子长了也就适应了。

母亲挤奶时，我给母亲逮山羊。小时候，我的好奇心很强，母亲加工奶食品的每一道工序，我都站在旁边看。做奶皮，用铁锅把奶煮沸后，用铜勺扬奶，用温火边煮边扬，直到表面集结了厚厚一层泡沫为止。熄火后把奶锅端到阴凉的地方，等到完全冷却以后用刀尖把凝结的表层边粘锅处划离，再用细棍从下面把表层挑起来，使两个半圆恰好黏合在一起，晾干。这样，奶食品的精华——奶皮就制作成功了。

捣酸奶是把挤来的奶存入陶瓮或木桶里，完全发酵以后，用捣奶杆儿捣奶，直到捣出白油为止。把浮在上面的白油放在锅里炼出来就是黄油，把下面的酸奶熬稠了可以做酸奶酪，还可以酿奶酒等多种奶食品。如果说做奶皮的要领是掌握火候的话，捣酸奶的要领在于把握捣奶杆儿的角度和力度。角度偏了，瓮里的酸奶就会从瓮盖和捣奶杆儿之间的缝隙里涌出来；力度差了，酸奶在瓮里翻腾旋转不够则油和奶难以分离。用准确的姿势捣好几千次，才能使油和奶分离出来。

当时，我比捣奶杆儿高不了多少，捣酸奶捣得腰酸腿疼胳臂麻。但我还是咬着牙关把酸奶捣完。因为母亲说过，各种活儿都要干会干好，长大以后才能过好日子。后来我当知青时，能在毒辣的烈日下猫着腰、流着汗，忍着腰疼腿麻，咬紧牙关割麦子，是源自小时候跟着母亲练就的忍耐力。

小时候，我跟着母亲一步也不离，母亲走哪里，我跟到哪里；母亲干什么，我也跟着干什么。除了放羊、喂羊和捣酸奶、做奶食以外，还从井里打水饮牲口，到滩里割马莲草，帮大人揪驼毛和剪羊毛，用手搓毛绳和在小腿上捻麻线，从野外捡驼粪和背柴火，等等。有些活儿是上学念书以前学的，有些活儿是假期里帮着大人干活时学的。父母教我识字和干活，更多的是在潜移默化中受到父母干活勤奋、认真的影响，养成了凡事一丝不苟、持之以恒的性格。

直到今天，我的脑海里时不时显现儿时的画面。下午的太阳照着山，照着滩。山是贺兰山，巍巍贺兰山像一条青龙，如果说北面的巴音笋布尔主峰是龙头，那么南段的古日文赛罕山就是龙尾。滩是孪井滩，古日文赛罕山以西的滩是一眼望不到边的浩依尔呼都格草原。在浩依尔呼都格草原上有一顶走敖特尔的帐篷，帐篷东侧阴凉处铺着毡子，母亲正在为父亲新缝制的鼻烟壶褡裢上绣花。

我依偎在母亲身旁，手里也捏一根较粗的针，穿了丝线，拿一块布头，学着母亲一针一针地绣花。那时我已经六七岁了，还没有上学，但学会了在自己衣服破口上打补丁。因为从小跟着母亲学会了简单的缝补，后来念初中、高中期间衣服开了口子就自己缝上。20 世纪 60 年代末，我插队到巴彦淖尔盟乌拉特后旗查干温都尔饲料基地劳动，特别费衣服。衣服破了，我自己补衣服。

有一次，我把自己的一条在膝盖处快要破的裤子拿到饲料基地会计龚建本家里，用他们的缝纫机补裤子。我按照龚建本媳妇郭莲的指点，在裤子膝盖处里面垫一块布子，从外面一圈一圈地扎。这样，补丁在里面，外面是圈与圈之间距离基本相等的椭圆形扎线。龚建本两口子赞不绝口地问，是不是以前缝过衣服。我说，小时候母亲教我打补丁，但用缝纫机这是第一次。在一起插队的 9 个男女知青中，自己补衣服特别是用这种方法补衣服，我是独一无二的。后来，我把这个经历告诉了母亲，母亲特别高兴，还回忆起小时候教我打补丁的情形。

母亲绣花或缝衣裳，总是一边做活儿一边吟唱阿拉善长调。我特别喜欢听母亲唱长调，总是说，额吉，快唱你的歌，也教我唱，我也想学。母亲说，那你就跟着我唱，慢慢学。从此，每当母亲唱长调，我也跟着哼哼。母亲经常唱的一首长调叫《北梁上跑过来》，我跟着母亲最先学会的长调也是《北梁上跑过来》：

从北梁上跑过来，
是那金鬃黄骠马；
用锦缎打扮起来，
我的子孙多可爱。
……

《北梁上跑过来》，歌词从北梁到东梁、南梁、西梁，到四面八方，唱得都是一个意思，我的子孙多可爱。

母亲还唱《富饶辽阔的阿拉善》：

富饶辽阔的阿拉善啊，
是我千辛万苦找到的故乡……

《富饶辽阔的阿拉善》是一首歌颂阿拉善、赞美家乡的经典长调。所有正式的场合包括隆重的婚宴、家宴上，主人或善歌者首先领唱、众人和唱的就是这首《富饶辽阔的阿拉善》。那高亢雄壮的歌调和由衷赞扬的颂词，一下子让所有人热血沸腾、群情激荡，不会唱的也情不自禁地哼起来。

母亲教我的还有一首《雪白山》：

雪白的山顶上，
白狮子威武又强悍；
我们兄弟相聚有缘，
敬你的美酒请喝干。
比北泉的水还清澈，
像北坡的花一样鲜艳；
我们兄弟相聚有缘，
敬你的美酒请喝干。

一首《雪白山》，主题是相聚有缘请喝干，由雪白山顶起头，从北泉水、东泉水、南泉水唱到西泉水，还没有唱完。敬酒的人唱着请喝干，但不逼着你喝干，喝多喝少随自己便。这或许是阿拉善人相聚喝酒，唱一宿喝一宿也喝不醉的原因。

母亲爱唱歌、唱得好。到了晚年，在家宴上子孙们请她唱歌，她不但唱《北梁上跑过来》不减当年，还用汉语唱“大海航行靠舵手，万物生长靠太阳，雨露滋润禾苗壮，干革命靠的是毛泽东思想”，引得大家掌声不断，笑声不断。

母亲唱歌，对我的影响最深刻。小学时，我是学校合唱团的。中学和大学时，我是领唱的，独唱的。工作以后，但凡有唱歌的事，必定要求我独唱。

2001 年 7 月，锡林郭勒盟举行“苏木乡镇电子信息馆”项目开馆仪式，中国青少年发展基金会领导前来参加。吃饭期间，我应邀唱了歌。青基会领导赞扬说，没听过盟委书记能唱这么好，应该让全盟牧民都听到你的歌声，我们帮你出一盘磁带吧。我反复推辞，但拗不过上面的领导。青基会领导说，你只需选歌唱歌，其他的不用你管。后来，就有了一盘录了蒙汉语二十多首歌的 CD 磁带《献给牧民的歌》。2001 年 1 月，我应内蒙古电视台之邀录制节目，2002 年春节，内蒙古卫视蒙古语春晚播了我的独唱《锡林河》，内蒙古卫视汉语元宵晚会节目播了我的独唱《我从草原来》。

我的母亲慈祥善良又刚毅坚强。在“文革”中，母亲被打成“牧主”，遭到非人的折磨。1966 年 10 月，浩依尔呼都格召开第一次批斗会，批斗了包括我母亲在内的 7 个人。批斗会后，造反派们就来抄我们的家，找“牧主”剥削来的金银财宝。他们搜了半天什么也没搜着，发现有两个加锁的很重的箱子，以为找到了珍宝，欣喜若狂地砸开一看全是书。欣喜若狂顿时变为气急败坏，最后其中的一个把书拿去当废纸卖了。我从小一直到念高一期间收集珍藏的全部书籍就这样化为乌有。

造反派把我们家五间土房、两顶蒙古包、两顶毡包、三顶帐篷全部没收，土房子被拆得只留下一间残缺的伙房，房顶能看到天空，没法住了。

那时，我在磴口的巴彦淖尔盟第二中学读高中。母亲只好领着巴图朝鲁和孟和朝鲁住到浩依尔呼都格大队的一个破窑洞里，白天在饲料地劳动改造，晚上接受造反派批斗。

1969 年春，一个寒冷的晚上，漫天风沙吹得一阵紧似一阵，屋内也冷得让人打哆嗦。浩依尔呼都格大队的队房里，正在批斗我母亲。母亲什么都不说，她被批斗不是一次两次了，说不说都一样。说实话了，说你是抵赖罪行；不说了，说你是顽固不化。母亲的耳朵就是那次被打聋了。人们怕弄出人命来，就说这个牧主太顽固了，我们下次再斗。一些好心人搀扶母亲回她的窑洞。人们私下里议论那个造反派，造谣污蔑，颠倒黑白，以怨报德，造孽呀！

“文革”开始时，我在磴口巴彦淖尔盟第二中学读高中，也被打成“牧主崽子”“黑七类”“牛鬼蛇神”，每天都被严密监视，更不让我回家。1966 年 11 月，我在全校最后一批被允许参加步行串联，才有机会回家做些准备。这样，我才得以回家看望母亲。

母亲听我说要背着铺盖走很远的路，为了减轻我的行囊重量，行走方便，她老人家用一床老羊皮被子缝制一个毛朝里的羊皮睡袋。在四墙被灶烟熏得漆黑的窑洞里，昏暗的煤油灯下，母亲一针一针地缝着老羊皮睡袋。我看着母亲的脸和手。母亲的脸上增加了那么多皱纹，双手粗糙得裂了很多口子。想起在学校时我还怨家庭出身不好而受到迫害，现在心里像针扎似的。古诗说得好：“慈母手中线，游子身上衣。临行密密缝，意恐迟迟归。谁言寸草心，报得三春晖。”

开始我的眼泪往心里流，接着夺眶而出。幸亏窑洞里很暗，没有让母亲看见。缝完了羊皮睡袋，母亲说：到了晚上你就往这个皮口袋里钻进去，既是被子，又是褥子，不透风，还暖和。我不敢抬头，只是默默地点头。母亲似乎想起父亲临终前的嘱咐：在什么情况下都不要让儿子缺了念书的钱。她拖着疲惫的身躯，连夜向左邻右舍凑了点钱。第二天，我背着母亲缝制的羊皮睡袋，兜里装了她凑给我的一些零花钱，含泪告别了母亲。

这次离开母亲，离开故乡，可以说是我最初从驼乡走来，走到广阔的天地里。

那时，全国各地设在农村的串联学生接待站对步行串联的学生是不提供被褥的。步行串联途中，我每天晚上都钻进母亲为我缝的那个特殊“被褥”，每次钻进去，我都想起远在家乡受苦受罪的母亲。1968 年，我到巴彦淖尔盟乌拉特后旗查干温都尔饲料基地插队的时候，用的还是那个老羊皮睡袋。不过我把那个羊皮睡袋拆了线，恢复成羊皮被子来盖，冬天毛朝里，夏天毛朝外。饲料基地有的农民看到了就传开来，说布和朝鲁这个知青艰苦朴素。

1966 年秋夜的那一次是我在“文革”中第一次回家。之后，碍于政治压力，我 4 年没有回家。第二次回家是 1970 年春，第三次回家是 1972 年的暑假里。当时，我已经是乌拉特后旗那仁宝力格公社红旗大队红旗小学的教师了。我和爱人乌云抱着九个月的女儿红霞来看望母亲。1974 年我们回家过年时，母亲和两个弟弟已经住上了他们在浩依尔呼都格饲料地盖的房子。

我的母亲终究从“文革”中坚强地挺过来了。大概是 1977 年春，苏木的工作队来到浩依尔呼都格大队开会，为“文革”中受迫害者平反。母亲终于得到平反。让旁人感到不可思议的是，母亲多次遭到批斗甚至毒打，日复一日地劳动改造，思念着异地读书的儿子，拉扯着身边的两个儿子，吃着分的限量粗粮，但从来不说一句怨言。一天到晚该干啥还干啥，很认真地过着每一天。就是对那些抄过她的家，迫害过她的造反派，无论是在平反之前还是平反之后，母亲都没有怨恨过，对他们是平和的、宽容的、不计较的。

母亲是浩依尔呼都格草原上一个极普通的牧民。“文革”不仅把母亲打成“牧主”，以莫须有的罪名加害于她，而且株连到远在磴口读书的我，也株连到她身边的两个孩子。1963 年到 1965 年，二弟巴图朝鲁在嘉尔嘎勒赛罕小学念了一年半。母亲时常为二弟没有念完书感到惋惜。她说，如果再小的时候让他念书可能就多学到一些东西，哪怕让他小学毕业了也好。

当时，母亲让二弟继续上学。二弟却说，额吉，我不上学了，我给您放羊。母亲说，我不要你放羊，你上学去吧。二弟一声不吭地站在那里。母亲说，那你自己知道，日后不要说我没让你念书。二弟一直都没有向额吉张口提什么要求，反而说，我弟弟学习好，您让他继续好好念书吧。

三弟 1969 年起在队办小学念书，1973 年到头道湖三区中学念初中，1975 年 7 月初中毕业后因出身不好，不能上高中。1978 年，我和爱人将三弟带到乌拉特后旗宝音图学校念了初三，1979 年他到潮格旗一中念了高中，回到阿盟继续读高中。工作一段以后，1985 年考入内蒙古工学院成人专科班。

二弟 1981 年落实政策而被安排到阿拉善盟宾馆工作。1983 年，调回嘉尔嘎勒赛罕公社草原站工作。1984 年推行草畜双承包责任制，母亲分到牲畜和草场，和二弟一家在一起。1985 年，他们在古日文赛罕山西边盖了房，羊圈、暖棚、水窖、围栏一应俱全。母亲又可以放羊了，她到 70 岁仍然骑着一匹枣红骡子放羊。母亲这大半辈子，除了“文革”十年，一天也没有离开过羊群。

1994 年，母亲 75 岁时才离开羊群到巴彦浩特，在三弟家照看孙子。但

母亲阿尤尔扎娜在羊群边

过一段时间，她总要到羊群上去住几天。这期间，母亲也来呼和浩特的我们家住上一段时间。我爱人乌云从小是个孤儿，对婆婆孝敬如自己的母亲，悉心照料婆婆生活起居，婆媳关系非常融洽，凡事都不用我操心。

母亲阿尤尔扎娜教媳妇儿乌云念佛珠

到了晚年，母亲在乌云的陪伴下再上五台山磕头，再到北京登上天安门城楼，进雍和宫磕头，到北戴河看大海，到锡林郭勒看大草原。往西，再去西宁，到塔尔寺磕头。到了晚年，母亲抱了红霞、乌特哈等 8 个孙子孙女和 6 个曾孙女，实现“四世同堂”。母亲每天都拿着佛珠念经。参加家宴，她坐主位，到了唱歌环节，照例唱一首阿拉善长调《金鬃黄骠马》，再加一首汉语歌曲《大海航行靠舵手》。

2000 年 8 月，我八十多岁高龄的母亲来到锡林郭勒盟。终于实现了让母亲来锡盟大草原看看的愿望，这是乌云的功劳，是她专门去老家把母亲接过来的。晚上，宴请母亲一行，大家都特别高兴，我给母亲唱歌，母亲也给大家唱歌。睡前，我给母亲洗脚，记得以前给她剪过脚指甲，但洗脚还是头一次，尽了一点孝心，心里特别舒畅。为了亲自照顾母亲，我和母亲睡在一个床上，半夜为她老人家盖被子。我回忆起孩提时代，在母亲的被窝里枕着她的胳膊睡觉，今夜似乎又回到童年。

在阿盟巴彦浩特家里，作者和母亲阿尤尔扎娜在一起

2008 年 3 月 11 日，农历二月初四，母亲在巴彦浩特家中无疾而终，享年 90 岁。第二天，天降雪。在送母亲最后一程的路上，我深深思念离我们而去的母亲。她这一辈子，尽力孝敬父母，全力辅佐丈夫，竭力抚育三个儿子成人成才。知事明理、乐观善良，宽宏大度，帮助难者、体恤弱者，历经劫难而爱心不变。如果说父爱是高山，母爱就是大海，温柔而无边，包容而无私。父母大爱是我感受的人间最直接、最纯洁、最博大、最永恒的爱。我用一生也难以报答父母恩情之万分之一，唯有用自己对事业的执着去回报父母的至爱。我将永远感恩父母，感恩故乡，感恩父老乡亲，感恩富饶辽阔的阿拉善。

第二章 在广阔的天地里

第一节 学生时代

在嘉尔嘎勒赛罕小学时的作者

1956年金秋，天高云淡，太阳是金色的，腾格里沙漠是金色的，巴音呼都格滩是金色的。这天，父亲和母亲送我上学，我已经9岁了。父亲骑着他的云青马，母亲骑着黄骠马捎着我，我在母亲身后用双手抱住她，我们仨纵马奔向嘉尔嘎勒赛罕小学。

在超格图呼热庙的西北不远处，在一片白刺灌木丛中，有几排用石灰抹得白白的房子。那就是新建的嘉尔嘎勒赛罕小学。父亲找到校长呼日勒岱，为我办妥了入学手续。嘉尔嘎勒赛罕小学是我学生时代的起点，我走进了一个新的世界。对我来说，一切都那么新鲜。那些洁白的新房子，那么多老师和学生，特别是发到我们手里的课本，我第一次见到这样的书，就爱不释手地读起来。因为父亲从小教我《查干陶勒盖》，新课本上的字基本能念下来。儿时学《查干陶勒盖》的兴趣，上学以后更加浓厚了，归根结底，这是由于父亲抓了我的“学前教育”，为我开启智慧大门而打下的基础。

大概是在第一学期的期中，有一天，父亲专门来学校看我，好不容易才找到我。这件事是母亲后来给我讲的。父亲到校园，正好赶上下午的课外活动时间，学生们有的在篮球场上打篮球，有的坐成一圈“丢手绢”，有的在沙堆上打闹。父亲在孩子堆里找我，硬是没有找着。无奈，他就找校长呼日勒岱问，我儿子在哪里。校长说，现在是课外活动时间，学生都在外边玩，你去找一找吧。父亲说，我找过了，没有找着。校长说，那你就去他们教室里看看吧。

父亲走进教室里，果然看见我一个人在看书。父亲走到跟前，我都没有发现。他故意咳一声，我这才站起来说，阿布，您怎么来了？父亲说，我来看看你，现在娃娃们都在外边玩，你怎么一个人在教室里？我说，阿布，我想看书。父亲问这问那，临走前拿出一些零花钱给我。

但我没有要，我说，阿布，这里什么也不缺，没有什么可买的，弄不好把钱丢了多可惜呀。父亲回到家里对母亲说，我给儿子一点零花钱，他怎么也不肯要，明天还是你去给他吧。第二天，母亲又来学校给我送钱，我照旧没有要。母亲说，昨天你阿布专门跑来给你点零花钱，今天又让我来给你，你怎么能不要呢？我不能再拒绝了。

小时候我就没有花过钱，身上也不带钱。钱对我来说没有用处，没有吸引力。不过，父母那次给我钱，后来还真派上用场了。有一天，阿拉善旗新华书店搞流动售书的来到学校卖书，我用父母给的钱买了一套蒙文《三国演义》。这是我第一次买书看，打开书刚看几页就迷上了。那个冬天，我每天夜里一钻进被窝，就把煤油灯放在枕头边上，一看就看到后半夜。好在我不是住校，没人管。早晨起来洗脸，两个鼻孔被煤油灯烟熏得黑黑的。我被故事情节深深吸引，一看起来就放不下，直到读完。

《三国演义》吸引我，语文课里的故事吸引我，课讲得生动形象的老师们更吸引我。我心想，这老师的知识怎么会那么多，讲得怎么会那么好？还有老师说课文里的故事是作家写的，作家是什么样的人，会写出这样动人的故事，等等。我还想，我长大也要当这样的老师，也要当作家写故事给人们看。

小学时代的老师们给我留下难以磨灭的印象。老校长呼日勒岱是当地人，勤勤恳恳，任劳任怨，一门心思办好学校，是一位受人尊敬的长者。还有一些年轻帅气的老师，如王呼格吉勒图、白温都日木勒、巴拉吉尼玛、阿拉木斯、根敦扎木苏等，在我的心目中，他们多才多艺、无所不知、无所不会。不说他们讲课多么有吸引力，打篮球投篮有多准，就说周末他们去公社的会议室跳舞，同学们也趴在窗外看。

老师有吸引力，课文有吸引力，再加上父亲从小教我《查干陶勒盖》的基础，我的学习兴趣很强烈，学习成绩在班里名列前茅，并成为全校为数不多的连续跳级的学生。我在一年级只学了一个学期，就跳到二年级，在二年级也只学了一个学期就升入三年级。在三年级学满了一年，又让我直接跨入五年级。1959 年秋季，由于我帮母亲照料病重的父亲而没有到校，1960 年秋升入六年级，1961 年夏小学毕业。

1961 年 9 月，我升入初中。母亲把我送到阿拉善左旗第二中学，这是全旗唯一一所蒙古族中学。那次，母亲特地领我去旗照相馆照了母子相。母亲一身阿拉善妇女的穿扮，我也穿了母亲为我缝制的阿拉善式蒙古袍，还戴着红领巾。说起母子相，父

母亲阿尤尔扎娜送作者上初中

亲健在时还没有条件照父子相，父亲只留下一张夫妻照——父亲坐着，母亲站立，两人都是典型的阿拉善蒙古族装扮。这张照片可能是 1952 年阿拉善旗“乌日思”期间在巴彦浩特拍的，那次父母没有领我去。

父母从巴彦浩特回来时给我带来一件非常珍贵的礼物，那是一枚特地为我刻制的蒙汉文合璧的名章。这枚花绿色钢笔形的名章，我把它作为永久的纪念，一直保存下来。这次母亲亲自送我上初中，并照母子相，就是要我好好学习，好好做人。母亲没有更多嘱咐我怎样学习，她知道我不贪玩，但担心我看书看得把眼睛搞坏了。

在家的时候，我拿着一本书，告知母亲说，额吉，我要去拉屉屉。母亲做熟饭，左等右等不见我回来，就到房后找我。看见我在不远处蹲下拉屎，手里捧着书看。后来，我几次听到母亲对别人说，这个娃娃看书看得着书魔了，常常拉屎时看书，就忘了起来。这次，母亲回去前嘱咐我，儿子哎，看书注意眼睛，肚子饿了记着吃我给你做的茶食。

那个年代确实是饿肚子的“三年困难”时期。阿拉善左旗第二中学在巴彦浩特镇的南梁上。这所中学的教室、宿舍和操场等基础条件都很好，唯一的难题是吃不饱肚子。为学校运白菜的汽车停在食堂门口，同学们卸车时一边抱白菜往菜窖里送，一边用手掏着吃白菜心。

冬天一大早，我们跑到食堂门口领早点，每人领到一个比鸡蛋稍大的馒头。回到宿舍，有的把馒头撕成小碎片，用搪瓷缸子熬成面糊糊，小口小口地慢慢喝；有的把馒头捏成薄而瓷实的小饼子，小块小块地慢慢嚼。不论哪种方法，目的都是想放慢吃早点的速度，得到一点饱腹感。开始我把母亲给我做的茶食拿出来，一人一把，和同宿舍的人分着吃，但吃完了一样饿。

虽然吃不饱，但我的学习热情很饱满，学习成绩在班里继续名列前茅。特别是语文成绩一直很好。初二时，语文老师莫·舍力布扎布把我的作文作业拿到初一年级、初三年级去念。由于我的学习成绩好，1963 年 8 月，我被选拔出来参加阿拉善左旗首届少年夏令营。参加夏令营的都是各年级的学习尖子或优秀少先队员。我是全校参加这个少先队重要节日活动的九名学生之一。

我特别激动，心情像天空一样晴朗，像长了翅膀一样飞跃了贺兰山。那年我 16 岁，是初中二年级的学生。从那时候我开始用蒙文写日记了，作者第一篇日记里写了一首蒙文诗，表达了当时的心情：

贺兰山

巴音笋布尔是贺兰山主峰，
金色太阳每天从那里升腾，
远大理想是我人生的珠峰，
我将不畏艰险努力去攀登。

1964 年秋，我升入巴彦淖尔盟第二中学读高中，这是全盟唯一一所蒙古族高中。碰巧那个时候巴彦淖尔盟有关部门在磴口举办一个全盟各族各界代表性人士座谈会，阿拉善左旗让我母亲参加。因此，开学时也是母亲送我上学。高中时期，我仍然努力学习，成绩较好，特别是蒙古语文成绩一直很好。语文老师张山虎、赛音吉雅也把我的作文作业拿到其他班去念，还让我担任班里的蒙古语文课代表。

在阿拉善左旗二中时的作者

记得是 1965 年 12 月 1 日上午，第二节语文课学的是《苦难的回忆》。下课时赛音吉雅老师要求全班把这一课作为故事来讲。课后，赛老师对我说：你把《苦难的回忆》这一课反复阅读并背诵，准备把它讲成故事。为了给大家做示范，下一次课上我让你讲故事，可以吧？看到赛老师期待的目光，我点了点头，表示接受这个任务。回到教室里，我开始思考怎样讲这个故事，不能辜负了赛老师对我的期望。

第二天的蒙古语文课上，一开始赛老师就问大家，谁来复述《苦难的回忆》？我低着头心想，别人讲了以后我再讲。可是，全班没有一个人举手，看来别人没有怎么准备。教室里像是没有人，安静极了。我慢慢抬头，看到赛老师正用信任的目光微笑着看我。我突然觉得有人在我耳旁低声而又严肃地说，你是怎么当课代表的，赛老师的话忘了吗？这是给大家做示范，你不也在学习吗，怕什么呢？我立即举起手，赛老师满意地叫了我的名字。我尽量带着感情，不紧不慢地复述这个故事。讲完了，赛老师说，讲得很好，这就是积极主动学习的一种表现。大家也说讲得好。我知道自己还谈不上积极主动，赛老师的鼓励给我增添了积极主动学习的力量。

当时，全国都在学习英雄战士王杰。我在班里讲《苦难的回忆》故事之后，班主任戈必老师把我叫到办公室说，我想交给你一个重要任务，过几天就是“一二・九”，结合纪念“一二・九”，你在班里讲述一下英雄王杰的故事。与其说大道理，讲述他的事迹可能对大家的启发教育更好一些。我觉得这个任务交给你合适，相信你能完成好，听了戈老师的话，我十分激动，这是多么光荣的任务呵！想到要给全班讲英雄王杰的故事，似乎有了无穷的力量。我想，要讲述一个共产主义战士的事迹，不是那么容易的事，但我要努力学王杰，讲王杰。

1965 年 12 月 7 日晚上，我们高二班举办了纪念“一二・九”晚会，还有不少其他班的学生也来参加。由于我准备得比较充分，把思绪集中在王杰扣人心弦的英勇事迹情节上，晚会效果出乎意料的好。之后，1966 年 3 月开学不久，我还按照班主任老师的安排，在班里讲述了钢铁战士麦贤德的故事。学英雄榜样，讲英雄故事，歌颂英雄事迹，这对我提高思想觉悟、增强学习积极性，提炼内容主题、提升表达能力等方面，都具有重要意义。

那个学期，我们班的团支部还组建了由四个非团同学组成的教室和宿舍黑板报编辑组，让我担任组长，要求把班里和宿舍的黑板报办起来。我觉得团支部把这项工作交给我们，是对我们的期望和考验。这四人中我的字写得好一些，文字能力强一些，我就主动把两处黑板报生动活泼地办了起来。

1965 年 12 月 31 日，全校各班都举办了迎新年联欢会。我们高二班和初一（二班）一起举办联欢晚会。联欢的过程中，我还受班主任委托，代表两个班去其他班级拜年，并献上一首《赞歌》。年底，我写了一篇叫《春天的太阳》的散文诗，表达我喜悦豪迈的心情。1966 年 1 月 1 日，《巴彦淖尔报》发表了我的那篇散文诗。

高中时期，我在学习上努力用功的同时，在政治上加快进步、想成为一名团员的愿望一天比一天强烈了。1965 年 11 月 13 日，我递交了入团申请书。11 月 26 日晚，我的入团介绍人找我谈了心。他说，你是在党的阳光雨露沐浴下觉悟到现在的程度。你要事事处处把困难留给自己，把方便让给别人。对别人提出来的正确意见、错误意见、赞扬的话、打击的话，都要认真耐心地听。最主要的是改造思想，切忌骄傲自满。我听了，觉得他讲的这些都是很中肯的，决心把这些要求落实到自己的行动上。

在团支部的鼓励支持下，1966 年 3 月 11 日，由我们八个同学，包括团支部书记和一个团员在内的青年学习组成立了。这个学习组主要是为改造思想而学习毛主席的著作，交流收获和经验，结合各自实际，在应用上下功夫。成员都是自愿参加的，大家选举我为青年学习组组长，我只有努力工作，为组员们搞好服务。我在确定学习内容、探索学习方法、实现共同提高上，做了一些工作，取得了一些成绩。

第二节　遭遇挫折

1966 年上半年，“文革”开始了。5 月 19 日，巴盟二中召开批判“三家村”黑店的动员大会，全校停课。当时，我积极参加对所谓“三家村”黑店的批判。20 日，写了我的第一张大字报《坚决捍卫毛泽东思想》。5 月 24 日晚，我们高二班召开批判会，愤怒揭发邓拓黑帮。25 日下午，全校师生员工愤怒谴责反党反社会主义的邓拓集团。当时，我的大字报都是用蒙文写的。我积极响应学校号召，主动写大字报，反而遭遇突如其来的灾难。

1966 年 6 月初的一天早晨，我们高二班通知开会，全班学生一个不落地坐到各自的座位上。主持会议者站在全班同学的对面，他突然呵斥：“布和朝鲁站起来！”我莫名其妙，吃惊不小。但我立刻意识到这一声不同寻常的呵斥将是一个不同寻常之事的开始。我不紧不慢地站起来，把凳子往后推了推，站稳了，准备应对突如其来的一切。

会议主持者说，下面先由我班干部带头揭发布和朝鲁的罪行。那个班干部站起来说，昨天布和朝鲁写了一张大字报，标题是“以其人之道还治其人之身”，非常恶毒地把伟大的毛泽东思想比喻为毒，表面上是批判邓拓、吴晗、廖沫沙，实际上是疯狂攻击毛泽东思想，否定“文化大革命”，为黑帮打掩护。我们革命同学绝不答应，我们必须连根拔除这株毒草，彻底揭露和批判牛鬼蛇神布和朝鲁的一切罪行，我们要把这个牧主儿子打翻在地，再踏上一只脚，让他永世不得翻身。

我是“文革”开始后在全校学生中第一个被揪出来、第一个被批斗的“牛鬼蛇神”。有了高二班的这个“先进经验”，其他班也开始揪出和批斗本班的“牛鬼蛇神”。

批斗会之后，我装出一副若无其事的样子。其实，我很气愤，抵触情绪很大。但我有理说不清，我只能克制自己。我该吃饭就吃饭、该看书就看书、该看大字报还看大字报。同学们忙着跟我这个“牛鬼蛇神”划清界限而不跟我说话，我也为了不连累别人而不跟别人说话。我的内心却像是一锅烧开的水，上下翻腾，陷入深深的思考和难以形容的矛盾斗争。

傍晚，我独自一人离开校园向北走去。我感觉到有几个同学远远地跟着我。我走到一个沙坡上，面朝西坐下，后面的人或许也不跟了。夕阳西下，晚霞烧红了半边天。我看不出晚霞的亮丽，而是感觉到了即将来临的黑暗。我回顾着上午的批斗会。我不是从天上跌入地下，也是从半空中重重地摔在了地上。

我想不通自己为什么会落到这种境地。响应伟大领袖毛主席的号召，积极参加运动错在哪里，仅仅是一张大字报标题用了他们理解不了的成语，就把我毫不留情地毁了？！可能是祸从笔出、祸从口出，平时我这个不饶人的嘴巴，说话直来直去、不会拐弯抹角，甚至骄傲自满，得罪人、积了怨。平时我爱挑别人的毛病，讽刺挖苦，冷嘲热讽，但总归是开玩笑呀，至于这样吗。

我在沙坡上坐了很长时间，天完全黑了，想来想去也没有想明白。但有一条我是坚定不移的，我相信伟大领袖毛主席的号召是正确的，他们不按毛主席的教导办，我是被冤枉的，总会好起来。自己一定要坚强起来，不要让别人看笑话。我要吸取教训，真心诚意改造自己，把一切缺点错误都改过来。我必须抬起头来，坚强起来，坚持下去。想到这里，我站起来，抖落了屁股上的沙子，在黑暗中回到宿舍睡觉了。

学校完全停课了，老师和学生们除了吃饭睡觉以外，就是开会学习，参加批斗会；或者看大字报，写大字报。自从被批斗以后他们把我的桌凳挪到了教室的一个角落，以示孤立、划清界限。除了班干部责令我以外几乎没有人跟我说话。我倒是主动请示诸如可不可以看大字报、写大字报等问题。得到允许以后，我用大部分时间来看大字报，特别是很认真地看老师们写的汉文大字报，遇到不认识的字词就回来查字典。看大字报使我的汉语水平得到显著提高。

让我意想不到的是那么多大字报里竟没有批判我的。我猜想大概是在那次批斗会上骂完了再没得写了。开班会学习时，班领导忘不了责令我必须老老实实，不准乱说乱动。同时，也敲打其他出身不好的同学要和自己的家庭划清界限，站到无产阶级这边来。

有一天晚饭后，我在教室角落里那个座位上看书。教室里没有其他人。突然从外边跑进来两个同学喊，布和朝鲁，让你去呢。我问，去哪里？来者说，去篮球场那边。我问，干什么？来者说，去了就知道了。我从教室里出来，就看到篮球场南边围着很多学生，我想起来那里放着一个大石磙。我纳闷，人们围在那里干什么呢。走进人圈一看，有一个脸上长着红痣的学生被套上牛鞅子，吃力地拉着石磙，石磙慢慢地滚动，有人还用鞭子抽他的后背。我认出来了，那个脸上长红痣的学生是初二年级的“牛鬼蛇神”。

看见我来了，高二班的有人喊，让布和朝鲁拉！有几个人拧着我的胳臂，把牛鞅子套在我的脖子上喊，快点拉！用鞭子在我后背上抽打。我忍气吞声，控制着自己倔强的脾气，拉着石磙往前迈步。我突然产生一个念头：拉石磙也要拉出个样子来。于是，我觉得浑身是劲，越走越快，石磙转动起来有了惯性，我的速度加快甚至跑了起来。我满头大汗，不断喘气。大概有人良心有所发现，喊了一声，行啦，别拉了。我把牛鞅子从脖子上解下来。围观者也散去了。

天色暗了。我就势坐在石磙上，坐了很久。我说不清楚心里是什么滋味。自己又一次遭到非人的折磨，同时也经受了一次考验和锻炼，我没有进行无谓的抗争。我自嘲地想，他们的这一招真损，不过也可能“顺理成章”。“牛鬼蛇神”首先是“牛”，是牛就得拉石磙，挨鞭子抽。其实我已经“不待扬鞭自奋蹄”了。他们用非人的手段折磨别人的快感得到了满足。那么，他们在今后的生存中，偶尔会不会有一点点负罪感呢。有也罢没有也罢，随他去吧。我站起来，抖落了屁股上的泥土，又一次在黑暗中回到宿舍睡觉了。

自那次当“牛”拉石磙之后，我再没有挨批斗、遭折磨。记得1963年秋，我在初二时写了第一篇日记，从此开始写日记。升入高中，我就养成了写日记的习惯。但是，从1966年6月初挨批斗到11月下旬这半年当“牛鬼蛇神”期间，我的日记中断了。因为，祸起写大字报，不说革命同学在监督检查，我自己也不敢写了。之后，我还是不是“牛鬼蛇神”，没有人说是，也没有人说不是。但我自认为日记是可以写了。

“文革”的大字报、大批斗之后，就是大串联。在全国学生大串联中，巴盟二中的学生们也参加了，也有一些学生干脆回家了。这些事情跟我没有关系。不要说不能串联，就是迈出校门也不可以。我只是从广播里听到伟大领袖毛主席一次又一次接见红卫兵的消息，我虽然不能参加，但也无比激动。到了1966年11月中旬，全校大部分学生参加串联，有的甚至走了好几遍。

我们高二班的几个没有参加串联的同学也商量着一块儿出去串联。其中牵头的前锋同学是“文革”开始前我们青年学习组的成员。前锋是贫下中农子弟，为人正派老实。我问他，我可不可以参加。他同意我参加。我终于可以参加串联了。我们这个串联队由高二班和初中班的10名同学组成，取名为“学红军”长征队，将继承和发扬红军精神，一不怕苦、二不怕死，坚持步行串联，宣传毛泽东思想，锻炼革命意志，立志做无产阶级革命事业接班人。对于前锋同意我参加长征队，我至今都很感激。因为它增强了我的自信心和自豪感。

我们得到消息说，11月下旬伟大领袖毛主席可能最后一次接见红卫兵。“学红军”长征队决定先乘火车赶到北京参加毛主席的接见，而后从天安门前出发步行串联，要求队员们回家做必要的准备。

我被打成“牛鬼蛇神”，是不能加入红卫兵的。现在成为“学红军”长征队队员，也是莫大的荣耀。由此，我才得以回家看望母亲，母亲给我缝制一条既做褥又当被的老羊皮睡袋。“学红军”长征队兴高采烈地乘火车奔赴北京，赶上了伟大领袖毛主席的接见。

1966年11月26日，我们和来自全国各地的学生一起，手捧《毛主席语录》，在西长安街电报大楼东侧的大街上见到了毛主席。毛主席乘坐的敞篷车缓缓经过我们面前，相距只有十几米。毛主席满面红光，神采奕奕，穿一身草绿色军装，威武地站在敞篷汽车上，举起右手向大家挥舞。“毛主席万岁！毛主席万岁！”的雷鸣般的呼声，使每个人的心像海浪一样翻腾。我的嗓子都喊哑了，我一直注视着毛主席的敞篷车，直到看不见为止。我被打成“牛鬼蛇神”的那一天，绝没有想到会有这一天。

1966年12月7日，我们“学红军”长征队从天安门前开始步行长征了。走一路，看一路，练一路，1967年2月中旬到河南郑州，看到了党中央、国务院关于要求步行串联的全体革命师生返校的通知。队员们都感到很遗憾，长征路只走了一半。我们最终决定改乘火车南下，到广州再返校。

在南下途中有两个场面我还记得：1967年2月17日半夜，我们去长沙火车站上车。整个车站人山人海，挤得水泄不通，都是来自各地的学生挤着上火车。我们十个人手拉手往前挤，个个满头大汗，好不容易挤到车厢下，知道了从车门上车绝无可能。我们看到有人企图从人头上爬进去。同时，也看到有些人从车窗往里爬，我们也下决心从车窗爬进去。我们用蒙

参加步行串联时的作者

学红军长征队从天安门前出发，后排左一为作者

话商量，立即占据优势位置，先推几个女同学爬进去，接着车内的往上拽，下边的往上推，费了九牛二虎之力终于在开车前都爬进去了。车厢内的拥挤比车站上的还要厉害，就像火柴盒里的火柴，行李架上都是人。这是我们乘车南下的最后一段路程。

18 日后半夜到达广州。下车以后我们拖着疲惫的身躯走了一段，街上虽然有路灯，但空无一人。没有方向，无法打听接待站在何处，只好盲目地往前走。又走了一段，发现路边有一个露天舞台。大家登上这个舞台再也走不动了。此时北方虽然是寒冬腊月，广州的深夜却很暖和。大家不约而同地说，就在这儿睡吧。我们打开背包，在这个大舞台上一觉睡到太阳升了一竿子多高。我们醒来一看，大街上车马人流熙熙攘攘，但没有一人注意到我们。我们这才不慌不忙地走下舞台，寻找接待站去了。

长征途中，在长沙、韶山、广州等地，我抄了不少毛主席的文章和语录。由此开始，我用汉文写东西了。这是一大收获。我们返校以后就参加复课闹革命。

我串联回来以后，班里不怎么说我是“牛鬼蛇神”了，但不说不等于不想。我想，其他的暂且不说，“牧主儿子”的名号可能这一辈子要如影随形了。我提醒自己，要有一点自知之明，一定要吸取沉痛的教训，一定要安分守己，夹着尾巴做人。当时还有一句话叫“出身不由己，道路可选择”。这句话对我的鼓舞很大。既然道路可选择，自己一定要坚定不移走毛主席指引的革命道路，坚持不懈努力做一个无产阶级革命事业的接班人。为此，必须知道毛主席指引的革命道路是一条什么样的道路、无产阶级革命事业的接班人是一个什么样的人。只有学好毛泽东思想，才能知道这两个问题。想到这些，我感到心里敞亮多了，感到前所未有的踏实。1967 年，我用主要精力读毛主席著作，特别认真地读了《实践论》《矛盾论》，做了大量笔记，对毛泽东思想有了初步的理解。

第三节　做一个庄户人

1955年毛主席曾提出“农村是一个广阔的天地，在那里是可以大有作为的”。到60年代末，这句话成为知识青年上山下乡的方向。毛主席还强调“知识青年到农村去，接受贫下中农的再教育，很有必要”。巴盟二中按照上级的要求，动员学生积极报名上山下乡。但是，直到1968年6月，报名下乡的学生寥寥无几。当时我想，自己的出路在哪里？与其在学校受歧视，不如走毛主席指引的道路，到广阔的天地，接受贫下中农的再教育，脱胎换骨、改造自己，在农村牧区扎根一辈子，当一个有文化的农牧民。于是我向学校表了决心。没想到学校同意了，我激动不已。

我是巴盟二中最先报名下乡的学生之一。1968年6月26日，我们第一批上山下乡的17个知青乘一辆插着红旗的大卡车来到乌拉特后旗那仁宝力格公社。公社安排8个知青去乌宝力格大队，把我们9个知青安置到查干温都尔大队的饲料基地，从此我们成为查干温都尔饲料基地的农民。

那仁宝力格公社和查干温都尔大队都在阴山北部，而查干温都尔饲料基地在阴山南麓，当地人叫牛场湾。牛场湾背靠阴山，南临河套平原，西边是杭锦后旗沙海公社的新红村，东边是乌拉特后旗东升庙公社的萨如拉大队。牛场湾的标志物是屹立在红山口西侧的那座红山。牛场湾集体种植的粮食分给农民做口粮，饲草饲料供山后的牧民喂牲畜。来牛场湾当农民的知青，第一批是我们9个人，当年10月，第二批又来了3个人。

对我来说，这个叫牛场湾的小村子，它的一切都很新鲜。天蓝、云白、山青、庄稼绿、空气香、农民好。这里的农民，他们的生活都不富裕，但个个都质朴敦厚、善良热情，他们把我们当兄弟姐妹来看待，我将成为他们中的一员。1968年6月26日，是我人生重大转折的开始。我决心接受贫下中农的再教育，扎根农村一辈子。我从小放羊，对牧活很熟悉，却没有在农村生活过，没有干过农活。从今往后，我就是生活在农村干农活的农民了。

知识青年上山下乡接受贫下中农的再教育，首要的是接受劳动教育。农民看知青，也是看其劳动。劳动好的就是好小伙子，劳动不好的瞧不上。我问一个老农，怎么能当好农民。他说，老人说过，三年学会买卖人，一辈子学不会庄户人。我思谋这句话，也信了这句话。因为，农民当得好不好、地种得好不好，不仅仅取决于农民主观的努力，客观因素的不确定性太多了。农民的劳动里蕴含着极其丰富的内容。那个年代，从春种到秋收，包括种前的准备、种后的管理、收后的加工储存等，工作繁多。我体会到，学会干农活，既要有笨劲儿，也需要有巧劲儿。有笨劲儿，就是肯干，使力气、不惜身、流汗水、出活儿多；有巧劲儿，就是会干，善动脑、常比较、知要领、方法对，熟能生巧。

我们知青在查干温都尔饲料基地干的最多的农活是挖渠、担土、打堰子、砌机坑、浇水、割麦子、挑个子等。有的活儿大家一起干，有的活儿是计量的，分开来干。如挖渠、担土、打堰子、割麦子等都是计量的活儿。刚开始时，挖渠挖得我腰酸背疼，手掌打起泡。但我能忍受，坚持下来，同时仔细观察农民挖渠的姿势、方法和节奏，看着学不会的就直接向老农请教。过了一段，腰背不疼了，手掌长出了老茧。到后来，我挖的渠开口、收底、深度完全符合要求，渠口线笔直，挖出来的土堆得齐整，速度也不慢，受到饲料基地领导的肯定和知青们的羡慕。

在冬天或春播之前，从耕地以外的地方往耕地里担土，以增加耕地肥力。最初，担土担得肩膀肿了。我听老农的话，晚上用热毛巾敷一敷，咬牙坚持下来，慢慢在肩膀上也有了一层硬肉，担土不怕压了。我用的箩筐大一些，步子有节奏，担的土堆数量、大小、堆放距离都合格。打堰子是根据耕地地势高低、走向、作物种类等，确定地块大小、堰子的走向和长度，其作用是高低不同的地块都能浇上水、浇足水。打堰子必须和平整土地结合起来，才有效果。我认真观察老农打堰子和平地的方法，逐步掌握了要领。后来，我打堰子做到了走向整齐、宽窄适度、高低一致，堰体踩得瓷实，坡面拍得结实，经得住人在堰上走。堰子的横切面就像在几何课里学的等腰梯形。

砌机坑是很多人一起做的活儿。所谓砌机坑，就是先挖一个大坑，再用石头把坑壁砌起来，用水泥抹底勾缝，做成储水坑。它的用途是从远处河里引过来水，储存在机坑里，再用柴油机把水抽上来浇地。饲料基地原来没有机坑，来了知青增加了十来个壮劳力，有能力砌机坑了。砌石墙是技术活，由师傅来做。挖土坑、抱石头，由年轻的农民和知青来干。惜身的拣小一些的石头抱，不惜力的则专挑大石头抱。我和年轻农民摽劲儿抱大石头，抱了一块又一块。我心想，摽过了农民说明插队以来自己的劲儿增加了，摽不过农民也不丢人。机坑砌完了，我觉得胳臂的肌肉硬实了，全身劲儿也大了。这正是我想要的结果。

饲料基地每年都种不少小麦。七月份开镰前，大伙儿都把镰刀磨得锃亮。年轻农民给知识青年们讲："女人怕坐月子，男人怕割麦子。"老农则说："二八月虎口夺食，修女也要下地。"前一句是说割麦子时身体的疼痛是难以忍受的，后一句是说农时不可违、不可误。春种秋收，春季种不好，秋季收不了；春季种好了，秋季如果及时收不回来，等于白种。所以，春种秋收要全力以赴，不得耽误。比如割小麦，割早了熟不好；割迟了熟透的麦粒会迸出来，或者遇上下大雨就泡在地里了。"男人怕割麦子"，主要是腰疼，弯了直不起来，直了再弯不下去。知青们第一次割麦子，速度慢不说，有的干脆蹲在地上，边割边往前挪。我的做法是尽量不直腰，一股劲儿割到地头再直起腰来捶几下，揉一揉，掉头继续割。

知青下来以后，查干温都尔饲料基地建立了学习制度，每周用一个晚上组织社员学习毛主席的最高指示和读报纸，各户户主和知青参加。饲料基地领导指定由我读报纸和材料，并讲解学习内容。我觉得这是非常光荣的任务，是领导和大伙儿对我的认可。为什么让我承担这个任务，领导没有说。但是在插队知青中，我虽然平时话不多，可学习自觉性、知识水平、表达能力相对较高，这一点，领导可能看出来了。每次学习前，我向领导汇报准备学习的内容，领导总是说，你看着定吧。

我给大家读的内容，首先是《毛主席语录》中的相关段落、报纸上刊载的毛主席的最新最高指示、《人民日报》社论和有关农业学大寨的报道和典型等。读完之后要求讨论，但发言的人并不多，总是由领导强调几句，接着先总结和评价近几天的生产劳动情况，再分配和部署第二天或后几天的生产劳动任务，指派由谁领着干和谁谁来干。有几个老农参与进来共同商议生产劳动中的一些具体问题。当天的学习会就结束了。

学习场所是作为队房的一个较大的屋子，炕上铺着席子，没有炕桌，学习时把煤油灯直接放在炕中央的席子上。我因为要借光读报，就坐在煤油灯旁，队领导和老农们围着煤油灯坐里圈，其他人一圈一圈坐满炕，炕上坐不下的坐炕下的简易长条凳上。煤油灯只能照到炕上坐里圈人的脸，其他人只有摸黑听。学习会上虽然光亮少，但纪律性强。没有人交头接耳，很少有人打盹。如果偶然有人丢盹打呼噜，那是很没有面子的事。谁愿意丢人现眼呢。

在学习会上，跟学习内容同样重要的是抽烟。多数农民有抽烟的习惯，有的用烟袋抽旱烟，有的卷烟叶抽，抽不起香烟。卷烟的人们没有卷烟纸，就把旧报纸撕成条来卷烟。开会学习，抽烟的人多，整个屋子烟雾缭绕，久而久之，不抽烟的人也习惯了。我坐在他们中间，旁边的农民常劝我，你也卷一个呗。有时我也经不住劝，学着卷烟，学着抽烟，慢慢也就加入了烟民队伍。抽烟的人自己不带烟，光抽别人的烟是不好意思的。我跑到邻村新红大队供销社，买了几袋河南产的八分钱一袋的“黄金叶”牌烟叶。从此，学习时我也带上一袋“黄金叶”和报纸，在煤油灯旁一坐定，就把一袋烟和报纸往中间一放，让大伙儿卷烟抽。农民们也不谦让，里圈的卷完递给外圈的，很少轮来第二回，烟叶就没有了。当时农民爱讲一句话叫“不怕烟叶贵，但怕卜榔（河套方言指棍子，这里指烟卷）队”，意思是虽然烟叶便宜，但抽的人多了也费钱。

我成为“烟友”，无形中和农民的关系也亲近了。平时，我和农民一起干活，边干边聊天，了解村子和各家各户的情况，问各种农作物的种植技术和相关知识，向他们虚心学习农业生产劳动和在农村过日子的各类知识和技能。我通过这样的交往，学到了在课堂上没有学过的知识，同时和农民兄弟交了好朋友。我和其他农民一起给盖房的农户家帮忙，冬天参与帮忙邻居杀猪的活儿、年根儿参与帮忙农户捣糕面等。我也应邀到农民家里吃“杀猪菜”，同农民划拳碰杯。也同其他农民一样拿着五角钱搭礼，参加农户娶媳妇、嫁闺女的婚宴等。通过这样的劳动和生活，我无形中接受了贫下中农的“再教育”。我在巴盟二中申请入团，始终未能加入。到查干温都尔饲料基地用五年实际行动努力，1973 年我加入了中国共产主义青年团。

1968 年插队到牛场湾，我从一开始就抱着响应伟大领袖毛主席的号召，扎根农村一辈子的决心。经过一年的劳动和生活，我爱上了牛场湾这一片热土，爱上了这里勤劳朴实、热情善良的农民，习惯了劳累但更有收获的农业生产劳动，习惯了俭朴但更为丰富的农村生活。我想，既然在这里过一辈子，就要有自己的家，不可能在 20 平方方米一炕一灶的知青安置房里过一辈子。再说，这两年我不惜身子劳动，挣工分攒的钱也够盖房子。我把这想法告诉饲料基地领导陈旺布等要好的朋友，他们听了先是惊奇，继而感动，而后是极力支持，为我出主意、想办法，甚至帮我做了建房概算。这些使我进一步坚定了盖房的决心和信心。

我和陈旺布商量以后，选好了盖房的位置，自己画了房屋结构图。我想起巴音呼都格老家的房子，同时参照本村农民的住房结构，新房的结构是东大西小的两个房子。大房子的炕在东侧，做饭烧炕的炉灶靠南墙。炕下的空间较大，靠北墙和西墙都可以摆设箱柜、书桌等。东坑南侧开大小适中的窗户，门在南墙西侧。小房子的炕在北侧，做饭烧炕的炉灶靠东墙。门在南墙中间，院子里还设计了粮仓、鸡窝和猪圈。

搞完房屋设计后，陈旺布等主动帮忙去杭锦后旗大树湾公社替我买了大梁、檩子和椽子，找木匠定制了门窗。与此同时，我起早贪黑在东河槽踏坷垃。每天天刚亮就开始干，到出工的点能干两个多小时。一收工又接着干，一直干到看不见。有月亮的时候在月光下干，一直干到午夜。一想到要住自己盖的新房，我就有使不完的劲儿。不到两个月，盖新房的所有准备工作都就绪了。

在一个风和日丽的早晨——陈旺布选的“黄道吉日”——我盖新房了。谁家盖房四邻八舍都来帮忙，这是牛场湾的传统，其实也是农村的传统。大伙儿都知道了今天我要盖新房，一大早，手提各自的工具来了。在牛场湾盖房，谁是砌墙的师傅，谁是当下手的小工，谁有什么特长，其实早有“定论”，用不着分工。拉线的拉线，和泥的和泥，抱坷垃的抱坷垃，像一台机器一样自动运转了。我曾多次当过小工，今天给自己盖房，仍然是小工。

盖房有一句话叫“上梁馍馍压栈糕”。意思是盖房盖到上大梁的时候要给盖房的人们吃馍馍，而最后封顶的时候要吃油炸糕。我盖新房，工程量不大而帮忙的人不少，当天就上了大梁和檩子、椽子、笆子，而且里外墙都抹了第一遍泥。到了吃馍馍的时候，陈旺布的媳妇儿把热气腾腾的腌猪肉大烩菜、油层蒸饼和大馒头端上了饭桌。大伙儿围坐在一起，有说有笑，吃得津津有味。第二天，我的新房封了顶，安了门窗，抹了两遍泥，还盘了炕，算是大功告成。“压栈糕”仍然是陈旺布的媳妇儿做的软油糕、炸油饼和粉汤。大伙儿边吃边聊天，说我是十几个知青中唯一自己盖房的：真不容易，干活儿不惜身子，像个农民，但是人家有文化呀，我们比不上。陈旺布说，插队到我们饲料基地的知青们都不错，他们都是蒙古族，有的是干部子弟，但是干农活儿学得很快，都成为我们的主要劳力了。我说，如果说我们知青有一些进步，那是你们手把手教的结果，我们还要继续向你们学习，接受你们的再教育，将来成为无产阶级革命事业的接班人。今天我有了自己的房子，真是多亏了大家，如果没有陈队长和在座各位的无私帮助，我可能一事无成。我永远忘不了大伙儿。我之所以盖自己的房子，就是响应伟大领袖毛主席的号召，扎根牛场湾一辈子，做一个好庄户人。

我盖的新房子其实跟其他农民的房子没有什么两样，只不过是整齐一些，适用一些。我想把自己的房子搞得不同于其他人的房子，唯一的一点是在画墙围子上突出一下时代特色。画墙围子是当时生活条件较好的农户的普遍做法，而且墙围子画面的内容家家户户都差不多，无非龙虎狮豹、梅兰菊竹等。夏秋季节，画墙围子的匠人隔三岔五走家串户，特别是去盖新房的农户家里揽活儿。我先设计了新式墙围子画面的主题，包括天安门城楼、万里长城、韶山红日、井冈群峰、延安宝塔、遵义会议、武汉长江大桥、第一颗人造卫星、“梅花欢喜漫天雪”、“战地黄花分外香”等。每一拨匠人来了我都把写着画面主题的那张纸拿出来，详细讲解画面内容要求，问匠人能不能画得出来、且画得好。很多匠人听了都摇头，不敢承揽。因为他们只能画传统的墙围画。

过了些日子，来了两个年轻的画家，说是学过美术专业，能画出来。我让他们先打个草图看看。他们画出草图后，我围绕画面主题意境提出修改意见，这样几个反复，达到了我的要求，就让那两个年轻画家画了新家的墙围子。在天安门城楼那个画面里的毛主席像，我没有让画家画，而是把《毛主席语录》里的毛主席像剪下来贴上去，画面更加逼真了。整个墙围画完后，画家用清漆罩了两遍，使墙围画面更加亮丽，而且不变色、不怕脏。这个新式墙围使我的新家熠熠生辉。村里的农民特别是年轻人闻讯赶来观看，大伙儿都赞不绝口，有的说从来没有见过这样的墙围，太好看了。有的说布和朝鲁很会设计，到底是有文化的人不一样。

在农村，盖新房大都是为了娶媳妇。我盖新房的目的是在牛场湾扎根，一开始真没有考虑娶媳妇的事。然而，事情的发展往往让人意想不到。没过多久，我真的和爱情不期而遇，在新房里举行了结婚典礼，而且在这座新房里生了我们的女儿红霞。

第四节　爱情的奇遇奇缘

爱情，对我来说是奇遇、奇妙、崎岖、奇缘、奇美的经历。最初，我想的是在查干温都尔饲料基地生活一辈子，盖个像样一点的房子，不能临时凑合。至于谈恋爱、找对象，想都没想过。就是想了，谁还愿意找一个“牧主”的儿子呢。到将来，能找一个年龄相仿、有点文化、吃苦能干的农村姑娘过日子就行了。

当时，查干温都尔饲料基地的订阅报刊、往来书信，是由骑自行车的邮递员隔三岔五路过送一次。路是从农田中间穿过的。如果农田里有知识青年们劳动，邮递员就把报刊信件交给知识青年，省得去队里。看到邮递员来了，知青们就一拥而上，有来信的拿自己的信，没有来信的就抢一张报纸。

我来到查干温都尔饲料基地几乎没有给什么人写过信，也没有人给我来信。看报纸可以说是我的第一爱好，但我不想凑热闹抢报纸。等别人抢完了，看有没有别人不看的《参考消息》，如果有，我就去拿了慢慢看。

有一次，知青中年龄最小的女同学乌云，拿一张《参考消息》来到我跟前说，你不是爱看这个报纸吗，给你。我又奇怪又高兴，连忙咧嘴笑着说，谢谢你啊。乌云也笑了笑，扭头走了。我想，这个乌云大概是看我不去抢报纸，就给我抢一张送来。过了几天邮递员来了，乌云又给我抢来《参考消息》。我照旧笑一笑，谢一谢。过了些日子，乌云还给我送来《参考消息》。这一次，我由衷高兴地说，你真是个好人呢，太谢谢你了！乌云抿嘴笑着说，这里哪有坏人，你爱学习，你看吧。她说罢扭头走了。

在巴彦淖尔盟第二中学时的乌云

当知青时的乌云

这一次，我扶着手中的锹把，看着乌云的背影。乌云个头不高，梳着不长不短的两个辫子，穿一身蓝色的衣服，迈着轻盈的步子，就像跳舞一样。她头也不回地走了，却给我留下热心、善良的印象。乌云是 1968 年 10 月，巴盟二中第二批下乡的知青，听说是初中班的学生。在学校，我不认识她，来这里以后也没说过几句话。我平时话不多，在学校受歧视以后更不愿意说话了。在这里偶尔开个玩笑，也是跟同班同学说几句。我在知青中年龄不是最大的，但也是二十出头的青年了。在我的眼里乌云还是个十几岁的小孩，很活泼，很直爽，有说有笑，能唱会跳，哪里都有她燕子似的身影、银铃般的声音。

那天我想，这个小女孩一而再，再而三地抢来《参考消息》给我看，她这是在帮我，我也应该帮她。乌云虽然在知青中年龄最小，但饲料基地挖渠、担土、打堰子，照样给她派活儿干，照样以干多干少来评工分。自那以后，我把自己的活儿干完了就去给乌云帮忙。乌云也不拒绝，正愁着不要落在别人后面呢。两人边聊边干，一会儿就干完了。我常常帮她干活，她可能心里感激，有时候把我叫到她们的宿舍一起吃饭。这样一来一往，我和乌云的来往和交流就多起来了。

我虽然和乌云交往多了，但没有多想什么，特别是没有往恋爱那方面想。在我看来乌云就是个小孩，天真善良、心直口快、很调皮又很热心。而且我了解到，她哥哥包安是那仁宝力格公社的武装部长、革委会副主任。我提醒自己不能有非分的想法。但是，对我和乌云的这种交往，别的知青就有不同的反应了。有的主动接近乌云说话开玩笑，有的也帮着乌云干活，有的还送小收音机给乌云听，有的甚至提醒乌云不要和布和朝鲁走得太近，他可是牧主的儿子呀，等等。这些都是乌云自己告诉我的，我只是作为“新闻”笑着听听。

乌云把自己的或别人的事儿都说给我听，我感到这是她对我的信任。我也把自己的事情和想法说给乌云听，还征求她的意见和想法。我还把想盖房子以及房子的结构布局、选择的位置等说给乌云听，把设计的草图、新式墙围草图拿来给乌云看。

出乎我意料的是乌云听得看得很上心，她很支持我的想法，而且在很多细节上提出了改进的意见，似乎是她要盖房的样子。我顿时热血沸腾，对乌云的看法逐渐变了。她不是不懂事的小孩，她有主意、有想法；她不是扭扭捏捏、遮遮掩掩的那种，她直截了当、干脆利落。这些都让我眼前一亮，刮目相看。

那天晚上，我失眠了。我想，我和乌云的关系会怎么发展呢？乌云是知青中年龄最小、心地最善良、容貌最漂亮、性格最开朗、人见人爱的姑娘。老天爷果真能把这样的姑娘赐给我吗？之前，我好像没有感觉到这些。几个月来，我们的关系日益密切，个别知青“垂涎三尺”，甚至有离间之嫌。可是乌云却应对自如，无动于衷，继续和我保持密切关系，让我感动不已。虽然是这样，我始终没有表露心迹。

我心想，说出来会伤着乌云，或者耽误了乌云。乌云条件这么好，选择一个比我好的小伙子并不难。我担心自己不能给乌云带来幸福。我除了如影随形的“牧主儿子”的标签和能吃苦、浑身是劲儿的身子以外一无所有，拿什么给她幸福？我翻来覆去睡不着。但又想起一句话："宁可碰了也不要误了。"我决定找机会向乌云表白，听听她的想法。

1969年夏天，查干温都尔饲料基地，天高云淡，风和日丽。红山脚下一望无际的青纱帐，如一幅美丽的图画。刚刚割完小麦，丰收在望。那天，饲料基地领导通知社员，晚上盟里的文艺宣传队在新红大队演节目，新红大队邀请我们饲料基地的人去看。我给乌云说，晚上看节目散场以前我俩就出来吧，回来的路上我给你说个事儿。乌云说，那就在演节目的过程中你看着我，我先离开，随后你也离开，不要叫别人发现了。

傍晚，查干温都尔饲料基地的人们三三两两去了新红大队。节目是在一个开阔地中间演出，新红大队和饲料基地的人们自行选地方，围成一个大圈儿看节目。那天，我站在人群中看节目，眼睛却不由自主地瞟向站在对面圈儿里的乌云，生怕她离开时没看着。节目演到刚过半个钟头，我看到乌云向我这面看了以后就挤出了人圈儿。

我也若无其事地离开人圈儿，不一会儿，就赶上了乌云。乌云说，咱们不要走大路了，别人看见了不好，我们从这儿穿过去吧。我俩离开大路，进入芨芨草滩。芨芨草滩里不好走，我牵住了乌云的手，乌云没有抽出自己的手。这是我和乌云第一次牵手，我们走出芨芨草滩，来到饲料基地西边的一条沟边坡上坐下。银色的月光洒满我们俩的脸，洒满了坡，洒满了沟，洒满了饲料基地，洒满了山川大地。夏夜的微风吹拂着两张脸，吹拂着两个紧握的手，吹拂着两颗剧烈跳动的心。

我的心嗵嗵地跳，似乎乌云也听到了我的心跳声。她问我，你要给我说什么事儿？我说，乌云，你听我慢慢说。自从你抢《参考消息》给我看，一开始还没什么，后来你慢慢地走进我的心里，直到今天，你占据了我整个心田。今天在这明亮的月光下，不管你怎么想，我都要说出我想了很长时间的话：我真的非常喜欢你，非常爱你！

我看到她的脸上泛出红的光亮，眼睛却直勾勾地看着我的脸，说：你想了很长时间，怎么今天说出来了？我连忙说，我怕不配你，伤着你，我怕不能给你带来幸福。乌云说，你说说怎么个不配？我说，你知道的，我是“牧主”的儿子，你是公社领导的妹妹。乌云说，那又怎么样，牧主就牧主呗，谁自己愿意生在牧主家里？我说，可是别人不这么想，不这么看，在学校时我还被打成“牛鬼蛇神”呢！

乌云摇了摇我的手说，我知道，但现在不都是下来当知识青年吗？那些没有被打成“牛鬼蛇神”的知青不也一样吗？说起来了，其实我也是苦命，是孤儿。小时候，父母双双病故，三哥也病死了。我老家在哲里木盟科左后旗散敦宝力格屯，老家还有大哥布日额一家，两个姐姐嫁人了。老家是农区，旱地收成不好，生活很困难。我的叔叔恩和巴雅尔是生产队党支部书记，父母去世以后全靠恩和叔叔拉扯我们家。

我全神贯注地听乌云讲。乌云继续说，二哥包安早年参军来这边，转业以后到公社当了武装部长。我十三岁那年，二哥把我领到他家里来。二哥经常下乡，我小小年纪，洗碗刷锅不说，几个小孩的尿布都由我来洗；三九寒冬到井上担水，井口结了冰，经常滑倒，冻得手都裂口子流血；有时候还吃不饱。二哥把我送到海力素小学念书，中间又送到杭锦后旗蒙小念书，还辍学一个学期看小孩，没有系统地学下来。后来考到巴盟二中念初中，又赶上“文革”，什么都没学上。不像你，那么爱学习，知道的东西都比别人多，知青里哪个能如你？还有，你不怕吃苦，劳动不惜身子，评工分你跟村里的壮劳力农民一样，你还自己盖房子，知青里有第二个吗？要说不配，可能我不配你。

我不由得紧紧抱住乌云说，乌云，你讲你的经历让我心都疼，你还表扬我，我问你，你说了半天，你到底是喜欢不喜欢我？乌云毫不犹豫地说，不喜欢你，我跟你走那么近干什么？

我把乌云抱得更紧了，乌云也紧紧抱住了我。两个人脸贴着脸，什么都不说，静静地看着月亮。那是月老！月老正在看着我俩。我们第一次发现月亮有这么明亮，明亮的月亮照得我俩的心也明亮。甜蜜的寂静持续着，最后还是我先开口，你喜欢我为什么不说？乌云说，你不说我怎么说？我又问，那我要是一直不说你也一直不说吗？乌云说，你要是动心思要找那个张家的闺女，我就不让你找！我说，你是别人肚里的蛔虫吗？我俩差点儿笑出声来。我说，乌云，你这么不嫌弃我，我感谢你一辈子，爱你一辈子，一辈子不离不弃。倾尽我的一切让你幸福一辈子！

在银色月光下，我看见了乌云的心，她也看清了我的心。这是我俩一生中最浪漫、最甜蜜的月夜。在“最美好的年纪，遇到最美好的彼此”。

1969 年初冬，是一个寒冷冬天的开始。我已经搬进了自己盖的新房子，住在西边的小屋，烧小铁炉子取暖。因为是西屋，西风吹，还是比较冷。

我和乌云走得很近的情况，可能有人把话递进了乌云的二哥包安的耳朵里。初冬的一天，他下乡来到查干温都尔饲料基地，先是质问妹妹，你和牧主的儿子布和朝鲁是什么关系？乌云矢口否认说，除了同学关系之外没有别的什么关系。而后，他又说要来我的新房和我住一晚上。

我听到消息，赶紧做准备工作。首先把火炉子烧得旺旺的，从陈旺布家借了一床被褥，不要把公社领导冻着了。再跑到小卖部赊了两盒大前门烟，把砖茶也熬好了。我猜测包主任的意图，想着应对的法子。傍晚，包主任独自来到我的家。包主任长得很帅，在知青们到公社开会的时候，我多次见过他，就是没说过几句话。

包主任还是很客气，我给他端茶、递烟。我平时很少抽，包主任也不抽烟，今天要跟我谈话，也就抽上了。那天晚上我们俩把两盒大前门差不多抽完了，一直谈到后半夜两点。一开始，包主任问寒问暖，寒暄几句以后便开门见山问我，有人说你和我妹妹谈恋爱，是真的吗？

我回答说，我们没有谈恋爱，只是同学之间的交往。乌云是非常出色的同学，大家都喜欢她。我也很喜欢她，但她不一定喜欢我。如果我有福分能找像她一样的对象，我会为她给予我的一切，可惜我没有这个福气。包主任说，你下来以后劳动能吃苦，学习没有放松，为人正直，队里对你还是认可的。但你的家庭出身是无法改变的。如果你和我妹妹谈恋爱，那就会直接影响她的未来、她的前途，也会直接影响我的工作和进步。因此，作为她的亲哥哥，我坚决反对，这是我不能改变的态度和立场。你是有知识的人，你应该理解这一点。如果你对她有好感，作为同学，你也应该为她的一生着想。

我事先估计到包主任会讲这些，但没想到这么坚决，这么严厉。我沉默了。包主任是等着我怎么说，也保持沉默。两个人只是一支接一支地抽烟。最后还是包主任打破了沉默，他说，布和朝鲁你表个态。面对这位公社领导、恋人的哥哥，我表明了态度：既然包主任这么讲，我也能理解您的考虑。今后我和乌云少交往甚至不交往了。包主任这才放心地睡觉了。第二天一早，包主任来到乌云的房间，翻腾乌云的衣物等，也没有发现什么可疑的东西。他对妹妹没有那么客气，下令今后不许和布和朝鲁那个牧主儿子交往。然后回公社了。

之后的几天里我和乌云真的没有接触，但我们俩的心情难以用语言来形容。一天傍晚收工后，乌云来到我的家里，什么也不说，只是坐在炕沿上掉眼泪。我安慰她别哭，也不说什么。乌云问我，那天晚上我哥你俩谈了些什么？又说哥哥怎么怎么骂她，她接着说，我很小的时候这个哥哥把我从东北领到这个地方拉扯大，没有哥哥就没有我的今天，你说现在怎么办呢？我说，你不要难过，不要折磨自己。这几天我一直在想我们俩的事，想来想去我觉得你哥哥说得也对，不能因为我耽误了你的一生，影响你哥哥的前途。我爱你，我必须为你着想，这也是我爱你。要不就按你哥说的来，你说呢？我也差一点掉眼泪了。

乌云听了哭得更厉害了。我给乌云递了自己的毛巾说，你别哭了，你哭了我更难受。我当不了你男人可以当你的哥哥，我会一辈子记得你。乌云哽咽着说，我们俩不了，你怎么办呢？我们知青结婚的已经好几个了。我说，我没事儿，走着看呗。乌云说，这几天我真是难受极了，我放不下你，我也在想，要不你再找一个，心情是不是好一点呢，我心里也好受一些。我说，这事儿是想找就能找到的吗？乌云说，要不我给你介绍一个？我说，算了算了，别开玩笑了。乌云认真地说，不是开玩笑，我有个同学，也是初中班的，学习比我好，人也长得漂亮，在东升庙，是回乡青年。我说，不了不了，我又不认识她。乌云说，你听我的，写一封信不就认识了吗？我说，不了不了，我不写。乌云急了，她拽着我的衣袖说，你听我一次不行吗？试一试总可以吧，现在就写。

我好像是一个士兵在接受司令员的命令。我被乌云为我着想、为我着急的心情所感动。我强笑着说，你就别难为我了，我都不认识，我写什么呀。乌云仍然很认真地说，你就写你是高二的布和朝鲁，插队到这里以来的劳动生活情况，听说她回乡了，想认识她，和她交朋友，有机会最好见面聊一聊，写吧。我和乌云交往一年多来，听从乌云的话，不是一次两次了。听从一个比自己小四岁的少女指挥，我感受到的是一种莫名其妙的幸福。这次我仍然听从了，我给另外一个少女，一个在校园里可能见过面，有一点模糊印象的少女写了一封信。这封信并不长，不满一张纸。乌云看了信，似乎满意了，拿了信就走了。我只是按照乌云的意愿写了信，自己并不在意。我坚信，那只是一封石沉大海的信，第二天就忘了。

可是第三天下午，大伙儿在村子北边的地里劳动。在穿过农田的路上，有两个骑自行车的少女一前一后飞快地进了村。傍晚收工后，我回家了。突然，乌云来了。她进门就说，我那个同学来了！我没听明白，问，谁来了？乌云说，你忘了？你给人家写了情书的。下午两个女的骑着自行车，就是我那个同学和她的一个同学。我那个同学是我们这儿初三那个知青的亲戚，晚上肯定会来找你，赶快做点准备。乌云帮我熬了砖茶，烙了白皮饼，然后回去了。临走，乌云还说，她今晚不来明天上午准来，今晚要是不来，明天上午你就别出工了。

第二天上午一收工，乌云就来到我家里。乌云问，她来了吗？我说，没有。乌云问，昨天晚上也没来？我回答，没有。乌云自言自语地说，她怎么没来呢？她可能是等你去吧。我说，要不下午我去一下。乌云急忙说，不要去，你不能去……我没有问为什么不能去。在这一刻，我什么都明白了，我非常激动，上前紧紧抱住了乌云。乌云依偎在我胸前低声说，我舍不得……我俩再次牵手了，其实也没有分过手。

第三天上午，人们在村北边的地里劳动，看到穿过农田的路上有两个骑自行车的少女一前一后飞快地离开了村子。

俗话说，好事多磨。我和乌云的恋爱，是两个极普通的知青之间的恋爱，对我俩来说是幸福美好的事情。但对别人来说就不一样了，有支持的，有反对的，有同情的，有看热闹的。而别人的态度对我俩又有很大影响，使我俩有甜蜜，有痛苦，有波动，有煎熬，好像是在崎岖的山路上往上攀。

饲料基地的农民对我俩的印象都很好，坚定支持乌云和我谈恋爱的是村里军管会的排长。排长听说包安反对自己的妹妹找牧主的儿子，就专门把乌云叫来做工作说，家庭出身不由自己，主要看本人怎么样。排长说，大家对布和朝鲁的评价都很好，我接触以后也觉得他很有才，你找他找对了，我支持你，你哥的工作我来做。

当然，最支持的还是我的母亲和弟弟。1969 年，远在阿拉善左旗老家的母亲从一个知青那里得知儿子在巴彦淖尔盟乌拉特后旗一个饲料基地插队劳动，并且正在与一个一起下乡的姑娘恋爱，准备结婚。母亲不知有多高兴，赶忙让二儿子巴图朝鲁去邻居那里借了布票和钱，到供销社扯了两个被面的花布料，再加上家里仅有的一块旧驼绒毛毯，包成一个包袱，给儿子捎去了。不久，这个包袱捎来了。我打开包袱，感慨万千。我知道“文革”中母亲挨批斗、被抄家，生活十分困难，手头很拮据。我和乌云手捧毛毯和被面，好像是捧着金银财宝一样，高兴得不得了，感动得不得了。我俩体味到的是两层意思：母亲同意我俩恋爱，支持我俩结婚。

1969 年秋天，村里的农民都张罗着腌咸菜、腌酸菜。我有了自己的新房，也想腌菜。于是，我和乌云套一辆毛驴车去陕坝，买了一口腌菜的缸，有说有笑地往回走。走到半道上，从后面开过来一辆拖拉机，“突突突”地超过了我们的毛驴车。突然有人从拖拉机上用蒙古语大声喊“阿哈（蒙古语的哥）”，我没有看清拖拉机上的人，但一听声音就知道是我弟弟。我从毛驴车上跳下来，边跑边喊“巴图朝鲁”去追拖拉机。拖拉机停了，弟弟从拖拉机上跳下来说，额吉叫我来看你。我拉着弟弟的手，介绍给乌云。三个人坐在毛驴车上，兴高采烈地讨论怎么会这么巧相遇。

到了家，乌云在锅里炖了几块晾干的羊骨头，在羊肉汤里煮了面条。这是当年我仅有的招待弟弟的好饭。饭后，乌云说明天来腌菜，就回自己的知青房了。我和弟弟有说不完的话。弟弟夸我的房子盖得好。我说，先不说房子，你说说哥哥找的这个对象行吗？弟弟回答说，太行了，太好了！我问，额吉怎么说？弟弟说，额吉听说哥哥在谈对象，就高兴坏了，现在要是知道将有这么漂亮、能干的媳妇，那不知道要怎么高兴呢！

自从包主任那次来“棒打鸳鸯”之后，我俩交往得更多、更密切了。1970 年初春的一天晚上，我照旧来到乌云的房间。乌云仍旧住在两排知青安置房后排西头那一间。我俩拉了窗帘、点了灯聊天，聊着聊着灯灭了。灯怎么灭了？不知道，也许没有油了。没有灯，仍然可以聊天，聊天在继续。但窗户外面有动静了。

原来是几个知青玩起了听房的把戏。其中有一位流哈喇子，便不住清嗓子。这声音让乌云听到了，她开门出去骂他们。住东头房里已经结婚的两位也站在门口看热闹，有两个往前排房逃跑了。乌云追到前排，踢开房门，看到两个人气喘吁吁地躺在炕上假装睡觉。乌云喊，听到什么了？想听进来听呀，想看进来看呀，偷偷摸摸爬窗台算什么！

乌云折回来，让我去叫来邻居老农民张振东。张振东来了，乌云说，振东哥，我俩聊天，他们却偷听，欺负人，我气不过！张振东安慰说，没事儿，都是年轻人嘛，玩呢，不用管他，气他干啥，该干啥还干啥。接着，我们三个人又聊别的事情。张振东回去以后，我也劝乌云，这事儿不要往心里去。

自那天以后，乌云的情绪有些低落，似乎有心事。其实，乌云是心里有气不知道给谁撒、怎么撒。要再找那几个蹲窗的，闹出满城风雨反而不好。她觉得他们中有的人可能不怀好意，不得不防。时间长了，二哥听到风言风语，结果也不堪设想。我一再安慰她，不会有什么事。乌云却说，咱俩商量一下，要不干脆把结婚证领了，看他们说什么！我说，二哥知道了怎么办？乌云说，领来结婚证，我就回东北老家去。我说，那也行，我去公社把结婚证领回来。

一个刮着西北风的寒冷的傍晚，我独自一人搭乘一辆往后山送草的车，去那仁宝力格公社，当天晚上就找到公社革委会秘书，说明来意。革委会秘书大概听说过我和乌云谈恋爱，对单枪匹马的我没有多问什么，顺手开了两张结婚证。那是 1970 年 4 月 15 日。当时，我在去公社的路上预想过

1970 年春，作者和乌云结婚

多种可能性，就是没想到会如此顺利。次日，我仍搭乘那辆送草车回到查干温都尔饲料基地。领到了结婚证，乌云心里踏实了一些。

第二天，她就回了哲里木盟科左后旗的老家。这次她在东北老家住了半年多。乌云回东北后，二哥包安知道了妹妹跟我领了结婚证，很生气，给老家的亲戚都写了信，意思是妹妹乌云要嫁牧主的儿子，把她留在东北老家，别让回来。但这些信都落到了乌云手里。亲戚们知道了缘由，都同情乌云。特别是恩和巴雅尔叔叔的老伴，乌云叫姨娘，她安慰乌云说，这个包安怎么回事？孩子啊，别难过，“文革”终究要过去的。

送走了乌云，我立即给她写信，问她一路上累了没有，到家以后什么情况，心情怎么样，非常想你，等等。过了十天没有回信，过了半个月没有回信。我写了第二封信，过了一个月，仍然没有回信。我陷入深深的思念之中，而且一日深似一日。我在小说里读过男女之间相思，而现在有了切身体会。在半年多时间里，我写了二十二封信，却没有一封回信。

这半年多的每一天，我是在前所未有的煎熬中度过的。因为，我对心上人的情况一无所知，且没有办法打听。但是我坚信，乌云也在煎熬之中，我深深地了解她。她不回信，肯定有她的原因。有人说，毛泽东的诗词中只有一首是纯粹的爱情诗，就是写给杨开慧的那首《虞美人·枕上》：“堆来枕上愁何状，江海翻波浪。夜长天色总难明，寂寞披衣起坐数寒星。　晓来百念都灰烬，剩有离人影。一钩残月向西流，对此不抛眼泪也无由。”“江海翻波浪”是什么状况？我不知道，但“不抛眼泪也无由”

却是真的。

有人说，这就是爱情的滋味。在那年深秋的一个傍晚，我独自一人在家，摊开信纸，准备给乌云写信。突然，张振东的姑娘跑进来说，叔叔，乌云阿姨回来了，在我们家。我二话没说，扔下钢笔就往张振东家跑。进了张振东的家门，看见了乌云，还有一个陌生的姑娘。我站在那里，这时候我竟不知道说什么、从何说起，只是目不转睛地看着乌云的脸。还是她先开口说，几个月不见不认识啦？这是我妹妹桂兰，我领来的。她对妹妹说，这是我给你说过的布和朝鲁，你姐夫，丑得可怕吧？桂兰腼腆地以东北老家的礼节向我鞠躬问好。

那天晚上，她们在张振东家吃了饭，然后乌云领着妹妹回了自己的知青房。桂兰不在的时候，我问乌云的第一句话是：你没有收到我的信吗？乌云故意问，你给我写信啦？我认真地说，这半年来我给你写了二十二封信，一封回信也没有！乌云说，那么多呀？那我有的收到了，有的可能没收到。你不知道，我这半年是在我叔叔和我哥哥姐姐四户人家中不断流动着过日子，给你写信，一来找不到寄信的地方，二来怕落到别人的手里，干脆就不写了。我说，你把我急死了！乌云笑着说，你这不还出气呢吗？

那年过春节的时候，桂兰去了二哥家里。张振东对乌云说，你哪儿也别去了，就在我们家过年吧。乌云劝我回阿拉善跟额吉一起过年。我说，我哪能留你一个人在这里呢？我也在这里过年。除夕，我俩都在张振东家里。春节那几天天气很好，和煦的暖风吹拂着查干温都尔饲料基地。我和乌云又一次手拉着手，上了红山口西侧的那座红山。

这个红山是一座红色岩石构成的小山，是查干温都尔饲料基地的地理标志，也是我和乌云相恋相爱的见证者。从 1969 年到 1970 年，我俩登上红山有多少次，不知道。我俩坐在红山顶上，整个查干温都尔饲料基地乃至阴山南麓方圆几十里尽收眼底，令人心旷神怡。我俩曾在这里回顾过去、谈论当下、畅想未来，有说不完的话语；我俩在这里高声欢笑、低声流泪、放声歌唱，有享不尽的欢乐；我俩在这里倾诉衷肠、海誓山盟，有不可动摇的信赖。我俩无论如何忘不掉这铭刻在记忆中的红山。今天这个春节的美好日子，我俩坐在红山顶上，策划着我们的结婚仪式。

1971年3月18日，风和日丽，春色满园。我和美丽、天真、善良、勤奋的东北蒙古女孩乌云在自己的新房前举行了简单而温馨的结婚典礼。这个典礼的特点，高度概括是一个字“简”，因穷而简。到了那一年，插队的知青们，有的返城，有的迁到别处安家，留在查干温都尔饲料基地的没几个了，而且在知青中结为伉俪的只有我们俩。我们的结婚，是把两个人的两床被褥并为一床被褥。那天，住在知青房里、已经结婚的知青姐姐作为娘家人，专门给乌云吃一顿饭，抱着乌云的行李送到我的新房里。新房的大炕上铺了两条毡子，那是安置知青时每人都发的。两条毡子还没有铺满半个炕，其余大半个炕面上铺了我母亲捎来的驼绒毛毯。新房里唯一的新东西是炕上的两床红被褥。

结婚典礼的证婚人是陈旺布。我俩都没有请亲属参加婚礼，来贺喜的是饲料基地领导、农民兄弟和知青们。陈旺布宣布仪式开始，我俩戴着大红花，从新房走出来给大伙儿鞠躬表示感谢，大伙儿热烈鼓掌。我衷心感谢三年来接受再教育过程中饲料基地父老乡亲们给予我俩的关爱和帮助，衷心感谢大伙儿前来祝贺我俩结婚。大伙儿又一次热烈鼓掌。我拿出几盒“红山城”牌香烟，给大伙儿点烟；乌云拿出水果糖，给大伙儿散发喜糖。年轻农民们喊，这烟真香，这糖真甜！两个新人亲一口！陈旺布宣布，结婚典礼圆满结束！

查干温都尔饲料基地——牛场湾，从1968年到1974年，我们在这个小村子里劳动工作生活了六年多。在这里，我们当了庄户人、懂了庄户人，我们谈情说爱、成家立业。1971年10月3日，是农历八月十五，我们生了可爱的女儿红霞。1972年，查干温都尔饲料基地建了一所小学，叫红旗小学，我当了这所小学的教师。我自己念小学时的志向是当老师，没有想到的是，十六年后我一参加工作竟是从事教育工作，实现了儿时的梦想。最初的月工资是37.40元，三口人靠这点工资生活，也没有觉得有多穷、有多苦。

1971 年，作者一家三口

1974 年 9 月，乌云考入巴彦淖尔盟师范学校学习；1974 年 11 月，我被调到潮格旗（乌拉特后旗）一中，从此我们离开了魂牵梦绕的牛场湾。四十三年后的 2017 年 7 月，我担任自治区“两学一做”学习教育第一调研指导组组长，负责调研指导呼和浩特市和包头市的“两学一做”学习教育。其间，按照自治区党委组织部关于调换调研指导的要求，我去巴彦淖尔市进行专项督查调研，终于有机会回牛场湾。7 月 9 日下午，我们来到牛场湾。红山还是那个红山，热风还是那个热风，小村子却变得几乎让我认不出来了。1975 年，山里发一场大水，农民的房子和耕地都被淹了，村民们都去山坡的高处重新盖房，耕地也重新规划，原来的小村子一点痕迹都没有了，现在改名叫红旗村。

听说我们要来，在村委会活动中心安排了一个座谈会，乡亲们早早地等候在大厅里。我跟乡亲们见面后的最大难题是什么，你知道吗？我紧紧握住他们的手，却叫不出他们的名字！而他们跟我说的第一句话是：我是谁啦？你不认识我了吗……我盯着他们的脸，却说不出名字……四十多年

1974 年冬，作者去临河看望爱人乌云

了，在我的记忆里只有他们孩提时期、青年时期和中年时期的音容笑貌。他们一个个报出自己或老人的名字以后，我才苏醒那些抹不掉的记忆。我让他们聚拢过来，把他们脸上的岁月刻度看得更真切一些、诉说的话语听得更清楚一些。我把摆在桌子上的瓜果递到他们每个人的手里。

四十多年了，好些人家离开这里了，有的不在了。那天，我见到的，比我年龄大的有乔茂森、跟我年龄相仿的有翻身子、韩润秀和她弟弟三七子、龚建本和郭莲夫妇、杨发玉和杨发胜兄弟等，还有当年在红旗小学学习过的我的一些学生，还有那天从东升庙赶过来的当年知青金花、布斯玛两位同学，她俩又是阿拉善老乡。当年的农民周浩峰的儿子现在是村党支部书记，韩润秀的儿子是村委会主任。我嘱咐他们要调整种养结构，种青贮养肉牛，带领乡亲们大幅度提高收入，使现在的人均收入一万两千元实现翻番，让十几个贫困户全部脱贫。

那天，我实现了夙愿。

第五节　从教八年的回顾

我在查干温都尔饲料基地的红旗小学当教师，意味着我知青岁月的结束。我从事教育工作，从 1972 年到 1980 年，先后在红旗小学、潮格旗一中、乌盖学校、宝音图学校四所学校工作过。其中，在红旗小学两年多，潮格旗一中一年，乌盖学校一个学期，宝音图学校四年多，合计约干了八年。

宝音图学校是我们安家的地方。1975 年秋冬，我爱人乌云被巴彦淖尔盟师范学校安排到后山的宝音图学校实习。校长仁庆是我们的校友，乌云的实习结束后，仁庆希望乌云留在宝音图学校任教当音乐教师，也希望我能调到宝音图学校工作，旗文教局同意了。这样，我和乌云在宝音图学校安家团聚了。在乌云的辛勤努力下，宝音图学校文艺宣传队在两年的全旗教育系统文艺调演中都取得了良好成绩。

在我工作过的四所学校里，除了宝音图学校以外，我都是用汉语授课，这使我提高了汉语水平和翻译水平。我在 1972 年 10 月 14 日的日记中写道：

> 这几天，我一页一页地翻着《新华字典》，将我所认得的单字抄下来，今天做完了。才有三千多个单字。我感到很惭愧，但绝不失望！要攻坚，还有五千多个单字。我认为这是头一关，必得突破，才有进步之路。打算按偏旁将所有单字抄下来，逐个吃掉。我知道这并不很简单，但也知道“天下无难事，只怕有心人”。古人所说“读破万卷书，下笔

如有神”“熟读唐诗三百首，不会写诗也会吟”等等，都有它的道理。

我参加全旗一系列教育工作会议，被抽到大会秘书组，一个人负责翻译会议简报，差不多每天干到午夜以后。这是我第一次搞翻译工作，初步具备了翻译能力。

在八年的从教生涯中，始终伴随我的是读读写写。我在一本列宁夫人娜·康·克鲁普斯卡娅写的《列宁回忆录》的最后一页空白处，写着这样一首诗：

读着这样的书，
我爱不释手，
百看不厌。
不灭的精神，
光辉的真理——
让它像燃烧的火炬一样，
照亮我永远前进的
康庄大道吧！

1972年12月22日，红旗小学

在宝音图学校工作期间，我在《巴彦淖尔报》《内蒙古日报》《内蒙古教育》《内蒙古青年》《内蒙古乌兰牧骑》等报刊的蒙文版上发表了几十篇通讯报道和文艺作品。1976年暑假期间，我被借调到内蒙古教育厅的《内蒙古教育》杂志蒙编部工作近两个月，帮助搞编稿、译稿、审稿和写稿，晚上自己读书。

其间，我跟着蒙编部的宝音贺希格老师，乘飞机去锡林郭勒盟锡林浩特采访半个月。这是我第一次坐飞机，第一次去锡林郭勒盟。此期间经历的一个特别重大的事情是传来伟大领袖毛主席逝世的消息，我和亿万人民一样感到深深的悲痛。

1978 年 8 月，我有幸去临河参加巴盟文联的一次会议，聆听了韩燕如、安柯庆夫（莫南）、张长弓、黄彦、阿尔岱、力格登、哈・丹毕扎拉森、王志彬等诗人、作家、教授的讲演和讲座，获益匪浅。在诗歌联欢会上，我朗诵了自己的诗《春天来了》。

在宝音图学校工作期间，我所带的蒙文初一班被评为全校优秀班集体。在抓好教学和班级工作的同时，我积极主动承担学校其他工作任务。1976 年冬，宝音图公社党委决定在阿布尔呼沙漠里为牧民修建草库伦，要求机关学校干部职工为牧业学大寨贡献力量。我积极响应、主动报名，在极其恶劣的条件下干一个月完成任务，受到公社党委的表扬。1977 年春，为了支援抗灾保畜，按照学校的部署，我带领全班 11 名学生，不畏冰雪严寒，每天步行二十多里为牧民打草，用两天时间超额完成了任务。1977 年夏收的大忙季节，学校组织一批师生去生产队帮助农民抢收小麦。在似火的骄阳下，我汗流浃背，一直走在最前面，受到农民的赞扬。在学校的勤工俭学劳动中，我抢着重活脏活干，在学校菜地里种菜时我拉犁，盖教室时我扣土坯、当泥工，样样都能干。因为这些都是在查干温都尔饲料基地干过的。

在宝音图学校的四年多，是我从教生涯中时间最长的一段。其间，1977 年 5 月 23 日，我们可爱的儿子乌特哈出生了。1977 年 9 月，我被评为学校先进工作者和全旗优秀教师，出席了全旗文教先代会。党的十一届三中全会以后，我终于彻底甩掉了“牧主儿子”这顶帽子。1979 年 10 月，我加入了中国共产党，被旗文教局任命为宝音图学校教导主任。

第三章 在故乡的怀抱中

第一节　故乡，儿子回来了

阿拉善是我的生命启程的故乡，无论我走到哪里，总会看得见高高耸立的阿拉夏乌拉（贺兰山的蒙古语发音），你在我心中的位置无可替代。

1980 年春，我回阿拉善老家看望母亲之际，偶然遇见从巴彦淖尔盟乌拉特后旗调到阿拉善来工作的一位领导同志。我们聊天的时候他说，你是土生土长的阿拉善人，阿拉善盟就要成立了，你应该回来为家乡建设效力。从未有人对我这么说，我感到突然，甚至有些吃惊。沉默片刻，才回味过来，我问他，我能回来吗？他说，怎么不能呢，现在这里正是用人之际。我兴奋地说，领导，那我就回来，什么时候回来呢？他说，越快越好，你回去抓紧办理吧。离开时，我紧紧握住他的手说，谢谢领导。

那天我高兴得不得了。自言自语，今天是什么好日子，能有这样的运气。我不禁回忆起离开家乡的这些年。“文革”中，我有家回不来，有家不敢回。从上小学、念初中、读高中以至下乡插队，一个人离开家乡，越走离驼乡越远；一个西部的小伙子娶了一个东北的小姑娘，由两个人变为四口之家。从下乡插队算起，我在异地他乡工作生活了十二载，务农四年，从教八年。这十二年的经历，成为我一生事业的厚实基础。更让我感到无比幸福的是有了心爱的妻子和可爱的儿女。所有这些，使我有了满载而归、回报家乡的新希望、新期待。现在拨乱反正，政通人和，百业待兴。我此时不回来，更待何时来？

1966 年，我从驼乡走来，一走走了十四年。现在，我的祖国，我的驼乡，大踏步迈进新时期。离开驼乡，更思念驼乡。我必须回到驼乡来。

我的故乡阿拉善也经历了不同寻常的历史演变。1697 年（清康熙三十六年），阿拉善和硕特特别旗建立，直隶清廷。1949 年，阿拉善旗和平解放。1969 年，“文革”时期，内蒙古自治区的东三盟、西三旗被划分出去。东部的呼伦贝尔盟划归黑龙江省，哲里木盟划归吉林省，昭乌达盟划归辽宁省。西部的阿拉善左旗划归宁夏回族自治区，阿拉善右旗划归甘肃省，额济纳旗划归甘肃省。1979 年，党的十一届三中全会之后，中央决定把东三盟、西三旗划回内蒙古，在东部恢复建立了兴安盟，在西部新成立了阿拉善盟，辖西三旗。1979 年，国务院批准内蒙古自治区关于设立阿拉善盟的报告，筹备建盟。1980 年 2 月，内蒙古党委决定：杨力生任阿盟盟委书记，苏德保扎木苏任盟委副书记、行署盟长，程希萍、宝日勒岱、啦嘛舍楞任盟委副书记，图布任盟委员、行署副盟长，额尔登格日勒任盟委委员、行署副盟长。1980 年 5 月，阿拉善盟正式成立。

我回到乌拉特后旗以后，立即到旗文教局提出调回阿拉善的请求。文教局领导看了阿拉善盟的商调函说，你调动的事局里决定不了，你去文办吧。旗文办是管文教局的，我又到旗委文办提出请求。文办领导说，我们商量商量，你干好你的工作吧。我说，请领导放心，我在这里待一天就全力以赴干好本职工作，请领导尽快答应我的请求。

之后，一个学期快过去了，仍然没有音讯。我再找旗文办领导。这次，文办领导说，我们这里也同样需要你，现在你是宝音图学校的教导主任，我们打算让你任乌力吉公社学校的校长，你看怎么样？我恳切地说，我并不是为了什么职务，我主要是思乡心切，在这里我一天都待不住了。您知道，我是在“文革”那样的环境下离开了家乡，已经十几年了。我是想，趁现在还年轻，回家乡做一点贡献，请领导给予理解。就这样，我拿着阿拉善盟的商调函，上下来回跑了好几次，最后还经过巴盟教育处，终于办妥了调动手续，于 1980 年 7 月调回阿拉善。

我到阿盟盟委组织部报到，被安排到盟委办公室。我先是打杂儿，哪里忙在哪里帮。到了 1980 年 10 月，盟委高部长对我说，你先把盟委办公室的翻译抓一下，打好翻译工作基础，然后到盟文联去发挥你的长处吧。

按照领导的要求，我努力完成盟委办公室的文件翻译和材料撰写工作。同时，我知道了下一步在盟文联工作的去向以后，就寸光寸金地珍惜时间，如饥似渴地读书，以提高自己的写作能力。我相信“读书破万卷，下笔如有神”，做到“案头总放一本书，每周必写一篇文”。我一口气看完了莫泊桑的《羊脂球》《骑马》《伞》《两个朋友》等十篇小说，看完了《漫谈小说创作》和《中外作家谈创作》上下册。

1980 年调回阿盟以后，作者和爱人乌云

1980 年年底，盟委办领导派我跟着盟行署办领导去北京采购物资。其间，1980 年 12 月 26 日，在伟大领袖毛主席 87 周年诞辰，我们到毛主席纪念堂瞻仰毛主席的遗容。12 月 28 日，我们还有幸进中南海参观伟大领袖毛主席的办公室，参观毛主席工作生活过的丰泽园、颐年堂、静谷等地方，这次参观让我终生难忘。在毛主席会客厅的右侧两间，一间是办公室兼卧室，中间用一扇屏风隔开，靠窗是一张大写字台，台上有一部红色专用电话、砚台、笔筒、红蓝铅笔和文件等物，桌前是一把藤椅。毛主席的卧室

在屏风里面，靠窗是一张大双人床，床头是一张方桌，桌上有一盏大台灯，一只很大的烟灰缸、香烟、铅笔、文件之类的东西。床上铺一条灰色的军绒毯，毯子上是凉席。毛主席素来手不释卷，其喜欢读书的程度让我惊奇。在那张大双人床靠墙的那一半都摞满了各种线装书籍。他尤为爱读古诗文和史书。躺在床上休息时也随手摸起书来读，多年养成了习惯。东屋是卫生间，在蹲式便池前面，放一只小凳，上面放着一摞书和红蓝铅笔。不是亲眼所见，令人难以想象。我受到极大的震撼！我想，领袖伟人与普通人的区别可能很多，其中，伟人与书的关系，可能是最明显的区别。毛主席的读书精神让我深受感动。自那以后，我读书更加自觉、更加刻苦、更加勤奋了。

1980 年 12 月，作者和乌云在天安门前

第二节　额济纳之行

1981年6月11日上午，我突然接到盟委办公室的紧急通知，让我准备马上出发去额济纳旗。我调回家乡工作快一年了，还没有去过额济纳旗。原来，当天凌晨，阿拉善盟盟委委员、副盟长额尔登格日勒因病在额济纳旗家里去世。盟委决定，一些党政领导和有关工作人员立即出发去额济纳旗，处理额尔登格日勒副盟长的后事。我正在紧张准备的时候又听说，刚从额济纳旗打来电话告知，由于天气炎热，额盟长的遗体不宜停放过久，要在第二天上午九点火化，请盟领导提前赶到。我意识到，今天只有连夜急行六百多公里，才能在明天九点前赶到额济纳旗。

中午十二点，盟委副书记程希萍、组织部长德力格尔、盟委办公室副主任高有怀、程希萍的秘书张宽平，盟行署副盟长卜和、秘书长原丹、行署办公室副主任郑居中我们八个人，乘两辆“212”越野车，顾不上吃午饭就离开巴彦浩特镇，急匆匆驰向额济纳旗。

额尔登格日勒是额济纳旗第十二代王爷塔旺扎布的儿子。额济纳旗建于清康熙时期，已有270余年的历史。额尔登格日勒既是旗王爷的后代，又是1980年阿盟成立以来去世的第一位盟级领导。由于额尔登格日勒这样的身份，对他的后事盟里很重视，所以我们昼夜兼程赶往额济纳旗。两辆“212”开足马力紧跑多一半路程，夜十一点来到一个叫雅干的地方，已经是人困马乏，程希萍决定大家在雅干住下休息。

第二天早晨五点钟，我们离开雅干继续赶路，七点多赶到旗所在地达来库布镇。额济纳旗旗委书记斯迪等迎接我们，领我们去额尔登格日勒家，慰问家属亲属。悲痛的哭声让人心碎。我们一行人和家属亲属一起到旗委会议厅，向额尔登格日勒的遗体告别。上午，来自达来库布镇和牧区的各族群众近千人向额尔登格日勒的遗体告别。

额尔登格日勒的追悼会，决定于6月19日召开，盟里还要来一些领导。在追悼会前的一周里，我很忙碌，主要是参与修改额尔登格日勒的悼词，翻译悼词，安排19日追悼大会议程，还翻译了来自区内外的重要唁电。18日下午，阿拉善盟行署盟长苏德保扎木苏，副盟长韩治邦、图布、蔡楚鲁等四十多人来到额济纳旗。晚上，盟领导开会时决定，追悼会后留下来参加额济纳旗人民代表大会的人员中有我。

前两天，盟委办公室副主任高有怀通知我，要我在追悼大会上做翻译。我没有学过翻译，但搞过文字翻译。在巴彦淖尔盟乌拉特后旗当教师期间，我在全旗教育工作会议上翻译过会议简报。调到阿盟盟委办公室以后主要是做文件翻译，没有做过口头翻译，更不要说在这样的大会上为这样的大领导做翻译。我在乌拉特后旗一中当教师期间为蒙文班教过汉语课，备课时经常模仿收音机里播音员的普通话，我的普通话水平得到了提高。这次高主任给我交代任务时，我又惊又喜。虽然是第一次接受这样重要而艰巨的任务，但我有信心完成任务。我还一个人在房间里练过好几次。

6月19日上午，额尔登格日勒的追悼大会在额济纳旗电影院举行。阿拉善盟党政领导，驻军部队和甘肃酒泉专区等各方面领导，额济纳旗各族各界一千多人参加追悼会。会上宣读了内蒙古党委、政府的唁电，内蒙古党委领导王铎、巴图巴根的唁电，新疆党委周仁山书记发来的唁电，阿盟盟委书记杨力生的唁电，巴盟盟委、行署发来的唁电，等等。我用蒙古语翻译了这些唁电。追悼大会上，阿盟行署盟长苏德保扎木苏用蒙古语致悼词，盟委副书记程希平主持大会。我的任务是用汉语翻译苏盟长所致悼词，用蒙古语翻译程书记的主持词。盟长讲一段，我翻译一段，在何处停下来进行翻译，是按照盟长的要求我事先标好了。在追悼大会上翻译时，我没有感到紧张，努力用普通话把翻译稿念得低沉而有感情色彩，感染了在场的所有人。当人们知道了我是阿拉善当地的蒙古族时感到惊奇。追悼会结束后，认识我的人都说翻译得好，讲得也好。我听了很受鼓舞。

6月20日下午，额济纳旗第八届人民代表大会第一次会议开幕。苏德保扎木苏盟长在大会上用蒙古语讲话，我用汉语做翻译。19日的追悼会结束以后，我就接受了在额济纳旗人代会上为盟长做翻译的任务。时间紧，任务重。我全力以赴投入翻译盟长蒙文讲话稿的工作，从19日中午到20日上午，我一刻不停地翻译讲话稿，19日夜里只是稍稍闭了一会儿眼。我似乎第一次发现自己有这么一股拼劲儿。20日下午的大会上，我依然精神饱满地做翻译。人代会代表中的很多人参加了前日的追悼会。会后，有的人问我，你在追悼会上做翻译语调低沉悲痛，今天念稿却声音洪亮、字正腔圆，你是专门学过翻译的吧。我说，没有，没有，不过我比较喜欢。苏盟长对我的翻译自始至终没有讲一个字的评价。

回到盟里以后，6月30日，盟委、行署召开巴彦浩特地区庆祝中国共产党成立六十周年大会。大会上，盟行署盟长苏德保扎木苏讲了话。按照盟委办公室领导的安排，我再次为苏盟长的讲话做了汉语翻译。这是我回到阿盟以来第一次在这样重要的大会上做翻译，我蒙汉兼通的语言文字能力为更多的家乡人所知晓。

回到家乡这一年间所做的工作，虽然感觉有些杂，但这些从未做过的工作让我兴奋不已，使我感到新鲜而且大长见识。同时，这一年无论让我做什么工作，我都坚决服从组织和领导的安排，竭尽全力做好工作。

第三节　伯乐不常有

1981年7月22日上午，盟委办公室主任周粒公把我叫到他的办公室谈话。周粒公说，小布，我正式通知你，你已经调到盟行署办公室了，你有什么意见吗？

我一时没有搞清楚是怎么回事，说，主任，你说我调了，怎么回事呢？太突然了，我没有搞明白。

周粒公说，是比较突然。你蒙汉兼通，文字能力和翻译能力都不错，盟行署那边需要你。当然，这边也需要你，还是服从组织的安排吧。

我问，我去那边干什么呢？

周粒公说，你去了就知道了。你干工作负责任，兢兢业业，这是你的长处，注意和同事们多交流。到盟行署办公室以后要继续发扬你的长处。行署办公室的领导都很好，水平都很高，工作人员可能杂一些，注意搞好方方面面的团结。你的群众基础较好，是当地少数民族干部。你要充分发挥这两个方面的优势，充分运用自己的才华和能力，努力工作吧。

我说，谢谢主任对我的鼓励，也非常感谢这一年来领导对我的关心和帮助。如果说我在工作中有一些成绩，那也是与主任的领导、同志们的支持分不开。我的工作中有什么不足，请你多多批评指正，我一定虚心接受，加以改正。

周粒公说，你从盟委办到行署办，多岗位锻炼，对你的发展进步有好处。领导也是这个意思，你要珍惜这个机会，为领导搞好服务。

我说，我一定服务好。今后请主任一如既往关心支持我的工作，发现什么问题，请及时提醒我，批评我。

周粒公说，你下午就去行署办报到吧。

从周粒公的办公室出来，对这突如其来的调动，我竟一无所知，此时此刻的心情，连我自己也说不清楚。我只是感到工作内容、工作方式、工作节奏可能要发生变化了。我打算中午就去见盟委组织部德力格尔部长，听取他的指示。毕竟在额济纳旗的那些日子，跟他熟悉些。

那天中午，我去了德力格尔部长的家里。

德部长问，小布，你还没去行署吧？

我说，德部长，我下午去。

德部长说，去吧，年轻人嘛，好好干。听说你喜欢文学创作，有写作才干，现在要把它作为一段历史了。往后只能是在业余时间有空的话可以搞一搞，主要是在行政工作中好好锻炼锻炼，需要熟练地干好行政工作。

我说，请德部长放心，我一定要集中精力把组织安排的工作、领导交办的任务完成好。

德力格尔部长是一位老同志，话不多，但很诚恳。

盟委和行署一路之隔，盟委在路北，行署在路南。两个大院都是平房，都是阿拉善盟成立之后建的。7 月 22 日下午，我来到行署办公室主任韩儒杰的办公室。韩儒杰反复说，欢迎你来行署办，今天下午盟领导都开会去了，明天你来见领导吧。

1981 年 7 月 23 日，早晨八点多，有电话叫我去行署。行署办的同志把我领进苏德保扎木苏盟长的办公室。苏盟长见我进来，就让我坐在他办公桌对面的椅子上，开门见山地谈起来：我们是在额济纳旗认识的，对吧。我向别人了解过你，组织上也介绍过你的情况，决定把你调过来。据说你也愿意，这就好办了。你是当地干部，有文化有知识又年轻，为党好好工作，为老百姓好好服务，需要多方面锻炼，需要打好基础。来行署办公室搞服务工作，工作头绪比较多，起草文件啦，写讲话稿啦，做翻译啦，做记录啦，下乡调查研究啦，外出开会啦，保管整理文件啦，待人接物啦，迎来送往啦，甚至帮我熬药啦，等等。总之，事情很多就是了，可能要从早忙到晚，你思想上有个准备。

苏盟长喝了一口茶，继续说：不要看这些工作琐碎，它能从各方面让你得到锻炼。这些工作有的你可能没搞过，都得从头学起。哦，听说你爱学习，这就好办了。要好好学习中央和自治区党委、政府的文件，领会好它的精神，这样就有方向了。要好好向办公室领导和同事们学习方法。我们阿拉善盟是新成立的盟，好些干部是从巴彦淖尔盟或别的盟旗调过来的，都是抱着把我们阿拉善盟建设好的目的来的，总体上还不错。要注意处理好人与人之间的关系，不论来自哪里的人，都要搞好团结。

苏盟长说，在工作中，你既要敢于坚持原则，又要善于听取不同意见；既要发挥自己的聪明才智，又要虚心向别人学习。学习和工作要有计划性、系统性，有始有终、善始善终。干工作难免有失误甚至犯错误，要不怕挨批评和受委屈，从失误和错误中吸取教训、提高能力就好。你不仅要协助我的工作，对其他盟长、秘书长、主任、处长、科长和同事们交办的任务，包括盟委那面的事情，都要一视同仁，都要努力完成，事事有着落，件件有回应。这一点要牢牢记住。我让你办的事情如果你没办好，我就打你的屁股，哈哈！

苏盟长为自己最后说了一句开玩笑的话而哈哈大笑。我也笑了。我合上笔记本说，您的教导和指示我都记住了，我一定按您提出的要求，不论什么事情都要兢兢业业、尽心尽力去做好。我原来是教书的，对行政工作不熟悉，这一年刚刚入了门。如果工作中出现了什么不足和失误，请领导批评指正，我一定会努力改进。非常感谢领导给予我的信任，给予我为您服务、向您学习的机会，我会非常珍惜的。有事请您随时吩咐。

苏盟长笑着站了起来，拍了拍我的肩膀说，年轻人会干好的。

回到办公室，我翻阅刚才在笔记本上记录的内容，不由得想起“听君一席话，胜读十年书”那句话。这一个多小时的谈话，我感到那么亲切、那么温暖，没有理论，却句句在理；没有客套，却情真意切，让我回味无穷，感慨万千。我感到苏盟长既是领导又是长辈，在我人生历程中，有人这样手把手地教我，还是第一次。我很兴奋，很开心，好像一下子明白了很多道理，一下子增加了很多力气，我下决心全身心投入工作，绝不辜负这位老领导的期望。

我在额济纳旗第一次见到苏盟长，就觉得这位老领导是和蔼可敬的人。苏盟长，较高的个头，发福的身材，斑白的头发梳得很整齐，红润的脸上常带微笑，穿一身半旧不新的中山服，戴着眼镜的平易近人的老人。

后来，我看有关资料得知，苏盟长是哲里木盟（现通辽市）扎鲁特旗人，1924 年出生，1945 年参加革命工作，1947 年加入中国共产党。40 年代，他先后任过自治运动联合会扎鲁特旗支委会副主任、中共扎鲁特旗委常委，在内蒙古驻京办事处工作过。1951 年任内蒙古自治区政府办公厅人事科科长。1953 年 1 月被派往阿拉善，先后任阿拉善旗政务处副处长，阿拉善旗副旗长、副书记、书记，“文革”前是中共甘肃蒙古自治州巴彦淖尔盟盟委常委、政协委员。

在“文革”中，苏盟长遭到非人的折磨。1974 年 8 月至 1979 年先后担任巴彦淖尔盟盟委统战部部长、盟政协副主席，内蒙古政协委员，内蒙古社队企业局副局长。1979 年至 1980 年任内蒙古政府办公厅副主任兼内蒙古驻京办事处主任。1980 年 2 月任中共阿拉善盟盟委副书记、盟长。

从老领导的经历看，他 20 岁刚出头就参加革命，23 岁入党，不到 30 岁就被派到和平解放不久的阿拉善旗开展工作，40 岁任甘肃蒙古自治州巴彦淖尔盟盟委常委，在“文革”中，1966 年 11 月至 1969 年 11 月，他被“群专”关押三年之久，甚至被造反派惨绝人寰地将刻蜡纸的钉子钉进脑袋。后来，苏盟长到上海检查治疗，大夫说，钢钉子在脑袋里，目前尚影响不大，如果动手术取出钉子，弄不好可能有危险。

所以，苏盟长是一个脑袋里钉着钢钉却奋不顾身为党和人民的事业辛勤工作的老领导。我知道这些情况以后非常感动，决心全力以赴完成老盟长交办的各项工作，同时，对老领导的健康和生活起居也要尽力搞好服务。他是工农干部，文化程度并不高，但是在基层和上层多个岗位上任过职，从政经验异常丰富，工作责任心非常强。他是对阿拉善的情况特别熟悉又热爱这片热土的老领导。

从那天开始，我当了阿拉善盟首任盟长苏德保扎木苏的秘书，这可以说是我从政的起点。我走上从政之路，是无意识的，有很大的偶然性。因为，我不曾想到，也没有想过。小时候，我有两个梦想，一个是当老师，另一个是当作家，唯独没有想过要从政，也不知道什么是从政。但事物的发展往往是偶然之中有必然。

我当苏盟长的秘书，或许有其必然性。后来我思考这个问题，从苏盟长讲，老当益壮，以56岁高龄受组织委派挑起阿拉善盟首任盟长的重担，筹建一个新盟，建设一个新盟，他需要尽快组建一个有效运转的办事机构，需要一批得心应手的办事人员，包括一个合适的秘书。所谓合适，首先当然是政治上可靠，人品好，有一定能力。具体讲，他要选的秘书最好是蒙汉兼通，语言文字能力都强一些；当地蒙古族，便于联系群众，利于和群众在语言、情感、心理上沟通；年轻、好学、勤奋、朴实、可塑性强。这一年来，苏盟长让组织部门帮助物色，自己也在观察。

从我来讲，自己在政治上、品质上能经得起组织的考察和实践的检验。我从小学起学蒙文，中学加授汉语，参加工作在小学、中学当教师时，既用蒙古语授课，也用汉语授课，还搞过翻译。这些都不是为了什么目的而刻意追求的，却是一以贯之、坚持不懈做的。在额济纳旗那次特殊的场合，对我的工作情况，苏盟长、程希萍、卜和、德力格尔等领导都看到了。这可能就是所谓的机遇。对我来说，这个机遇不是刻意追求，而是不期而至。

在盟里，苏盟长不住宾馆招待所，而是住在行署院内的办公室里，每天早晨起得特别早。我当了秘书以后也养成了早起的习惯，及时赶到行署院，陪老领导吃早点。我们边喝奶茶边聊天谈工作。苏盟长说，你对我个人生活的照顾是次要的，最重要的是当好参谋助手。要认真收集掌握全盟各条战线、各项事业、各个部门的资料和情况，分门别类整理出来，方便使用。

1981年10月的一天，按照苏盟长的指示，行署副秘书长王尚罗专门召集行署办的秘书们，就秘书的工作范围、工作作风、工作态度、工作质量方面提出意见，要求在两个月内收集整理全盟经济社会发展的历史资料和现实情况。我的日常工作是凡呈送苏盟长的文件材料都由我经手办理，做盟长办公会议记录，盟委办送来的盟委书记们批示的单子，由我呈苏盟长阅示。两年间，苏盟长言传身教，使我懂得很多道理、增加很多知识、增强了很多才干。尽管才两年，但从苏盟长那里学到的东西使我终生受益。

苏盟长很重视搞调查研究。在长期的领导工作中，他把下基层调查研究作为一项基本功，深入基层总是轻车简从，从不增加基层的负担。下乡的路上，我坐在后排，在汽车的颠簸中往往爱打瞌睡。苏盟长发现我打瞌睡就说，小布，不要睡，可往外面看地形地貌、草场状况和牲畜膘情。一个地区和一个地区不一样，四季的情况也不一样。你老家的情况你可能熟悉，其他地区的情况也需要熟悉啊。在牧区工作，不懂得牧民、不了解草场、不熟悉牲畜，就没有办法搞好工作。我听了，脸上火辣辣的，急忙说，达日嘎①，我知道了。从此以后，我再不敢在车上打瞌睡了。苏盟长讲的，实际上是搞好调查研究的目的和方法。

苏盟长干工作总是以身作则。阿拉善盟是众所周知的超干旱地区。盟府所在地巴彦浩特在旧时虽然是阿拉善旗的王府，但由于条件所限，没有多少树木。阿拉善盟成立，盟委、行署坐落在遍布石头的荒滩上。苏盟长特别重视植树造林工作，决心把巴彦浩特地区的绿化抓起来。

他不远千里，亲自去陕西省榆林古城考察治沙经验，又去呼市订购一千棵油松树。在巴彦浩特地区植树造林大会上，他亲自讲话做动员。他老当益壮、不分昼夜、不知疲倦地带领盟行署机关干部在机关门前和道路两旁栽松树。看着盟长在寒冬腊月里满头大汗地干，大家谁也不叫苦叫累。苏盟长一边干一边解释说，人们可能知道春天种树，但没见过冬天栽树。我们栽的是大树，冬天栽树的好处是可以把大树连根带土移栽到这里，浇水冻成一体，春天就活了。

我在 1982 年 4 月 15 日的日记里写道：

早晨，通讯员小谢跑来说，去年冬天我们栽的丁香树已经发芽了。苏盟长听了说，啊，是吗？好消息，好消息！他急急忙忙到大门前，

① 蒙古语，汉语里的“领导”。

细细查看路两旁的树木。他用无限期盼、闪烁光芒的眼神，那么仔细查看每棵树，像一个在展厅里参观艺术精品的艺术家一样，像一位母亲凝视自己手舞足蹈的幼子一样，像一个长途跋涉、口干舌燥的赶路人看到泉水清流一样啊！老盟长的这种心情，别人也许体会不到，而我是完全理解的。为了给阿拉善的子孙后代造福，绿化这世世代代光秃秃的荒滩，从去年冬天以来，他不分昼夜，冒着狂风寒冷，顶着沙尘风暴，付出了多少艰辛，奉献了多少心血啊！有人担心说，这些树都能活吗？老盟长说，生在屋里、受到父母无微不至关爱的婴儿还有夭折的，种在野外、遭到风吹雪打的树木哪能百分之百成活呢！百分之六十能够成活，就是我们的胜利！

苏盟长创造条件让我掌握基本能力。参加上级的会议和开好本级的会议，是领导的一项重要工作，而围绕会议搞好服务是秘书的主要任务之一。两年中，我跟着苏盟长参加几次全区的重要会议。苏盟长说，领你参加全区的会议，是为了让你认识人、知道事，多看看、多了解、多学习，希望你尽快掌握干工作所需要的基本能力。

秘书工作中，最费劲的是写领导的讲话稿。我一开始给苏盟长写讲话稿，怎么写也写不好，不用别人说，自己就通不过。连续熬夜是常有的事。后来，我决心下一番苦功夫在写材料上有所突破。我准备了一个大本子，把每一页都画一条竖线，分成左右两块，左面把自己起草的所有文件、讲话重新抄下来，右面把办公室主任、秘书长相应的修改文字和领导的批示原原本本抄下来。然后，细细琢磨自己是怎么写的、领导是怎么修改的，自己为什么这样写、领导为什么那样改，等等。

在不断地想和写的过程中，我似乎琢磨出点写材料的道理。写材料归根结底是有“材料”，否则无从下手。必须熟悉实际情况，大量积累“材料”。把“材料”变为材料，需要用符合实际的观点来统领。必须深入学习领会中央的精神和上级的方针政策，并与我们的实际结合起来。符合实际的观点就是这种“结合”的产物。思路来自对实际情况的透彻了解，对策必须针对需要解决的问题。

苏盟长要求我学会平等待人。他经常提醒我，必须平等待人。无论对领导还是群众、直接领导还是其他领导、干部职工还是服务人员、同事还是其他单位的、亲近的还是疏远的、认识一致还是观点有分歧等，对每个人都应平等相待，言论和行动上都要一致，这是一个共产党员很重要的也是起码的道德品质。我对此长时间思考，终于认识到其重要性。这里，像对待领导一样对待普通群众、黎民百姓，比什么都重要。一样对待应包括言论、行动、态度、取予等方面的亲和、谦虚、稳重、谨慎、热情、礼让、耐心等。以往在这方面自己多么欠缺啊，现在环境条件变了，这个问题更显重要了。今后要时刻提醒自己、严格要求自己，养成良好的道德品质。

1982 年 5 月 11 日，阿拉善盟委常委会决定任命我为行署办公室副主任。之前，盟委组织部派人外调我在巴彦淖尔盟学习工作期间的表现，考核我回到阿盟以来的工作情况。当苏盟长告诉我这个决定的时候，我非常激动！这太突然、太意外了，事前没有一点蛛丝马迹。我说，达日嘎，我真的没有想到，我能干得了吗？我怕辜负组织和领导的期望！苏盟长脸上洋溢着满意的、喜悦的微笑，他说，这是组织上对你的信任，年轻人嘛，好好努力，相信你能干得好，干出新的成绩来。我说，感谢组织的信任和肯定，感谢您对我的栽培。我只有百倍努力、干好工作来加以报答。

我想，对我来说，这次被提拔跟一年前被选为苏盟长的秘书一样，是意料之外、不期而至的，但是，在我的从政路上，这无疑是一个重要的、基础的台阶。我知道，这是苏盟长众里挑一让我当他的秘书，手把手教我干好工作，使我懂得做人做事的道理，为我创造发展进步的机会，给我指明前进的方向，把一个牧民的孩子引上了从政之路。这些都不是不期而至、意料之外，而是有意而为、倾心所为。韩愈说：“世有伯乐，然后有千里马。千里马常有，而伯乐不常有。”苏盟长这位老革命就是我人生之路上的第一个“伯乐”，虽然我不是什么千里马，至多是一峰稳步前行的骆驼。我为老革命的良苦用心深深感动，我永远感激他对我的谆谆教诲。

第四节　盟长的深意

1982年5月，从锡林郭勒盟调来一位叫满都拉乎的人担任阿拉善盟盟委副书记兼副盟长。5月下旬，苏盟长和满都拉乎副盟长一起下乡，先后去阿拉善左旗、阿拉善右旗北部的十个公社，是让新来的领导看地方、认识人、了解情况。苏盟长还特意嘱咐我，下一步你主要联系满都拉乎副盟长，为新来的领导熟悉情况搞好服务。

苏德保扎木苏（左）和满都拉乎在下乡途中

5月31日，苏盟长去呼市出差，却没有领我。苏盟长说，你现在当了办公室副主任，这两天还有接待来我盟搞军事演习的军队领导的任务，你不用去了，搞好家里的工作。1982 年 8 月下旬至 9 月下旬，根据苏盟长的安排，我陪同满都拉乎副盟长到额济纳旗、阿拉善右旗考察。这是满都拉乎调来阿盟以后第一次去额、右两旗。我们先去额济纳旗，参加了额旗的那达慕大会，下基层了解情况。然后继续西行到酒泉、敦煌，再返到阿拉善右旗了解情况，经兰州回到盟里。

其实，满都拉乎调来阿拉善盟工作的两个月来，凡是下乡或外出，都由我陪同和服务。在这个过程中，我细心观察满盟长的言行举止，学到不少工作和处事的方式方法。但是，和人与人的面孔有别一样，每个人的工作方法也有差异。我觉得，苏盟长和满盟长两位领导做人做事的主见主张、风格做派各不一样，各有鲜明的特点。

苏盟长，对党和人民无限忠诚，把多年各层级的工作经验集于一身，到了这个年纪仍然把为党、为人民、为民族尽心竭力服务作为唯一目的。他信奉事在人为、事由人为，选人用人重德喜才、事业为上。他对要事从长远着眼、由当下着手，博采众长、多谋善断。他任何时候都以大局为重、忍辱负重，既讲原则，又求团结，心胸宽广，从不斤斤计较。他处事待人一视同仁，不分远近亲疏；部署工作、分配任务，因人制宜、因事制宜。他对部下在工作上严格要求，在生活上尽量照顾；凡事认真细致、井然有序，惜时如金、注重效率。他是非分明、赏罚有度，对事不对人、讲理不讲情。他为人厚道，作风朴实，谦虚谨慎，不骄不躁。不抽烟、不喝酒、不玩牌，穿戴朴素、生活节俭，等等。

满盟长，立场坚定，旗帜鲜明，具有丰富的基层工作经验。他态度和气，没有官架子；性格沉稳，不急不躁；性情直爽，说话不讲情面，但是讲什么、不讲什么、怎么讲心中有数，开口必有目的，有时甚至让你捉摸不透。最难得的是着手解决问题时，从方方面面解析透彻，滴水不漏，态度热烈，定能让你高兴，这其一；你还没有察觉的时候他已经非常自然地做了调查研究，而且把那么多的东西很准确地记住了，用时信手拈来，如同囊中取物般容易，这其二；有机会就讲在场者的好，有些也许是夸大其词甚至无中生有，但因为是在开玩笑，不惹人讨厌，总是能让你高兴，这其三。靠三寸不烂之舌，指桑骂槐，只有亲历者清楚，但也不好对号入座，从而非常幽默地、直爽地、很热烈地让所有人立马高兴起来，这真不是人人都有的艺术和本事！

我向这两位领导学习的东西确实很多。我在想，除了这两位领导之外，其他人也都有比我好的优点和特点，怎样才能学到他人的优点来弥补自己的缺点呢？让别人高兴和愉悦，一切高尚的道德品质和能力方法也许都来自这里，要在言论行动上学会让别人高兴，让别人高兴了自己才能高兴。

一开始，我对苏盟长让我长时间跟随满盟长下乡和外出搞服务，不甚理解。现在细细回想，苏盟长的所有安排和要求，包括选我做秘书，不仅是搞搞服务、处理日常琐碎事务，而其深刻意图是希望年轻干部在各种工作实践和各类具体环境中尽快锻炼成长起来。我绝不辜负老盟长的深意。

1982 年 1 月，邓小平同志提出了干部队伍革命化、年轻化、知识化、专业化的“四化”方针。1983 年 4 月 15 日，阿拉善盟委召开新老书记交替会，在家的盟委常委、委员，两办秘书长、主任参加会议。盟委老书记杨力生主持会议并介绍了新任盟委书记刘晓旺。刘晓旺自我介绍说，4 月 9 日周惠同志找我谈话，让我来阿盟工作。

刘晓旺说，我是 1933 年生人，今年 50 岁，原籍河北南新县人。五六岁时逃荒上来，生长在萨拉齐。在呼市上了中学，1949 年跑到解放区绥东，一直搞共青团的工作。1973 年恢复共青团的工作以后回到包头任团委书记。1975 年任固阳县县委书记至 1982 年 3 月，后调到内蒙古体委任副主任一年。4 月 11 日，自治区党委决定我到阿盟工作。我是初中文化，没想到干这项工作，很突然。

1983 年 5 月 17 日，盟委会议传达贯彻自治区机构改革会议精神，要求组建班子必须注意安排中青年知识分子进班子，至少有三分之一是大专以上文化，年龄在 50 岁以下，最好是 45 岁以下。盟委、行署的书记、盟长均配备一正二副，六人中最少有两个大专文化程度。6 月 10 日，阿拉善盟行政公署召开领导班子新老交替座谈会，盟长苏德保扎木苏主持会议，副盟长满都拉乎、图布、卜和、蔡楚鲁参加，新班子里盟长是乌伦赛，副盟长晋永康、苏木雅。

1983 年 6 月 29 日，我送老盟长回呼市。自治区党委把苏盟长等一些老领导安排为自治区经济研究中心研究员。至此，我当阿拉善盟行政公署首任盟长苏德保扎木苏的秘书整两年。这两年，是我回归故乡三年，乃至我参加工作十五年中，最具特殊意义的时间。在向东风驰电掣的火车上，我向老领导发感慨说，人的一生真是难以预料，生活本身也很难预测。三年前我刚从巴盟回到家乡，两年前您把我调到身边。这两年中我跟着您学习、锻炼、成长，在您的精心栽培下我才走到今天，我是最幸运的！

苏盟长说，事物的发展是有规律的，只要我们遵循事物发展的客观规律，充分发挥自己的主观能动性，就会有所发现、有所发展、有所进步、有所作为，对这些你应该有体会。我说，是的，确实是这样。机构改革这两个月，真是一石激起千层浪，机关原先的秩序有些被打乱了，有些人的思想好像也混乱了。苏盟长说，这次机构改革是前所未有的，是关系党和国家前途命运的大事，人们有些不适应是难免的。现在刚调整了盟级党政领导班子，调整健全各级班子，理顺机关工作，可能还需要一年半载。在这个时候，你选择报考高等院校干部专修班是对的。

我说，这也是您指点和支持的结果。“文革”击碎了我的大学梦，1977 年国家恢复高考时我的儿子生下来才几个月，我未能参加高考，这次无论如何不能错过。下月中旬就要考试，老领导，我还是有信心。苏盟长笑着说，我对你有信心，祝你圆大学梦。

1983 年 7 月 15 日，是全国高校招生统考日。我们报考自治区高等院校干部专修科，参加的是全国高校招生的统一考试。我的考试成绩在全区几百名成人考生中进入前十名。9 月 3 日，我接到通知书，被录取到内蒙古师范大学干部专修科中文班。从此我由阿盟行政公署办公室副主任岗位上来师范大学干部专修科脱产学习两年。这一届师大干训班共有学员 102 人，其中有 8 名处级干部，学员多数是党员，分为两个党支部，我担任第二班党支部书记。有句话说，“没有什么比失掉时间更不幸，没有什么比紧握机遇更可贵”。如果说，我当苏盟长的秘书和被提拔为行署办公室副主任是无意识的不期而至，那么报考高等院校干部专修科，则是我紧握机遇、积极准备、全力应考的有意而为，从而圆了大学梦。

1983 年，作者在内蒙古师范大学

两年间，师大干训部中文班先后开设了哲学、政治经济学、科学社会主义、领导管理学、现代汉语、古代汉语、英语、文学理论基础、写作等二十几门课程。我把师大干训部的学习视为找回失去的岁月的机会，非常珍惜时间，如饥似渴地学习每一门课程。我的方法是，课前做好预习，理出头绪；课上全神贯注，做好课堂笔记；课后的时间，大部分是在图书馆里度过的。

在师范大学，我第一次领略了图书馆特别是大学图书馆的独特魅力。两年间，我对图书馆情有独钟。一进入图书馆，就感受到浓郁的阅读、思考和写作的氛围。这种氛围，就是安静、宽阔、专注的氛围。我坐下来打开书或拿起笔，感到没有丝毫干扰，连自己的呼吸声都能听得见，精力、注意力立刻集中起来，阅读、思考和书写的效率特别高。如果累了，什么也不看，什么都不想，往后一仰，闭目片刻，也是一种享受。由于氛围好，去图书馆的人就多。不上课的时间去图书馆，我总是比别人早一些，都能找到座位。

师大干部专修科中文班，写作是一门主课。我上学，从小学到初中都是蒙古语授课，其间，初中的后半段和高中的两年加授了汉语。“文革”中看大字报，使我的汉语水平有所提高。插队当农民，特别是从事教育工作，使我的汉语水平有较大提高。来师大干训班学习，全部课程用汉语授课，特别是通过学习现代汉语、古代汉语、写作等课程，我的汉文水平显著提高。

两年间，做写作课作业写了七篇习作，任课老师都写了点评。比如，对《冬青》的点评是：“不但写出了地区特点，也写出了个别事物的特点，理想是自然而含蓄的。文笔也不错，似乎有写散文的爱好吧？”对《红牛石的传说》的点评是：“文笔很流畅，充满草原气息，把一个美好的传说同严峻的现实结合起来写，从而抒发了对‘四人帮’的刻骨仇恨的感情，‘寓意于物’用得很贴切。”对《黑城的传说》的点评是：“不错，干练、简洁，抚今追昔，联想自然，情真意切，给人以启迪。对‘物’的描绘还嫌不足，这大概也是造成本文内容较单薄的原因之一。”对《早晨》的点评是：“思路贯通，叙述也较具体。要注意文字要简洁，力求将可有可无的字、词、句去掉。”在最后一段旁边批道：“这一段不错，情深意切，有诗意。”对《母亲和儿子》的点评是：“具体，真切，富有真情实感，读来感人肺腑，催人泪下。剪裁也好，点面结合，虚实相生，是一篇浸透了情感体验的好习作。”对《阅览室遐想》的点评是：“这篇习作是按照心理活动的次序写成的。它的特点是先‘截取流程’，次‘物我交融’，再‘反复穿插’，最后是‘理性升华’。我蓦地感到你文字的表达能力似乎比口头表达要好。心理活动中的起伏，自然是绕笔，惟由于心理活动的复杂和多变，一定要注意层次和节奏，不过急过缓，有主次，有张弛。”对《生命的分分秒秒》的点评是：“文章立意好，论述清楚，引证也恰当。但文章层次还不够清楚，未能步步深入地论述。前半部分进展慢，后半部分未谈清现代化社会中时间的新含义。”老师们的点评，既肯定成功之处，也指出不足之点，话语中肯，深受启发。

在师大干训班学习期间，我担任二班党支部书记，很重视加强支部工作，注重发挥党员的先锋模范作用。为了活跃党支部生活，丰富班内活动，我策划举办了一次演讲会，学员们热烈响应、广泛参与。我的演讲题目是“生命的分分秒秒”。干训部领导翱云、乌力吉老师等来参加，演讲会达到“心灵与心灵谐振，情感和情感通航”，取得了出乎预料的效果。党支部积极培养入党积极分子，我给入党积极分子讲党课，两年间有三名积极分子加入党组织。

在内蒙古师范大学干训班学习两年，使我的汉语基础趋于扎实，汉文水平有所提高；对哲学、政治经济学和科学社会主义理论加深理解，马克思主义理论基础有一定提升；对抓基层党组织建设有了初步实践，积累了加强党的建设的做法和经验；学习文艺理论和文学史，使写作能力有所提高。

1985 年在内蒙古师范大学，作者被评为三好学生、优秀学员

在师大干训班学习期间，我被评为学校三好学生，获得“内蒙古师大三好学生”奖章。1985 年 7 月，内蒙古师范大学干训部的《优秀学员表彰通知》说：“阿盟公署：兹有你单位布和朝鲁同志，系我部学员，该同志 1985 年度政治思想表现好，学习成绩优秀，被评为我部优秀学员。”

我在干训部毕业生通讯簿纪念册上留言：

我是驼乡之子。自幼以苦为乐，迈过而立之年，仍泛学海；从小以勤为径，历经三十余载，尚攀书山。坚信绳锯木断，水滴石穿。

我以美丽善良的科尔沁姑娘为伴侣、有心爱之儿女而幸福；为生活在伟大国度、全新社会、腾飞之时代而骄傲；以致力于改变驼乡面貌之伟业而自豪；为有负重奉献、一往无前之驼乡精神而深感荣耀。

我从内蒙古师范大学毕业了！回到从后方关心支持我、独自照顾全家老少的爱人身边。她看了我写在纪念册上的留言很激动，我们沉浸在团聚的甜蜜之中，畅谈美好未来。

第四章 在巴丹吉林南缘

第一节　在较量中淬炼

1985 年 7 月 9 日，我从内蒙古师大毕业回到家的第三天，阿盟盟委办公室打来电话，叫我去盟委刘晓旺书记办公室。我和刘晓旺书记只见过一面，那是 1983 年 4 月 15 日，在机构改革中盟委新老书记交接会上。今天面对面，刘晓旺给我的第一印象是为人正直，没有客套，直截了当。刘晓旺说，叫你来是想和你聊一聊你的工作安排问题。听他这么一说，我感到这是一次很坦率的谈话。他说，打算让你到阿右旗工作，先以整党联络组副组长身份去了解情况。联络组组长是盟政协一位副主席，但老同志身体不好，一直没去成。现在让你去抓一下。

听说去阿右旗，我感到非常意外。我知道阿右旗是“文革”的重灾区，否定“文革”不彻底，“左”的影响没有肃清，派性仍然严重，矛盾错综复杂。让我去阿右旗，我从政时间不长，缺少经验，怎么行呢？刘晓旺似乎猜到了我在想什么。他说，阿右旗派性严重，你去了可以超脱一些，想给你压个重担子。我连忙说，刘书记，我有一些具体困难，离家学习两年，孩子没人辅导，成绩下降。爱人有病，她咬牙坚持了两年，母亲年迈体弱，需要照顾……

刘晓旺说，家里的困难要想办法克服一下。我对你抱有很大期望，下一步是按照干部“四化”要求配备阿右旗的班子，或党或政给你个一把手，你要放手干。盟里不是安排不了，好多单位要你。阿左旗相比之下好安排一些，而阿右旗最重要，你先去。这是我的意思，盟委会通过了就报自治区，通不了就算了。只要你下决心干，我们会支持，会做主。有派性的人可能软硬兼施，又打又拉。我在固阳县工作时，当地是三派，给我列了十大罪状，也没有什么可怕的。你到阿右旗不带家的好，除了吃饭睡觉都是干工作的时间。我说，刘书记，我没有旗县工作经验，怕辜负了您的期望，您还是另……

从左至右：作者、盟委书记刘晓旺、内蒙古党委原书记张曙光、盟委副书记满都拉乎

刘晓旺打断我的话说，你不要推了，你的情况我了解过，你行的。我们俩定个君子协定吧，你在阿右旗只干上两年，到时候我把你调整回来。这事可是不能对别人讲，我们俩知道就行了。听到这里，我有些激动了，盟委书记说到这个分儿上，我作为一个党员还能再推吗？我说，那我就去试试，谢谢您的信任！刘晓旺说，眼前，阿右旗旗委要做整党中的对照检查，等着我们呢。后天你就跟我一起去吧。

就这样，我来到巴丹吉林大沙漠南缘的阿右旗。1983 年 10 月，中央下发了《关于整党的决定》。我按照中央的精神和盟委的部署，用近半年时间以盟委整党联络组副组长身份，了解阿右旗“文革”时期的情况和近年来的发展状况。1985 年 12 月 24 日，盟行署乌伦赛盟长一行来阿右旗调研，并于 28 日在旗直机关领导干部大会上宣布了盟委关于调整阿右旗党政领导班子的决定：由我担任阿右旗旗委书记，任英超担任阿右旗政府旗长。第二天，乌伦赛对我说，阿拉善的蒙古族人当旗委书记的就是额尔登达赖你们两个，再没有，我只是在阿左旗代理了一个月的旗委书记。

宣布班子的那天晚上，我和任英超一直聊到十一点，对今后的工作漫无边际地谈，诚恳、坦率、畅所欲言。任英超是阿拉善左旗人，比我大三岁，他早我半年来阿右旗任旗委副书记。我认识任英超是 7 月份来到阿右旗以后。任英超为人坦诚、性情直爽，工作敢于担责、积极主动，没有官架子、容易交流，谈吐幽默、爱开玩笑，我俩很快就熟悉了。特别是先后被派到阿右旗来当领导，似乎有了使命与共、命运相连的意识。

作者在阿拉善右旗大会上讲话

1986年1月1日，我早早起床跑步晨练。三天前，旗委书记的重担压在我的肩上，我在跑步中迎来了阿右旗新年的曙光。一轮朝阳冉冉升起，北面的巴丹吉林大沙漠在朝阳的照射下泛着金色光芒。今后的岁月里，我将每天看到巴丹吉林，每天为世世代代以巴丹吉林为伴的广大百姓谋福祉。

我来阿右旗工作之际，刘晓旺和其他领导都说过阿右旗的派性严重。但是，这里的派性究竟严重到啥程度、怎么个严重法，我心里没有底。我只是感到肩上的担子并不轻松，只是抱着一个美好的愿望，按常规思维进行谋划。眼前紧迫的事情有两项，一个是牧区的抗灾保畜，另一个是旗委换届在即，将召开阿拉善右旗第四次党代会和全旗“两会”。我的美好愿望是在召开党代会之际，在旗人代会上把只有一个副旗长的残缺不全的旗政府领导班子也配齐。新的旗委、政府共同完善思路、明确目标，统一思想、形成合力，全力以赴开创阿右旗发展新局面。我把想法与任英超充分交流，很快形成共识。

1986年4月23日，阿右旗四届二次人代会如期召开。我期盼旗委提出的人选全部选出来，这是关键环节。为期五天的人代会，前四天都很顺利，风平浪静。26日下午，大会进入选举议程。最初出现的问题是，预选时旗长人选任英超是全票，仅仅过了十几分钟，正式选举中却丢了3张票。但不管怎么样，旗长还是选出来了。我想着，在接下来的选举中其他人选都能选出来就好了。

27日上午，进行其他人选的正式选举。投票以后，会场台上台下都盯着唱票计票的黑板。随着人选和票数的变化，每一声唱票计票都敲击着我的心，我的心跳在逐步加快。我和前来指导这次大会的乌伦赛盟长、周粒公副盟长、任英超等坐在主席台上，眼巴巴地看着唱票计票。最后，我们不愿意看到的结果还是出现了：旗委提出的两个副旗长、“两院”院长四个候选人被无情地落选！

我早就听说，在人代会选举中每每出问题，是阿右旗的顽症之一。但出现今天这样的惨局，在阿右旗历史上恐怕也是绝无仅有。应该说，会前的各项准备是充分的，各种程序是严密的。对拟提拔的候选人进行严格考核，广泛听取各方面的意见。旗委常委会反复讨论形成一致决定，盟委同意了阿右旗旗委上报的请示。我们工作中唯一重大问题是不能掌握背后的暗中较量！如果不存在这种较量，就不可能出现今天的局面。可见，这事早有预谋，在平静的地表下岩浆涌动。

今天的选举结果使我第一次“领教”了阿右旗的派性。这是对阿右旗旗委决策的严重打击，是对旗委新班子的公然挑衅。这个局面让人不能接受，最不能接受这个局面的是我。盟委对我委以重任、主政一方。当旗委书记才几个月，旗委的第一个重大部署就遭到这样的重大挫折！今天是什么时代了，还这样折腾。我实在是想不通，我的内心五味杂陈。我又急又气又悲，控制不住感情，在选举结束的会上讲话时，我哽咽得说不出话来，眼泪夺眶而出。

今天的局面给我上了一堂难以面对又不能不面对的一课，让我开始冷静思考阿右旗的派性。阿右旗是“文革”的重灾区，造反派掌权，为所欲为。“文革”早已结束，但遗毒没有肃清，明无山头暗有礁，派性始终影响着权力中心。盟委下决心调整阿右旗的领导班子，从根本上解决问题，消除派性。阿右旗个别身子进入新时期而“脑袋”仍旧停留在“文革”中的人——我暂且称他们为“文革脑袋”人，对盟委的决策是不能接受的。所以，不仅有谣言，而且有行动。在表象上，这次人代会选举结果是对旗委意图的发难，在本质上，是对盟委决定的直接对抗。一场不可避免的较量由此开始。有句话说“你可以哭，但不能怂”！这是一场输不起的较量。我有决心、有信心带领旗委一班人，在这场从未经历过的较量中最终取得胜利。我们必须赢，我们一定能赢。

1986 年 4 月 28 日，旗人代会结束的第二天，阿拉善右旗第四次党代会开幕了。有了人代会的严重教训，我和乌伦赛等商量，对党代会议程做必要的调整。在这个过程中了解到人代会期间个别“文革脑袋”人暗中活动的情况。4 月 29 日中午，乌伦赛等领导分别找旗政府院的个别“文革脑袋”人谈话，给予明确的警告。4 月 29 日下午，预选旗委委员以后立即进行正式选举，不给“文革脑袋”人以可乘之机。

在这次党代会上，我顺利当选旗委委员，个别人的图谋没有得逞。我想，党员的大多数还是有党性的。假如按照个别人的意见，30日选举旗委委员，隔一夜其结果会怎样？4月30日，在中共阿拉善右旗第四届委员会第一次会议上，我以全票当选旗委常委、书记，旗委提出的其他候选人也全部当选。副盟长周粒公说，党代会上总算挽回一局。

1986年5月9日，我主持召开旗委常委会，专题研究人代会选举的经验教训问题。5月17日上午，我赶到巴彦浩特见了刘晓旺书记。刘晓旺说，你想怎么汇报就怎么汇报，盟委的思想是一致的。下午的盟委会上，我对阿右旗选举中发生的问题做了全面汇报，要点是：

一、旗委决策有不当之处。在人代会上补齐旗政府班子的决定，对问题考虑不周。这次人代会不是换届会，补充出缺的副旗长，不必在人代会上选，可在会后由人大常委会任命。补齐副旗长是我提出来的，我对阿右旗派性的严重性、矛盾的复杂性认识不够，为极少数搞派性者提供了可乘之机。责任完全在我。

二、煽动利用地域观念。阿右旗机构改革时提拔的旗委两个常委是北部人，这次提名的四个人选也都在北部苏木工作，我和任英超都是阿左旗人。我们研究干部时以工作业绩、思想作风、群众基础和“文革”中的表现为主，没有考虑籍贯和地域因素，却成为搞派性者大造“旗委提的是北部的，左旗掌右旗的权”舆论的依据。

三、派性影响仍然严重。在整党核查中我们联络组较真，戳到极少数搞派性者的痛处。他们在暗处给我造舆论，对盟委调整阿右旗班子有抵触情绪。他们散布谣言，大肆活动，在人代会选举中搞突然袭击。这是极少数搞派性者向盟委发难、使旗委意图落空，派性与党性较量的集中体现。旗委决心，要不断加强党性教育，肃清派性影响，引导党员干部提高政治觉悟、明辨是非，团结带领全旗人民，把阿右旗的事情办好。

盟委会同意我的分析和汇报。刘晓旺要求形成一个盟委会议纪要，作为盟委的意见，带回去传达贯彻。向盟委做汇报、盟委下发“纪要”以后，我的心里敞亮多了，信心更加坚定了。1986年5月26日，我带着盟委会“纪要”回阿右旗，一路上感慨万千。在那天的日记里，我模仿李白的《早发白帝城》写了一首诗：

又一次回右旗，
一路马不停蹄。
早辞巴彦[①]尽朝晖，
千里戈壁一日归。
路边旋风挡不住，
轻车已过中泉飞。

1986年6月中旬，我召开旗几大班子会议、旗直机关党员大会，举办党校培训会，传达学习中央领导、自治区党委领导重要讲话和《盟委讨论阿右旗人代会情况的纪要》，部署了旗委关于当前加强党的基本知识教育、加强党性锻炼的学习教育安排，广泛开展党员干部加强党性的正面教育。

在旗委学习会上，大家认为，盟委“纪要”对我旗工作的评价，对旗四届二次人代会选举问题的分析，以及解决问题的办法，是符合我旗实际的，是指导我们正确总结经验教训、增强党性锻炼、消除派性遗毒、巩固和发展安定团结的政治局面、致力经济建设的重要文件。一定要坚决按“纪要”精神办事，总结人代会选举中的经验教训，切实加强党的建设，开展党性教育，加强党性锻炼，坚持正面教育，把坏事变成好事，逐步肃清派性影响，增强广大党员干部特别是各级领导干部的党性自觉。

但是，肃清派性影响，在党性与派性的较量中取胜，不是一件简单的事情。时隔一年，第二次较量打响了。1987年是阿右旗人代会的换届年。

① 巴彦，指巴彦浩特。中泉，指中泉子。

每逢选举，阿右旗个别人必然蠢蠢欲动，故技重施。他们平时蛰伏不动，风平浪静，一遇选举便倾巢出动，兴风作浪。他们虽然是极少数，但在阿右旗经营多年，人际关系错综复杂。对他们在暗地里不可告人、见不得阳光的言行，我们难以及时掌握。我们是在事后通过各种渠道了解具体情况的。

个别人一听到别人提“文革”就非常反感。他们散布说：“旗委新班子到底用‘三种人’还是用共产党员？有些人尽管在‘文革’中有问题，但现在毕竟是共产党员呀，为什么不可以用？”他们自称是共产党员，但根本不具备党员的条件。他们不讲党性搞派性，不懂党的纪律；不是以党的意志为意志，而是公然对抗党的决定；唯利是图、唯权是争，为私利不惜牺牲党和人民的利益。

旗政府院的个别人说，我上边没有人，我要争一争副旗长。他“上边没有人”，但外边有人给他通风报信，使他有恃无恐。加上旗委院的一个人向他保证给他活动到 40 张选票。这种“争一争”和有“保证”的野心，驱使他在 1986 年 4 月的人代会选举前大肆活动拉票，使旗委的意图落空。

1987 年 7 月初，盟里发传真电报将旗政府院的那个人调往盟里。他不服从调动，时不时折腾任英超旗长，要求以政府党组会议否定盟委的调令，不断闹腾，直至到盟里找刘晓旺。刘晓旺用不容置疑的事实和明白无误的道理说服他，使他服从了盟里的调动。

1987 年 7 月 10 日，旗委系统选区正式选举旗人代会代表。选举结果是，旗委院的那个人以最多票数当选人民代表，我却眼睁睁地看着自己落选。那天的选举，使我第二次“领教”了阿右旗搞派性者的能量。旗委书记在人代会代表选举中落选，这是闻所未闻的！如果说 1986 年 4 月的那一次选举是让旗委的意图落空，这一次是直接把我架空，使我领导人代会换届成为非法。

这次，我没有急，也没有气，更没有悲，反而很坦然，很冷静。我倒要看一看他们还有什么伎俩。在选举会场上，我的脑海里开始萌生一个新的方案。任凭风浪起，稳坐钓鱼台。我就不信阿右旗的“文革”遗毒肃不清、党性斗不过派性。我与派性水火不相容，所以成为他们的眼中钉、肉中刺。在这又一次较量中我们必须取胜，否则就可能让他们“一年内让他卷铺盖走人”的阴谋得逞。

1987 年 7 月 15 日，盟委召开书记办公会议，专题听取阿右旗人代会代表选举工作情况汇报。我和任英超做汇报。书记们敞开讨论，态度鲜明，形成支持旗委做好工作的一致意见。

回来以后，我认真回顾和分析前前后后整个过程。其实，自己已对阿右旗个别人的基本情况有所掌握。“冲锋陷阵”的就是旗委政府两院里极少数环节领导干部。但是，从一开始我的主导思想是调动一切积极因素，团结一切可以团结的人，一心一意把经济搞上去，把老百姓的生活水平搞上去，用实际行动改变他们对我的认识，在实践中使他们有所改变。现在看来，宽宏大量有余，警觉警惕不足。他们虽然人数极少，但长期在旗委政府院工作，与上下左右有千丝万缕的联系，其能量不可小觑。

比如，旗委院的另一个人，旗委原领导也没把他放在重要岗位上。有人推荐他写材料还可以，我出于调动积极性、发挥其长处的考虑，把他调整到较重要的岗位。后来，我发现他和旗委同床异梦，却没有及时采取组织措施，甚至让他担任这次旗委系统选区选举工作领导小组组长。再比如，我小看了旗委院那个人的能量。明知道他是一个祸根，却考虑到我来阿右旗时间不长，出于稳定大局、稳定干部、团结干部的考虑，没有动旗委系统的干部。

再就是我在选择选区上的失策。只担心会有旗委书记连旗委系统都不信任的议论，盲目自信，因小失大。还有，我忽视了集体的智慧。我们旗委是团结一致、齐心协力的战斗集体，我选择选区时为什么不召集书记们、常委们好好议论议论，听听大家的意见呢？特别是已经有过上一年人代会那次的教训，还这样麻痹大意，真是可悲。从根本上说，我只能责怪自己。

那么，个别人是如何干扰操纵人代会代表选举，导致我直接落选的呢？1987 年 7 月，我参加盟里的畜牧业考察团出访日本。利用我出访的机会，旗委院的另一个人在旗委系统选区选举工作会议上公然宣称：“旗委书记为什么非要做推荐代表呢，人大常委会那个差额副主任也应该由代表提出来。”

按理说，他作为旗委系统选举工作领导小组组长，应全力保证旗委的意图完满实现，而他却企图取消党的领导。他不仅这样说，而且这样做了。他们直接操纵了在人代会代表选举中使旗委书记落选的闹剧，惊动了盟委和自治区人大常委会有关部门。

旗委通信员给我说，1987 年 7 月 10 日，旗委系统选区的选举开始前，旗委院里的那个年轻人找他，要求开会时跟那个年轻人坐在一起。那个年轻人知道通信员手中有两张委托票。第一次投票时，通信员清点人数并发选票以后就独自坐在前头，选票上都写了布书记。第二次投票前，那个年轻人对通信员说，你来回跑什么，这次一定要坐在这里。划票时那个年轻人指着布书记的名字说，不要选他。那个年轻人手中也有两张委托票，而且把通信员手中的那两张委托票也拿过去填。通信员在自己的票上填的是布书记，而那个年轻人及旁边的几个人写的是另外两个人。

散会以后，通信员跟着那个年轻人到办公室，问我要选布书记，你为什么不让我选？那个年轻人说，是布书记把政府院的人弄得调走的，布书记对喀尔喀人（指祖籍蒙古国的人）不好；再说，我们院的那两个人对布书记有意见，等等。那个年轻人嘱咐通信员不要说出去。另一位通信员对我说，7 月 10 日选举会投票前，那个年轻人说要选我们院的那两个人，布书记就不要选了，当了书记还选啥代表呢？

那个年轻人，一个牧民的孩子，还不懂事的青年，难道都是他在自编自演吗？不，绝对不会！显然，这些都是旗委院那两个人操纵的。还有一个干部对我说，曾有人对他的妻子说，不要选布书记当人大代表。他妻子问，不选布书记选谁？那个人说，选谁，我问了以后再告诉你。这些就是那两个人导演的一幕幕闹剧，是他们公然对抗盟委、旗委决策部署而一次次得手的伎俩。

1987 年 9 月 2 日，我和刘晓旺通电话，向他汇报自己思考的方案。刘晓旺说，满都拉乎书记去呼市请示自治区人大选委会，选委会同意给阿右旗增加一个代表名额，放在一个合适的选区里保证选好；落选的书记不能重新提名，可提副书记；旗人代会开会时间可以从补选的日子起推后两个月。这真是出奇地不谋而合！

1987 年 9 月 8 日，盟委副书记满都拉乎和盟委组织部肖庆保部长来到阿右旗。我向满都拉乎汇报我的新方案：让旗委副书记作为增加的代表名额的提名人选，放到合适的选区。满都拉乎同意我的方案。10 日上午，满都拉乎书记、肖庆保部长参加旗委常委会，研究旗第五届人代会有关问题。11 日下午，选举会议开始，被提名的旗委副书记纳日苏得 15 票，我得 124 票，选举圆满成功，会场响起热烈的掌声！满都拉乎高兴地说，这 124 票出乎预料，太好了。

我在常委会上说，感谢大家对党的事业的支持、对我的信任！看得出来，常委们也和我一样激动、一样高兴、一样鼓舞。满都拉乎说，阿右旗旗委是团结的，有战斗力的。晚上，我打电话向刘晓旺汇报，他高兴地说，祝贺你，这是初战告捷，还要做好深入细致的工作，开好人代会，选出任英超。1987 年 9 月 14 日，满都拉乎和旗委常委们一起分析人代会面临的形势，决定常委们分头同苏木镇和旗直机关的代表谈话，做好工作。

9 月 24 日，满都拉乎在人代会临时党支部大会上讲话。他的讲话是嬉笑怒骂皆成文章，笑声中刺痛了有些人，他们肯定受不了，但也毫无办法，只好忍着。满都拉乎的这一手，已成为他的独特风格，别人绝对不具有，特别是在他这一级领导干部中。

这与他的年龄、地位、经历、作风相配。他无所畏惧；一会儿谈自己的经历，马上又恰到好处地联系眼前事情；常常开口大笑，立马又一脸严肃；一会儿坐着讲，一会儿站起来说；说笑话，使人在笑声中受感染；轻松愉快，却又咄咄逼人；出其不意点名、提问，借题发挥；以恰到好处的语句，渲染自己的观点；一会儿讲无关紧要的俏皮话，立刻又很认真地讲正题，想方设法使人折服……这些是他长期工作中练就的一手，让别人深受启迪。

1987 年 9 月 24 日至 26 日，阿右旗第五届人代会第一次会议召开。大会的各项议题和日程安排周密紧凑，不给有些人可乘之机。选举的整个过程很顺利，虽然政府院那个人也有几张票，但无碍大局，五届一次会议的选举实现了旗委意图。这次选举这么顺利、这么成功，有些出乎预料，有人说跟“文革”以前的选举一样。我在闭幕会上的讲话有感而发，效果很好。

满都拉乎的即席讲话又一次亮出他的拿手好戏，自由发挥，有时指向再明显不过，只差点了名。大家一会儿哄堂大笑，一会儿屏息静听，效果异常好。9 月 30 日，旗委常委们和新当选的旗长们一起开会。

10 月 5 日，旗委常委会决定将旗委院的那个人放到笋布尔苏木任党委副书记。会后，我几乎用了一上午时间和那个人谈话，主要是听他洗刷自己。中间，只有一次我突然问他关于保证活动到 40 张选票的事，他没有狡辩的余地，只好承认。最后，我要求他认真总结这些年的经历及教训，并提出下去以后需要注意的几个问题。总之是采取了“给出路”的政策，给他希望和信心。1991 年 4 月，我调离阿右旗之前，旗委常委会决定将他从笋布尔苏木调回来，安排到旗所在地附近的巴音温都尔苏木学校当支部书记。我找他谈话，他高兴而激动地说，组织还没有忘了我。其实，当初把他放下去，现在把他调回来，都是对他负责。

当年，旗委把他放到笋布尔苏木，对其他有些人产生了很大的震动。1987 年 9 月 6 日，旗委院另一个人来到我的办公室。自上次人代会代表选举以后，我没有找过他，他也没有来。今天他终于忍不住来找我，我真还没想到。那天，他说自己的家庭如何如何有困难，爷爷老了、老婆有病、孙子还小，千万不要把他往基层调动，否则就到了绝路。他说，看到政府院的那个人被调动和呼伦贝尔盟等地的一些做法，唯恐自己也被交流。万一有此打算，请网开一面——这是我不敢说的。

我当时觉得似乎没有什么可说的，只说：阿右旗的情况你最清楚，同时你也最不清楚，你要搞清楚也难。关于选举，我没有理由不相信旗委系统，我在道义上是站得住脚的，失误是我造成的，我不会怨天尤人。他走了以后我在想，个别人既是“文革”的产物，也是“文革”的受害者，属于人民内部矛盾；既要同他们斗争，又要教育他们吸取教训，脱胎换骨做新人，这是我们的责任。我想起1986年4月，阿右旗四届二次人代会结束后，刘晓旺鼓励我说的话：凡事不要搞得过急，可以慢慢来。坚持干中学、学着干。谁也不是先学会了当旗委书记再去当旗委书记的，在实践中闯吧。

可以说，1987年9月召开的阿右旗五届一次人代会，终结了以往阿右旗每逢选举必遭个别人故技重施而不能全面实现旗委意图的历史。这意味着阿右旗派性严重的印象将消除，安定团结的政治局面得到巩固。1986年、1987年两次人代会选举中，个别人上下串通、暗中策动、破坏选举的教训极其深刻。而事物总是相辅相成的，在一定条件下，坏事可以变成好事。从最终结果看，他们没有达到目的，反而让广大干部群众看清了他们的真面目，认识了什么是派性及其危害性。

1989年6月26日，风和日丽。中共阿拉善右旗第五次党代会隆重开幕。我以“加强党的建设，同心同德，为实现三项近期目标而努力奋斗”为题做报告。大会选举中，我和任英超几乎以满票当选，其他委员也都高票当选。阿右旗第五次党代会，开成了一个团结的大会、胜利的大会、鼓舞人心的大会。1990年11月，任英超提升为盟委委员、组织部长。我给任英超赠一日记本做纪念，在扉页写道：“搭档五载，配合默契；右旗大地，遍留足迹。今赴新任，前程无比；为党为民，再创佳绩。”我和任英超是亲密无间的搭档。后来我在锡盟工作，2001年7月中旬，时任阿拉善盟盟委书记的任英超率党政考察团来锡盟考察。我和行署盟长陈朋山、盟委秘书长邓月楼陪同考察。

1991年1月11日，阿右旗六届一次人代会召开。旗人大常委会主任和旗长金锁几乎满票当选；几个副旗长、人大常委会委员、法检“两院”院长的选举全部实现了旗委的意图。

第五次党代会、六届一次人代会的选举结果在阿右旗的历史上前所未有。我到巴丹吉林南缘已是第七个年头，如释重负，终于圆满完成了盟委交给我的艰巨任务。回想起1986年人代会的选举，真是感慨万千。从辩证法的角度看，也许没有1986年的那一次，就不会有之后的一次次！这些在我生命的旅途中都具有重要的意义。阿拉善右旗的历史翻开新的一页。

2001 年夏，阿拉善盟盟委书记任英超一行来锡盟考察，右三为任英超、右四为作者

从 1986 年到 1991 年的历次选举中，我们之所以能从接连受挫转为节节胜利，全靠党的十一届三中全会以来的路线方针政策的指引，全靠自治区和盟委始终不渝、坚决有力的领导和撑腰，全靠全旗广大党员和人民群众坚定不移的信任和支持，全靠旗委班子坚如磐石的团结和愈挫愈奋的意志和能力。真的，我从内心里感谢当初盟委把我派到这样一个偏僻落后而矛盾尖锐、复杂的地方来经受锻炼。在阿右旗的七年中，我经历了多少事情、学到了多少本领、积累了多少经验啊！我体味了这句话："人的富有，不是金钱，不是成功，而是那些能帮助你认识生活、认识世界的经历。"

第二节 牧民的事就是我的事

阿右旗面积很大，7.3 万平方公里，但绝大部分是沙漠戈壁，干旱少雨，水资源短缺，在全盟三个旗中环境条件最差，经济社会发展处于末位。人口较少，牧民占全旗 2.1 万人的一半以上。搞好阿右旗的工作，牧业、牧区、牧民工作是重中之重，也是我的全部工作的重中之重。重就重在牧民的事无小事。我是牧民的儿子，我知道牧民的事都是关系到他们切身利益的事。1986 年 1 月 7 日，我上任刚几天召开的第一个重要会议就是全旗抗灾保畜工作会议。我还知道，了解牧民的事，解决牧民的事，首要的是搞好调查研究，弄清楚“三牧”工作中存在的各类问题。

我跑遍了全旗 13 个苏木镇 44 个嘎查，而且年年都去，根据工作需要，有的苏木镇和嘎查去了很多次。我走进很多牧民家里，细心了解牧民的生产、生活情况，特别是了解需要帮助解决的困难和问题。

1986 年 7 月，我到努尔盖苏木下乡期间，住在牧民额尔登达来家里。额尔登达来是一个中等个头的汉子，全家以养骆驼为主。我和他们促膝交流，了解当地养骆驼的方式，了解他们的收入情况，成为好朋友。这是我下基层住农牧民家调查研究、结交朋友的开始。在阿右旗，我多次住过牧民家里，在西部、中部和北部都有我的牧民朋友。1988 年 7 月，我在孟根宝力格苏木山后牧民策仁道尔吉家住了两天。他们以养羊为主，这是由地形地势、草场状况决定的。我帮助他们加工羊奶、做酸酪丹，体验牧民生活，晚上在屋外地上睡觉。这些不禁使我回忆起二十多年前的孩提时代，夏天和父母一起在屋外地上睡觉的情景，使我感慨万千。1986 年 9 月 7 日，在查看我旗修筑上丹至阿拉腾敖包公路工程时，甚至还住过工地的工棚里，认真了解施工情况。从那时起，我形成了下乡调研时住农牧民家里了解情况的习惯。

我坚持调查研究成果化、实用化，不是走完看完了事，而是想方设法解决牧民生产、生活中需要解决的事；我不仅对基层领导讲解决问题的思路办法，而且写成文章给旗级几大班子和有关领导、有关部门看，作为解决问题的指导意见，促进问题的解决。

1986年2月25日至3月11日，我上任不久就到阿右旗北部8个苏木镇调研，并深入18户牧民家，15天跑了1400公里。传达贯彻全区旗县委书记会议精神，详细了解牧户的人口、草场、棚圈设施、牲畜头数、年度收入和生产、生活中存在的困难和问题等。我特意去看了阿拉腾敖包苏木巴音塔拉嘎查围栏打草场、孟根宝力格苏木浩木克嘎查板滩井饲草料基地、雅布赖苏木通沟水库水源地通沟和沙枣沟等。我在调研中突出强调了五项工作：

> 一、加强嘎查工作，苏木镇要派得力干部到嘎查当领导，先搞试点，逐步推开。二、抓好扶贫工作，提倡苏木镇干部承包贫困户尽早脱贫，在承包脱贫中考核使用干部。三、推动科学养畜，引导牧户以草定畜、限制头数，提高出栏率、商品率，加速周转。四、抓好畜产品收购工作，改变惜售思想，尽量把牧民的产品尽早尽多地变为收入。五、加强草原建设，因地制宜搞围栏打草场、建设饲草料基地。

1987年2月至3月，我用20天时间跑了2000公里，再次到北部和中部7个苏木镇的20个嘎查，查看灾情，查看各苏木的草原围栏和水利设施。之后，在《抗灾保畜形势简析》一文中强调加强抗灾保畜工作：

> 今年是我旗遭受持续性严重旱灾的第七个年头。这几年的旱灾，其持续时间之长、分布面积之广、受灾程度之严重，在我旗历史上是

空前的。但是，掌握了生产经营自主权的广大牧民，在各级党委政府的正确领导和盟旗两级抗旱指挥部的指挥和支持下，采取各种有效措施，战天斗地，奋力抗灾，把持续性旱灾造成的损失降到最低程度。各苏木镇1986年的牲畜保命率、出栏率、商品率很能说明这一点。面对抗灾保畜这样的形势，我们绝不能盲目乐观，绝不能放松工作。相反，我们要在原有基础上，必须进一步加大工作力度。

文章列表分析之后强调了五个方面的工作：牢固树立长期抗旱思想；继续调运储备饲草料；当务之急是抓好种植饲草料工作；切实解决通场移牧有关问题；做全面深入细致的调查研究。文章刊发在旗委办《情况反映》1987年第7期上。

1986年7月3日至7日，我到南部巴音温都尔、努尔盖、阿拉腾超克3个苏木的5个嘎查调研，检查旱情、查看草场，了解各苏木嘎查学校教学工作情况。在努尔盖苏木了解到淖干宝力格嘎查学校，由于旱情严重，放暑假以后牧民接孩子回家有困难。牧民的事就是我的事。7日回旗以后，我立即召集分管教育工作的副书记纳日苏、副旗长陈瑞卿和旗教育局领导，说明淖干宝力格嘎查学校面临牧民接孩子回家有困难的问题，商量解决帮助学校送学生回家的事。

1987年10月，我去孟根布拉格苏木锡林布拉格嘎查调研。给我印象最深的是该嘎查坚持牧民学习小组学习，主要是小组长抓得紧，形成了好制度。1990年6月，盟委办公室《一日要闻》第70期刊载了阿右旗牧民学习小组的做法。我在传阅单上给旗委宣传部、旗委办负责人写了一段话：

我有以下想法：1. 宣传部应该同全旗二百多个牧民学习小组建立联系，专人负责定期给他们寄送学习材料。2. 用蒙汉两种文字印发《学习材料》，供基层党支部和牧民学习小组使用。我给全旗牧民学习小组写的信，作为《学习材料》的前言。3.《学习材料》的内容要丰富，包括形势教育、科普知识都可以，要做到短、新、实。如可行，请尽快落实。

1986年10月22日至26日，我和任英超陪同刘晓旺等进入世界著名的巴丹吉林沙漠，到巴丹吉林嘎查调研。22日，我们先乘汽车在沙漠中穿行90里来到宝日陶勒盖渔场宿营。乘汽车只能到这里，这也是因为前几天下了一场雨，沙漠里比平时好走了。23日一天我们骑骆驼爬沙，途中最高的沙峰是著名的牛坡，最险的沙梁是“刀刃”。我们爬牛坡费了九牛二虎之力，走在后面驮行李的骆驼爬不动了，我们返回去把行李卸下来，扛了上去，用了两个多小时。过了牛坡我们稍事休息，坐在沙子上野餐。

所谓“刀刃”是长一百多米、高几十米、顶上是一条线的“沙墙”。骆驼走“刀刃”像杂技演员走钢丝似的，驼掌轮替踩在沙线上不慌不忙地一步一步地往前走。我们骑在驼背上往下看，胆小的要晕过去。稍有不慎驼掌偏离了沙线，可能要人仰驼翻，人和骆驼滚到沙坑底才能停下来。这一天，我们的驼队还算比较顺利地走进了巴丹吉林。

太阳落下的时候，看见了巴丹吉林沙漠深处的巴丹吉林海子，这一天爬沙行程80里。据说巴丹吉林大沙漠里有大大小小360个海子，数据是否准确不得而知。巴丹吉林海子边有一座寺庙，说有近百年的历史。再就是巴丹吉林嘎查的房屋。全嘎查有43户牧民，在嘎查所在地有5户，其余的散居在星罗棋布的大大小小的海子边上。

24日上午，我们和嘎查苏木干部座谈，了解嘎查的发展情况。下午，我们集中慰问了16户牧民，刘晓旺和我分别代表盟委行署和旗委政府向他们发放慰问品。接着召开牧民座谈会，了解牧民的生产方式和生活状况。这里的牧民祖祖辈辈住在大沙漠里，有的老人一辈子都没有走出沙漠，没见过汽车火车长什么样。唯一的交通工具是骆驼，由嘎查组织人员从外面运进来米面等生活必需品，分给牧户。沙漠里的海子周边都长草，羊群和骆驼不缺草。沙漠里的牧民有自己的生产、生活方式。

10月25日，随行的记者们进行采访和摄影活动。我利用中午的时间，独自一人去爬庙海子北面叫萨仁都贵的沙山。我是想从高峰看一看巴丹吉林的沙山风光，不要留下“不识庐山真面目”的遗憾。我用整整一个小时爬上了沙峰，环顾四周，“远近高低各不同”的沙山，像一浪高过一浪的黄海波涛，尽收眼底。我兴奋不已，从高峰上用“傻瓜”相机拍了四周全景。后来，旗展览馆展览过这个从萨仁都贵高峰上环拍的全景照片。要识得巴丹吉林真面目，不是一件容易的事情。几年后的一个夏天，阿右旗下了一场大雨。我惊奇地发现金黄的沙变成了翠绿的山。老牧民说：“千年的草籽，万年的鱼子。”我信了。

巴丹吉林海子边那座历史悠久的小寺庙，原来有多少喇嘛，不知道。听说“文革”以后至少有一个喇嘛，名叫萨木腾，还是大学生（可能是工农兵学员）。据说他的经文水平特别是蒙文经文水平比较高，而且藏有不少蒙文经书。本世纪初，一位喜欢收藏蒙文经书的著名企业家，慕名去阿右旗萨木腾家，要付 300 万买他的蒙文经书，因萨木腾子承父业的儿子不愿意而作罢。这些是关于巴丹吉林的一些往事。10 月 26 日，我们结束了调研慰问活动，离开了巴丹吉林。

我在阿右旗通过深入调研和探索，形成了畜牧业发展的思路：处理好牧区人、畜、草三个核心要素的关系，立足提高牧民生活水平，加强教育培训，提升牧民的综合素质能力；坚持以草定畜、草畜相适，调整畜群结构，推进专业化经营，增加出栏、加速周转，提高畜牧业经济效益；坚持立草为业、抗灾保畜，加强草原建设，因地制宜发展饲草料基地，走建设养畜的路子。1988 年 7 月，我写了《论畜群的专业化经营》一文，旗委办《情况反映》第 11 期刊发，9 月 9 日《内蒙古日报》发表，荣获阿盟纪念党的十一届三中全会 10 周年理论讨论会二等奖。

我在推进阿右旗饲草料基地建设上下了工夫。牧民养畜过日子，饲草料是不可或缺的保障，对于年年干旱的阿右旗来说更是抗灾保畜的基本条件。大集体时期，有些嘎查因地制宜搞了一些饲草料基地。后来，有的废弃了，有的撂荒了，有的产量少、效益低。在实行“畜草双承包”责任制的新形势下，恢复发展饲草料基地，改善经营管理、提高经济效益，是一项很紧迫很重要的工作。我到各苏木镇、各嘎查调研时，查看草场和网围栏，查看大大小小的饲草料基地，了解水源、土地等资源条件，是调查研究的重点。

1986 年 3 月，我去阿拉腾敖包苏木查看巴音塔拉嘎查的围栏打草场、孟根宝力格苏木浩木克嘎查板滩井饲草料基地、雅布赖苏木通沟水库水源地等。1986 年 12 月中旬，我去额日布盖苏木下乡，一一查看敖伦宝力格嘎查饲草料基地、沙布日台嘎查饲草料基地、庙沟水库、乌兰塔塔勒嘎查畜群网围栏和苏布日格嘎查饲草料基地。12 月下旬，去阿拉腾超克苏木、努尔盖苏木，查看阿拉腾超克苏木全部饲草料基地，了解努日盖苏木的陆家井和巴音温都尔苏木的白芨芨两片饲草料基地。1987 年 1 月，我写了《南部四苏木饲草料基地建设刍议》一文，刊发在旗委办《情况反映》第 1 期上。

1986 年 8 月，我和任英超旗长等一起去陈家井饲草料基地调研。陈家深井是我旗南部面积较大、条件较好的饲草料基地，开发耕地 18000 亩，已种植 3000 多亩。我强调，陈家井很有潜力，很有发展前途。需要派专门工作组全面调研，并做出规划，加快开发利用。我旗比较成规模的饲草料基地，南部有陈家井、陆家井，中部将建设板滩井，北部恢复建设额肯苏海，还有一些规模较小的饲草料基地。这些都搞好了，对全旗抗灾保畜、建设养畜可以发挥很大作用。

1987 年 6 月 23 日，我和副旗长金锁以及有关部门、有关苏木镇负责人一起到陈家井饲草料基地召开现场办公会议，解决了该饲草料基地建设中的一系列问题。1987 年 7 月 13 日，我在全盟旗委书记会议的讨论发言中，讲了今后我旗解决牲畜“温饱”、抓储草和牲畜出栏、调整畜群结构、推进畜群专业化经营、合理布局牧民定居点、抓草库和塑料暖棚建设、嘎查干部体制改革试点等工作的思路。刘晓旺对我旗嘎查干部体制改革的做法很重视，要求尽快搞好总结工作。

1986 年 11 月召开的全区旗县委书记会议，要求与会的盟市委书记、旗县委书记都要提交一篇论述本地发展思路的论文。其中被评为好的论文将做大会发言。我撰写了《阿拉善右旗饲草料基地建设初探》的论文，在阿盟团会议上发言受到好评，确定做大会典型发言。11月24日，我在大会上宣读了论文。26日，张曙光书记做会议总结时两次提到阿右旗，给予肯定。《内蒙古日报》和内蒙古党委办公厅的《内蒙古简报》均刊发了这篇文章。

我在几年的实践中意识到，旗委提出的发展思路、举措在面上得到落实的效果往往是事倍功半。这有各级干部和群众的认识水平、素质能力、传统习惯和推进工作的环境条件、协调配合、激励约束等多方面的原因。我的对策是，在面上部署的同时在点上取得经验，而后全面推开，或许能事半功倍。1990年1月10日，我在旗委常委会上说了想法，通过了《关于党政领导建立工作联系点的决定》。

阿拉腾敖包苏木是我的联系点。我决定在联系点上具体指导苏木党委政府结合本苏木实际认真落实旗委关于牧区发展的一系列思路。取得实实在在的成效，及时总结做法和经验，而后在全旗推开。2月16日，我在阿拉腾敖包苏木召开会议，听取苏木党委政府汇报，讲了联系点的工作。我部署的重点工作是：抓牧户基本建设，推进建设养畜；抓额肯苏海饲草料基地恢复，为抗灾保畜提供饲草料；抓科学养畜，划分草场，改良品种，建设白绒山羊基地；抓基础教育，培训牧业技术员、家庭技术员，推动小学教育改革；抓党的建设，加强嘎查党支部工作，开展党员培训；抓精神文明建设，加强牧区思想政治工作；抓苏木经济发展战略实施方案；等等。

1990年3月底，我去联系点阿拉腾敖包苏木下乡走了8天。先是参加苏木的两级干部会议，帮助苏木制定了嘎查目标管理责任制，对全苏木贫困户进行分类排队，决定采取党员干部联系的方式进行扶贫。会后，我去查看拜兴高勒打草场和额肯苏海饲草料基地恢复建设情况，去两个嘎查支部书记家进行交流。

1990年1月，我曾专门去额肯苏海饲草料基地做过调研。额肯苏海是学大寨时期办起来的饲草料基地，包畜到户时成为废墟。现在只住两户人家，种40亩地。但8眼机井仍然完好无损。此地有捡起来的价值，推动建设养畜的今天，额肯苏海可以再发挥其作用。恢复发展额肯苏海饲草料基地，将是我此时抓联系点工作的一项重要内容。我给苏木领导部署了恢复建设的具体任务。

1990 年 4 月，我在办公室接到阿拉腾敖包苏木达夏日夫的电话说，额肯苏海饲草料基地正值种树、备耕大忙，请求旗里支援 15 个劳动力。我放下电话，立即联系金锁旗长商定抽人，而后回复达夏日夫，前后不过十几分钟。领导就是服务，服务就要及时；兵贵神速，不误农时。我觉得，只要因地制宜、思路对头、高度重视、协调推进，牧区饲草料基地可以搞上去。1990 年 11 月，我再去额肯苏海饲草料基地查看，经核算，当年恢复林地 45 亩，种植饲料 344 亩，产饲草料 32 万斤，亩产 935 斤，每亩毛收入 108 元，成本 51 元。恢复额肯苏海饲草料基地第一年，产量和收入出乎我的预料。

1990 年 7 月 1 日至 4 日，我在联系点阿拉腾敖包苏木，指导苏木党委政府建立“阿拉腾敖包苏木业余党校（牧民文化技术学校）”，亲自为这个学校写了章程。这是加强党员教育、提高牧民综合素质的重要措施。7 月 3 日，苏木业余党校开学，第一期学员是 30 多个牧民党员。我在开学典礼上强调，苏木业余党校是盟旗党校的补充和延伸，要体现多功能性，办出自己的特点；立足于提高党员素质，着眼于培养牧区人才，服务于牧区发展；坚持因地制宜、量力而行、稳步发展、注重实效。

我给苏木业余党校上了第一课，宣讲了党的十三届六中全会精神。阿盟党校校长图门、盟委宣传部副部长李成云、盟报社副社长赞德来等参加了苏木业余党校的开学典礼。他们说这个业余党校是全盟第一家。7 月 25 日，苏木牧民文化技术学校开学，第一期有 30 多个牧民参加学习，其中有 2 名高中生、9 名初中生，其余为小学文化程度。我讲第一课。盟科协副主席吴德宁前来参加，还资助 500 元，盟畜牧局发来贺电，资助 200 元。

1990 年 5 月，我参加了联系点阿拉腾敖包苏木两个嘎查建立“青妇兵之家”活动。我和青年们一起唱歌跳舞交流，给大家独唱两首歌，会场的氛围顿时活跃起来。其间，我深入 30 多户牧民家，帮助牧民剪羊绒、砌羊圈、饮骆驼。特别是了解扶贫情况，面对面教育开导两个懒汉贫困户，要求他们自食其力。我觉得扶贫不仅仅是解决温饱，而是要改变人的思想和精神面貌。几天时间，我感到同牧民群众的距离更近了，关系更密切了。

5月31日，我到阿拉腾敖包苏木萤石矿看望参加采矿劳动的牧民们。9个牧民在这里已经干了十来天，采矿30多吨。这些牧民中好些是懒汉，没想到他们能坚持下来，信心还挺足，让我特别高兴。我和牧民一起劳动，晚上在采矿牧民住的帐篷里和他们聊到10点多。我摸着他们一双双粗糙的手，他们祖祖辈辈不曾干过这样的活儿。我鼓励他们，肯定他们，要求他们坚持下去，千万注意安全。

1990年7月中旬，我带领旗乌兰牧骑去雅布赖苏木新井嘎查，为石油物探2153队送上一面写着“汗洒大漠，为国探宝”的锦旗，并慰问演出。接着赶到阿拉腾敖包苏木的阿日格楞太嘎查，为参加牧民大会的牧民演出文艺节目。晚上赶到阿拉腾敖包苏木萤石矿，为采矿的牧民们演节目。队员们演得有劲头，牧民们看得有兴趣。之前，我曾承诺带乌兰牧骑来慰问在萤石矿上就业的贫困牧民，今日兑现了我的承诺。我带领旗乌兰牧骑在基层慰问演出过程中，觉得乌兰牧骑的演出效果和队员们的精神状态总体上很好。同时，对旗乌兰牧骑建设提出以下要求：

> 1.队伍要精干。队员控制在15人以内，力求一专多能，适应阿右旗群众文化生活的需要。2.作风要过硬。坚持长年累月深入牧区演出，特别是抓住年度牧民大会和各种培训会等牧民集中的活动进行演出。乌兰牧骑要以下基层为天职，做到召之即来、来之能演、演之精彩。3.不求多而全。特别是乐器，现有多少利用多少，会多少用多少，逐步有所提高。4.不图虚名。不必强求在调演、比赛争名次，而以牧民喜闻乐见为荣。不图外有名气，而图牧民喜欢。总之，要成为名副其实的阿右旗乌兰牧骑，要有阿右旗特色，乌兰牧骑的出路在这里。

仅仅半年时间，我去联系点阿拉腾敖包8次，在联系点工作32天，同时，在全旗跑面深入基层27天。我抓联系点工作的目的和做法，都有一些新意，并取得初步成绩。

1990 年 12 月 12 日盟委发的《印发〈盟委、行署听取全盟贯彻六中全会决定和重点工作检查情况汇报会议纪要〉的通知》中说："会议认为，一九九〇年是团结、建设、奋进的一年。全盟政治稳定、社会安定、民族团结、边境安宁，促进了各项经济建设事业的发展。特别是阿右旗委、政府，一年来工作扎实、成效显著，在实施《战略》、下派干部、基础建设等诸多方面先行一步，走到了各旗的前列，很值得大家学习借鉴。"

第三节　用新办法解决老问题

我在阿右旗工作期间推行的第一项改革是嘎查干部体制改革。当时，实行“畜草双承包”责任制以后，一家一户的生产经营方式，要求嘎查为牧户提供服务的事情更多了。虽然所有嘎查都有党支部书记、嘎查达和会计，有的嘎查还有副嘎查达，但是多数嘎查干部年龄偏高、文化偏低、能力较弱，在抗灾保畜中他们连自家的事都忙不过来，更没有工夫帮助别的牧户。同时，按制度规定，嘎查干部从集体提留中领取一定数量的报酬，人均每年900元左右。全旗44个嘎查一年支出13万多元，牧民户均负担50多元。

针对这些情况，我推进改革的思路是：减少人员，减轻牧民负担，取消嘎查会计，建立苏木经营管理服务站，统一代管嘎查财务，可减轻牧民经济负担一半以上；增加力量，提升整体素质，苏木和旗下派素质能力较好的行政干部担任嘎查党支部书记，为其设定目标任务，加强嘎查工作，为牧民搞好服务；征求意见，先搞试点，总结经验，逐步推开。

1986年8月，我写了《关于嘎查干部体制改革的设想》一文，刊发于阿右旗《情况反映》第7期，后经旗委研究转为旗委文件。内蒙古党委办公厅的《综合通报》1987年第129期以《阿拉善右旗推行嘎查干部新体制》为题刊发，称“阿右旗旗委、政府自1986年开始，在8个苏木镇进行了嘎查干部体制改革的试点工作”。

公开选拔阿右旗苏木镇企业局局长，是我旗第一次在干部选拔任用工作中引入竞争机制，是阿右旗干部工作的一项改革。当时，旗政府需要配备苏木镇企业局局长。这个职位不是什么热门职位，但需要一定的专业知识和能力。我觉得这是推动干部制度改革的一个契机。我向任英超旗长建议可不可以搞竞争上岗。他同意我的想法。我认真修改了竞争上岗的办法。

1988 年 4 月，旗委研究决定在选用干部工作中引入竞争机制，通过竞争聘用方式公开选拔旗政府苏木镇企业局局长。有 7 名应聘者提交了担任苏木镇企业局局长的设想方案书，我认真审阅应聘者的设想方案书。经过无记名投票推荐，将前三位提交旗委常委会研究。最终，有大学学历的现任旗政府办公室副主任宿万德被聘为苏木镇企业局局长。人们认为，这样公开选拔干部是阿右旗干部制度改革的大胆尝试。

当时，阿右旗推进干部人事管理改革的另一项措施是实行“两公开一监督”制度。1988 年 7 月，在旗委常委民主生活会上，我针对征求的意见，决定推行“两公开一监督”制度，用制度解决扩编单位人员调动、年终招工等的棘手问题，要求政府起草相关规定。1988 年 12 月 22 日，在阿右旗历史上第一次通过“两公开一监督”原则进行招工考试，改变了以往乱哄哄的局面。任英超也过问此事，采取了一些具体措施。他说今年的考试秩序井然。

1989 年 1 月 12 日，分管人事工作的领导来汇报工作，说手头还各有十来个指标，问我有没有要招工或转干的人。我毫不客气地说，现在是“两公开一监督”，再不能搞特殊照顾、个别解决，招工、转干必须公开。我要求他加强学习，增强原则性、政策性，提高认识，跟上形势。社会上对不顾上级规定从基层和外地随意调动干部问题，有反映、有意见。他却说，管人事难处大，请你保护我。

1989 年 4 月，旗委常委会讨论通过了旗政府提交的人事管理和户籍管理暂行规定。我说，我们坚持为政清廉，一点都不怕公开，因为我们没有丝毫的私心杂念和个人利益掺杂在里面。1989 年 8 月，在旗委常委民主生活会上，要求旗外调人、城镇户口管理、技术职称评定等问题，都要按“两公开一监督”制度办理。对新提拔的年轻干部、转干人员，实行先下基层接受锻炼的制度。

用新办法解决老问题，有了好的开头，尝到了甜头，喜悦涌上心头。

我在1988年9月3日的日记中写道：

> 初秋，正是花棒花盛开的季节。旗委大院里的花棒花正在争芳斗艳。那碎小的，但极浓郁的粉红色的花，似火、似酒、似情！好像一堆堆篝火在燃烧，好像一瓶瓶醇香的烈酒在散发芬芳，好像那情人的眼睛在久久注视着你……这无垠戈壁的骄傲，你更勇敢、更自由、更繁茂地盛开吧！

1990年4月13日，旗委常委会通过《旗直党政机关下派干部工作制度》，研究下派旗直机关干部去基层任职，李永胜等27名干部任各苏木镇嘎查党支部副书记。这是我抓党政领导建立工作联系点制度以后，下派机关干部到基层，加强牧区基层工作的又一项具体措施，在全盟先行一步。1990年4月18日，在旗党校举办的下派干部培训班上，我和旗长任英超、旗委副书记乌力吉图、旗人大主任孟和那仁分别讲话。我讲了为什么下派干部、基层欢迎什么样的干部、下基层做哪些工作准备等三个方面的问题。

1989年3月至4月，我在中泉子化工厂蹲点半个月。这个以芒硝为原料生产硫化碱、元明粉等产品的厂子，是我旗国有骨干企业，也是第一个引入竞争机制、实行承包经营的企业。一年多来，化工厂经过艰难的改革，实现了“两权分离”、政企分开，建立了自主经营、自负盈亏、独立核算的经营管理系统。厂与各车间实行内部承包，形成了生产有发展、效益有提高的局面。

同时，改革还需要深化，虽然解决了企业吃国家大锅饭的问题，但工人吃企业大锅饭的问题还没有解决；思想政治工作薄弱，制度不健全，纪律松弛，管理混乱；硫化碱生产仍然不很正常；企业负债重，压力大；等等。我去中泉子化工厂蹲点的目的就是帮助企业深化内部改革，解决面临的困难和问题。

我到各车间详细了解生产情况，掌握第一手资料；同厂领导和职工一起学习企业法及中央有关文件，提高思想认识；针对存在的问题，提出深化企业内部改革的思路。我和厂领导共同探讨深化企业内部改革的路子，形成共识：推行“厂内银行”制度，从改革企业财务管理制度入手，效仿国家银行对企业的一套管理办法，通过划小核算单位，在各车间、科室建立模拟法人，借助银行的监督、控制、停贷、结算机制落实内部承包制，使厂内供领制变为等价交换关系，与每个人的利益挂上钩。挖潜力、搞革新、提效益，杜绝“跑、冒、滴、漏”；搞好技术革新和技术改造，引进固体硫化碱生产技术，在探硝、采硝上搞技术革新，解决劳动力短缺，降低劳动强度。加强制度建设，实行管理层学习制度、职工教育培训制度、工资效益挂钩制度、用工制度等，并概括培树中泉子化工厂企业精神。随后，我写了《中泉子化工厂蹲点报告》。

1988 年 4 月，我带领旗委政府有关部门负责人去旗所在地额肯呼都格镇范围内的 2 个国营煤矿、7 个乡镇企业煤矿调研。在调研座谈会上，我提出以下几点意见：一、各煤矿都有安排牧区转移劳动力的潜力。牧民不愿意或者害怕下井是可以理解的，其实也有少数牧民下井干活的。可以安排牧民在地面上干活，如各矿的保管、出纳、炊事员、绞车工、井口工、装卸工等，经过基本技能培训以后就可以上岗。每个矿在地面上可以安排15—20 人，总计能安排 150 人。二、在矿区可以办第三产业，如浴池、小卖部、食堂等，可以安排部分劳动力就业。三、安排牧区劳动力转移就业，真正办起来肯定有不少困难，但是，只要高度重视，真正当一回事，就可以组织实施。这几项工作，关系牧民群众的切身利益，关系企业的发展，乡镇企业局要主抓，畜牧局、劳动服务公司要配合，必要时旗政府可以建立专门班子来协调推动。我感到，只要立足于牧民群众的根本利益，深入调研，认真思考，拓宽思路，就有办法解决问题。

1988 年 6 月，我主持召开旗委常委会，决定成立旗级几大班子领导参加的三个指挥部，分别由旗政府分管领导担任指挥，分头抓畜牧业、工矿业和引水三条战线的工作。实现旗级几大班子同演一台戏，充分发挥几大班子成员的作用，为加快振兴阿右旗贡献力量。

1989 年 2 月 24 日，旗委常委会决定在全旗实行物质文明和精神文明

“双文明建设目标管理责任制”，我旗率先在全盟推行“双文明建设目标管理责任制”。为了促进政府部门推行“双文明建设目标管理责任制”，我向任英超旗长建议召开科局长会议安排双文明建设责任制，我在会上讲了推行“双文明建设目标管理责任制”的重大意义和具体办法。

1989年3月10日，第一次来阿右旗考察工作的盟委书记巴士杰听取旗委汇报后说，阿右旗旗委政府做了大量工作，在这样困难的条件下把工作搞到这个程度，很不容易，特别是你们的“双文明建设目标责任制”搞得很好。

盟委书记巴士杰（左一）和作者

我在阿右旗工作期间所做的一项具有全局性、长远性意义的事情是谋划制定了《阿拉善右旗经济社会发展战略（1987—2000年）》（以下简称《战略》）。这是阿右旗历史上第一个战略规划，内容包括指导思想和方针、目标、措施三个部分。我担任发展战略编委会主任，1989年11月拿出初稿上报、下发征求意见。1990年4月，负责联系阿右旗的盟行署副盟长武功说，阿右旗的工作有预见性、见识早、行动快。1990 年 8 月，盟行署副盟长武功主持召开盟行署办公会议，专门讨论审核修改阿右旗的《战略》。大家认为，在短短几个月里，阿右旗搞出这样的发展战略，行动快，应予肯定，应以此促进其他两个旗。

1990 年 12 月 5 日至 6 日，盟行署召开阿右旗《战略》研讨会，盟委、行署在家领导乌伦赛、黄阿拉腾别立格、王尚罗、周粒公、武功、那木、道尔吉以及兄弟旗镇的领导、盟直有关部门领导、专家、技术人员七十多人参加。5 日早晨，盟委巴士杰书记临赴呼市前特意来到会场。评委会对《战略》给予充分肯定，盟委行署领导乌伦赛、王尚罗、锡林、卜和、周粒公分别讲话，给《战略》以很好的评价，对我旗工作给予很高的评价。王尚罗在讲话中说，阿右旗旗委、政府有顽强拼搏的进取精神、严肃认真的科学精神、脚踏实地的务实精神。

第四节　不吃别人的饭就没有饭

廉洁自律是我对自己的一贯要求。盟委派我到阿右旗工作，廉洁从政、严格自律是我坚定的决心。我提醒自己，坚决不能在清正廉洁上犯错误。俗话说："吃人的嘴短，拿人的手短。"我在阿右旗一定要做到请客不去、送礼不收。要做到这两点，那就是不管什么人请客，一概不去；不管大小礼物，一概不收。但我很快发现，不收礼，没问题；不去别人家吃饭，却做不到了。

1986年春节，是我当旗委书记的第一个春节。我在巴彦浩特家里过了年，初五晚上就赶回阿右旗。进了办公室——也是我的宿舍，我给旗委办公室主任许玉科打电话说，我回来了，请你让炊事员给我做一点饭。许玉科难为情地说，今晚先来我家吃吧，我们这里招待所的炊事员过了正月十五才上班呢。我意识到，这会儿不是别人请我吃饭，而是我请求别人给我吃饭了。我说，那就麻烦你给我煮点挂面吧。到许玉科家里边吃挂面边聊天，我才想起来，原先的书记、旗长都是当地人，也就没有设机关食堂，从自治区机关下派挂职的两个副旗长在旗招待所食堂吃饭。现在有了外来的书记、旗长，也没有必要增加开支办机关食堂，正月十五以前也只能将就了。

我的办公室在旗委大院的平房里。那时候，旗所在地额肯呼都格镇里只有两三座三四层的楼房，不是企业就是商店，其余的包括旗招待所也都是平房。我的办公室是旗委原书记的单间办公室，我用时既没有粉刷，也没有更换设备。一张办公桌、一把椅子、几个沙发、一个文件柜等原封不动。冬天放一个烧煤取暖的小铁炉子。增加了一张铁床，成为办公室兼宿舍。1990 年上半年，在阿盟民中念初一的儿子乌特哈来到我身边，在阿右旗蒙中初一念了一个学期。其间，儿子就跟我一起睡在这张铁床上。这间房子、这些设备对我来说是七年一贯制，始终没有变化。

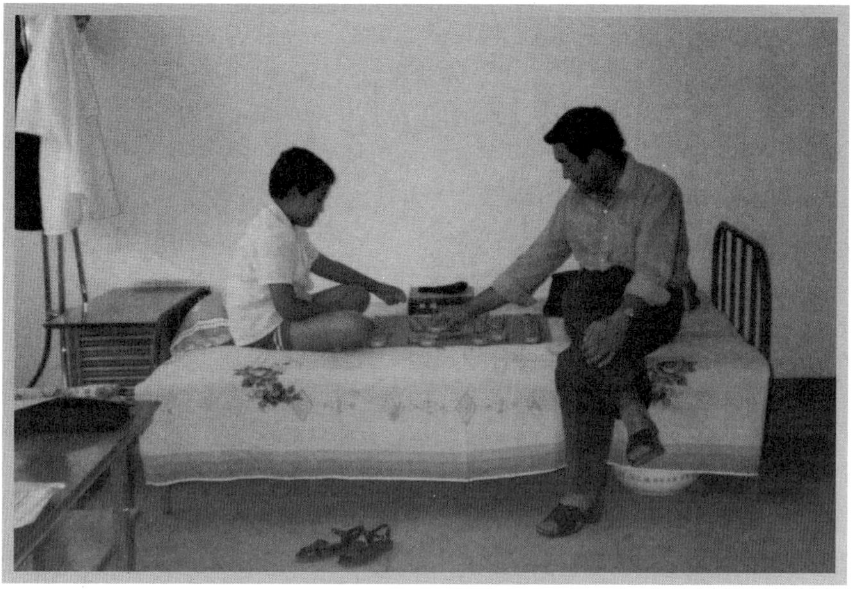

乌特哈在阿右旗上学期间，作者和儿子睡在一张床上

我下乡或外出用的车是旗委原书记坐的旧“212”吉普车。后来，在我不知情的情况下，盟里给我配备了一辆“切诺基”吉普车。知道这件事之后，我立刻意识到这个“切诺基”我不能坐。当时在阿右旗不要说进口车，就是这种“切诺基”也没有。如果我坐了“切诺基”，全旗的眼睛就会聚焦到这辆车上，我会脱离班子其他领导和广大干部群众。

我给盟里打电话说明我的理由，请求盟里把这辆“切诺基”换成四辆“拉达”车，旗四大班子各有一辆，就平衡了。当时，“切诺基”7 万元，“拉达”2 万多一点，增加万八千的事。盟里有人说，好心当作驴肝肺，不过最终还是同意了我的意见。我们第一次坐上了两开门的苏联造“拉达”车，不同的是坐后排的人得先上车，坐前面的才能上车。

有一年夏天，旗委办公室要给书记们换新沙发、买电风扇。我知道了立即加以制止，我说，旧沙发都能用，还是继续用，个别坏了的修一修就可以了。夏天天热也热不了几天，不用花钱了。我每天去吃饭的旗招待所食堂离旗委大院有六七百米远，一天三顿饭，我骑一辆旧自行车去吃饭。办公室嫌旧自行车经常出毛病，给我买了一辆新自行车。我给办公室主任做工作，退掉了新自行车。我下乡调研，总是轻车简从，一辆车上一名工作人员、一名科局负责人，从来不给基层打招呼，走到哪里住到哪里。

1986 年 7 月，我来阿右旗工作一年以后，盟委刘晓旺书记来阿右旗调研。刘晓旺和旗几大班子领导成员谈话以后对我说，大家对你的工作总体上是肯定的，也有一些人说你性情急躁、爱冲动、爱发脾气，还不谦虚。你今后要注意这些问题，努力克服掉。我表态说，这些问题确实存在，事后自己也意识到了，我完全接受，下决心克服。我把态度表明了，决心也下了，但真正改掉可不是那么容易的事。

1991 年 4 月 12 日，我叫来旗公安局局长，批评他平时喝酒耽误事。我万万没想到他当即说，我不接受。听到这四个字，我一下子就火冒三丈，用笔记本拍桌子，并大声斥责说，我在阿右旗工作七年来还没有人对我说过“不接受”，你走吧，我对你再没有什么话可说了！我的心在剧烈地跳，感到憋气。见此状况，局长赔着笑脸向我道歉，随后我们俩就正常地谈话了。

但此时我的心思已经不在批评公安局长上，而是想自己为什么这样急躁、冲动？因为工作中的一些问题，有的甚至不是什么重要的问题，我也对干部特别是对身边工作人员发脾气，这已经不是个别现象了。过后我很后悔，明明知道没有必要这样，所有问题都可以心平气和地解决，但不如意时却不能控制自己，搞得别人和自己都不愉快。我非常自责，甚至苦恼。

不过，我往往又给自己找到理由，认为自己发脾气完全是从搞好工作出发，个人之间没有什么成见，更不是为了自己；挨训对被训者是一个教训，留下印象，对他的成长有好处；等等。有了这样的歪理，我的毛病一直没有改彻底。我急躁、冲动、发脾气，居高临下训斥人的恶劣脾气，伤人感情，使对方难以接受，产生抵触情绪。这样，在很大程度上损害了自己的形象，降低了自己的威信，影响到我的亲和力、感召力、影响力和带动力。

事后反思，我的失误在于不能平等对待别人。为什么对别人的一句“不接受”有那样强烈的反应呢？根子是自己当了领导，翘了尾巴，不能正确地认识自己、客观地对待别人。总是把自己当尺子衡量他人，归结到一点，就是唯我独尊、唯我正确的思想在作怪。这是我致命的弱点，我必须时时警惕，事事谨慎，努力改，不断改，直至改掉为止。

1989 年到 1990 年，我多次带头参加旗直机关党员别开生面的党组织生活——义务劳动。第一次是参加旗所在地清挖排水沟劳动。党员清挖排水沟，节约财政开支，这是任英超旗长提出来的建议。我当即表示支持，并布置机关党委书记着手组织，有 400 多党员参加，效果很好。第二次是机关干部参加填埋镇里的供水管沟的劳动。我觉得这正是列宁所倡导的星期六义务劳动，大家都干得很起劲。同志们几次劝我休息一下，我仍然卖劲干，浑身出汗，觉得很舒服。1990 年 4 月，我和干部们一起参加开挖管沟的集体义务劳动，带头完成每人三米的任务。

1991 年 7 月 1 日晚上，在阿右旗体育场进行“七一”歌咏比赛公演，有 11 支合唱队演出。最后，11 支合唱队和观众同唱《没有共产党就没有新中国》，由我打拍指挥。11 支合唱队有 400 人，加上观众，这是在阿右旗前所未有的大合唱，我也担任从未有过的大合唱指挥。指挥几千人的大合唱，我感到热血沸腾，浑身上下有使不完的劲儿。

1988 年 8 月，盟委秘书长王尚罗一行来我旗检查工作。他在评价阿右旗工作时说，总的印象是，经济建设路子清晰，领导得力，工作求实，富有成效；改革意识强，事业心、责任心强，走上步看下步，在发展中不断探索，探索中不断总结；成立三个指挥部，几大班子成员齐心协力抓经济建设的做法有特色，抓在点子上；以改革总揽全局的思想较清晰，如牧区、城镇两方面的改革。王尚罗提出三点建议：1. 解放思想、更新观念，用足政策、敢于变通，以发展生产力为标准。2. 地上地下一起抓，搞清资源，确定项目，锲而不舍。3. 一鼓作气，气可鼓而不可泄。王尚罗对我旗工作做了中肯的评价，提出的建议是高度概括，针对性强。

1988 年 10 月，自治区党委常委、政府副主席文精一行来到阿右旗。我汇报阿右旗三项近期奋斗目标、战略措施和在政治体制改革方面的一些探索。任英超汇报政府半年来的工作。文精说，这次是路过，来看看大家，你们在沙漠深处艰苦奋斗，很不容易。搞发展规划要从实际出发，阿拉善发展的制约因素，一个是水，一个是交通，因此要实实在在，能干什么就干什么。

文精说，发展牧区的教育，主要是培养初、中级人才，办好职业教育，没有一技之长不行。我们这里高级人才留不住、用不上，要定向培养。抓经济工作，牧业是基础，不能丢；不办工业也不行，办工业要由小到大，国家不可能给多少投资。畜牧业有大的发展也不可能，因为受水草条件的限制。主要在品种改良、质量提高、周转加快上想办法。办工业要从资源优势上考虑。现在的项目要千方百计保住，不要搞得太多。关于发展旗县经济，自治区提出这个口号是想让旗县有相对的独立性、有自主权，可以自求生存，自求发展。各有各的实际，各打各的优势仗嘛。在政治体制改革上，你们几大班子以经济建设为中心共同干的办法好，不要分得那么清楚。我们的特点是面积大、人口少、困难多、条件差。大家要共同把阿右旗建设好。我觉得，文精从四个方面讲得很实在，也很具体，思路很清晰，完全符合阿右旗的实际。

我到阿右旗工作，一开始不想来，无奈刘晓旺提出“君子协定”，也就来了。既然来了就全力以赴干好工作。不想，有的人接连给我下马威，企图赶我走。从那时起，我憋着一股劲，你赶我走，我偏不走，完不成盟委交给我的扭转阿右旗局面的任务，我就不离开阿右旗。

1988 年 7 月，刘晓旺对我说，你可能要调回自治区。如果兑现当初咱俩的君子协定，把你从右旗调回来也可以，但从工作出发，从你的前途出发，还是劝你在右旗干下去。现在右旗各方面关系理顺了，正是干事的时候，右旗的人也怕你走。刚开始你想干也干不成，以后的发展就看你干得怎么样了。我说，谢谢您还记得君子协定，您现在让我回盟里，我也不回去，我要继续在阿右旗干下去。

1988 年 8 月，自治区党委考核旗县党政一把手，考核组来到阿右旗。带队的是自治区党委组织部副部长杜松林。考核结束前，杜松林部长和我谈话时说，大家在谈话中说你和任英超工作不错，对你们都有一个公正的评价。原先阿右旗派性严重，现在扭转了，安定团结了。这要很好地总结一下，到底是什么问题，是不是还是用干部的问题。我说，其实是极少数几个人在折腾，我们采取的是思想教育和组织调整相结合的措施。杜部长对此表示赞同和支持，说团结建设的方针很重要。

1988 年 9 月 3 日，刘晓旺在电话里对我说，我向你透露一下，自治区考核组对你评价很高，阿右旗对你的反映很好，你和任英超都是优秀。阿右旗方面要求稳定一段日子，那里怕你们走。你们现在已经打好基础了，眼睛要往远看，要克服眼前的困难，年轻的时候多干点儿事业。1989 年 3 月，为盟政协换届考核干部而来的自治区党委组织部副部长韩佃清和我谈话时说，你们工作搞得很好，大家都说你在改革方面有许多新方法。

1988 年 12 月，我回顾过去一年的工作，总的看，以改革为统领，各行各业、各条战线的工作取得了显著成绩。首先，实现三项近期奋斗目标起步成效明显。牧民人均收入、饲草料产量、地方财政收入三项指标均达到全旗历史最高水平。其次，人心归拢。春天的党政班子考核结果及平时工作中都能感受到，开始形成政通人和的局面。

1989 年 11 月 14 日，我参加旗委办公室党支部的民主生活会，党员们对我的工作进行评议。庞保福说，“6·4”暴乱期间我旗很稳定，这是这几年布书记不断加强思想政治工作的结果。李伟说，布书记贯彻上级党委的指示精神，抓得很紧很及时。蔡健虎说，布书记对阿右旗的事业高度负责，亲自动手写文章指导工作。乌力吉图（副书记）说，布书记入党和当领导的时间都不是很长，但提高得很快，在中青年干部中是提高最快的，原因是他对学习抓得很紧。章鸿均说，阿右旗的事情历来难弄，但这几年抓得很好。徐永志说，全旗安定团结，经济发展，公路通了，自动电话通了，引水也将要通，饲草料基地发展快。这些都是因为布书记领导旗委决策得好，布书记经常动脑动笔，结合实际贯彻上级精神有重点。石宝书说，布书记是一身正气，两袖清风。纳日苏（副书记）说，布书记配备干部慎重，班子整体素质好；他不仅自己学习，而且对常委中心组学习和干部党员的学习抓得最多、抓得最紧，效果也好；布书记个性很强，想办的事一定想办法办到。乌力吉图（副书记）说，布书记性情急躁，爱发脾气。石宝书说，希望领导多到干部家中坐坐，不要深居简出、孤陋寡闻。共 15 人发言，都认为我是优秀的共产党员，优秀的领导干部。

1989 年 6 月，盟委组织部通知说，我被评为全区优秀党务工作者。1990 年 6 月，由自治区党委原常委、宣传部长乌恩带队的考核班子工作组到阿右旗考核。6 月下旬，盟委巴士杰书记在电话中对我说，自治区考核组对三旗班子的考核结果，阿右旗旗委、政府班子是优秀班子，阿左旗也是优秀班子，额济纳旗是较好班子。阿右旗和阿左旗比，工作难度更大一些，条件更差一些。

1990 年 11 月，自治区党委组织部盟市干部处一行来阿右旗考核。考核组领导对我说，对你的工作要充分肯定，而且高度评价。你们的工作做得很好，阿右旗在全区各旗县中自然条件是最差的一个，搞到这个程度不容易，经过几年把原来的局势扭转过来了。1991 年 7 月上旬，自治区党委组织部干部处的任秀荣来阿右旗考核我。考核结束时对我说，考核结果都认为你各方面都很好，意见一致。不足方面是说你到各单位联系群众不够，自己坐在那里学习或思考问题。在少数民族干部里，像你这样的少，不是吃民族干部照顾饭，而是同汉族干部放在一起竞争也胜一筹。

那些年，盟委行署对三个旗每年工作的考核激励办法是，每年颁发全盟经济文化建设综合奖——金驼、银驼、铜驼三个等次。1986 年 4 月，在全盟计划工作会议闭幕会上，我代表阿右旗上台领取 1985 年度政绩考核的“铜驼”奖。在仅有的三个旗中得铜驼奖，其实就是得了倒数第一“奖”。散会后有人对我说，我们在下面议论布书记抱着别人“制作”的铜骆驼，不知有何感想。

1988 年度，阿右旗目标管理分数第一，1989 年没有颁发一等奖。1990 年 2 月，全盟旗委书记、旗长会议，阿右旗得一等奖。1991 年 3 月，全盟旗委书记、旗长会议，阿右旗获一等金驼奖。由于阿右旗连续三年获一等奖，金驼永久留给阿右旗。我离开阿右旗时，金驼在我的办公桌上。

三连冠的金驼奖放在作者的办公桌上

我离开阿右旗前，特地上街买了两瓶汾酒和两盒红塔山烟，同旗招待所食堂的大师傅们共进晚餐，给他们敬酒，感谢他们这些年来对我的悉心照顾。我代表我爱人给大家敬酒表示感谢。他们异口同声地称赞我爱人，说嫂子一来就下厨房，帮忙做饭，能和我们打成一片；等等。我和大家合影留念。旗里的领导给我送一本厚厚的《马克思主义思想宝库》的书，扉页上写着“职位虽变，政绩永存。布书记分别留念”。我觉得这是送给我的最好的礼物。

1991 年 7 月 20 日，盟委副书记黄阿拉腾别立格在阿右旗领导干部大会上宣布盟委关于调整旗委班子的决定。我做了《七年的回顾》的临别讲话。

七年前的 7 月，刘晓旺带我来到这里。想到当初，我特别感激刘晓旺对我的信任和期待。他曾经鼓励我说，坚持在干中学、学着干，谁也不是先学会了当旗委书记再去当旗委书记的，在实践中闯吧。我就是凭着刘晓旺对我的信任和期待，“干中学、学着干”过来的。之前，不要说旗委书记，就是嘎查书记我也没当过。而刘晓旺敢用我，这是什么样的魄力！

当然，刘晓旺在任用我之前，全面了解了我的人品、素质和能力，特别是我回阿盟工作和在内蒙古师大学习的经历。但是，刘晓旺没有见过我，没有跟我交往过。我知道，他任用我，完全是从工作出发的。从这个意义上说，刘晓旺是苏德保扎木苏盟长之后的又一个“不常有”的伯乐。虽然我不是什么千里马，至多是一峰负重前行的骆驼……

几天来，我想得很多，心情很激动。在那天晚间的欢送会上，不会喝酒的我几杯酒下肚就醉了。我向大家敬酒，并朗诵了自己写的诗：

回顾走过的路，
光阴似水流。
为党为民七春秋，
今饮欢送酒。
情，酒一样浓，
心，火一样热。
依依惜别同志情，
千里若比邻。

从办公室主任到通信员，从司机到门卫，从秘书到打字员，从会计总务到拉煤烧水的，我对他们一一抒发自己的感想，表达自己的谢意。好些人哭了。接着，谁给我敬酒我都喝，我给谁敬几杯谁就喝几杯，大家哭，我也哭。这是我在阿右旗第二次流泪，但是两次流泪意义完全不同。我说，七年里就这么一次，我要和大家喝好。旗委、政府的领导们抢我的酒杯替我喝。我知道，今晚的敬酒来势太快太猛，容不得斟酌，我只是想着就这一次了，不要辜负了大家的深情厚谊。

1991年7月21日清晨，我朝着贺兰山方向，迎着万道霞光，疾驰而去。我回首极目远眺绵延无边的巴丹吉林沙漠、陡立的额日布盖山脉、阿拉腾超克山脉和雅布赖山脉。阿右旗成立于1961年，我是第7任书记，而且是任职时间最长的书记。在两千多个日日夜夜里，我跑遍了这里的沙漠山川，和这里的两万多干部群众同甘共苦。这里的一草一木，这里人们的音容笑貌，都给我留下难忘的印象。这里的一切经历对我的一生弥足珍贵。再见了，我的阿拉善右旗！

第五章

回到阿拉善盟委

第一节　在最高学府学习

1991 年 7 月，我从阿拉善右旗调回盟里。紧接着，我被选派到中央党校学习，这是我没有想到的。在基层摸爬滚打七年以后，有机会在最高学府深造一年，真是难得。进中央党校学习不久，我被自治区党委提拔为阿拉善盟盟委委员。这对我来说，既是喜上加喜，又是很大的鼓励和鞭策。

1991 年 9 月至 1992 年 7 月，我在中央党校中青年领导干部培训班学习了一年。中央党校关于 1991 年秋季干部培训的通知明确要求，各省区市要选派优秀县委书记参加 1991 年度秋季一年制中青年领导干部培训班。我在阿拉善右旗工作期间，1988 年、1990 年都被评为优秀旗委书记，1989 年被评为全区优秀党务工作者。于是内蒙古党委组织部选派我去中央党校学习。这一期，内蒙古派 4 名干部到中央党校一年制中青年领导干部培训班学习。除了我，还有周秉建、王国盛等。周秉建是“文革”中插队到内蒙古锡林郭勒盟阿巴嘎旗的北京知青，是周总理的侄女。她说总理是老大，她父亲是老三。王国盛是内蒙古政府审计厅厅长。

9 月 1 日，我到中央党校报到。2 日上午，中央党校举行 1991 年秋季开学典礼。中央政治局常委、中央党校校长乔石主持会议并讲话，常务副校长薛驹也讲了话，中央有关部门负责同志吕枫、陈作林、徐惟诚、郑科扬、曾庆红等人在主席台就座。这是我第一次见到中央领导。

开学以后，我被编入中青年领导干部培训部六支部三小组。22 日是中秋节，培训部六支部的 26 人一起搞联欢活动。六支部的支部书记是郑州市副市长张以祥。联欢会上，他要求学员都用一分钟时间，把自己和自己所在地区很有特点地介绍给大家，超过时间的或没有特点的罚酒一杯。轮到我介绍时我说：我来自内蒙古自治区阿拉善盟，在内蒙古的最西部，素有“骆驼之乡”之称，全国骆驼的三分之一、内蒙古骆驼的三分之二在阿拉善。骆驼又有“沙漠之舟”的美称，阿拉善又是沙漠之乡，世界第三大沙漠——巴丹吉林就在阿拉善。我是来自沙漠之乡、骆驼之乡的布和朝鲁，蒙古族，我的名字翻译过来是坚硬的石头。大家对阿拉善的骆驼和沙漠感到惊奇，又为我名字的意思而大笑，我没有被罚酒。

1991 年秋，作者在中共中央党校

1991 年秋季，中共中央党校一年制中青年领导干部培训班第一学期开设的主课是马克思主义哲学，还有科学社会主义、中共党史等课程。讲哲学的是中央党校哲学教研部副主任张绪文教授。她在培训部以讲大课的形式讲哲学。我第一次听哲学课是 8 年前在内蒙古师范大学干训部学习时。8 年后，在中央党校第一次见到竟然能把哲学这门深奥的课程讲得如此深入浅出、形象生动、听了还想听的老师。我从心底里佩服和羡慕张绪文教授。

后来，我从中共中央党校《学习时报》上读到张绪文教授的介绍。张绪文教授毕业于中国人民大学哲学系，留校任教，调到中共中央党校后担任哲学教研部副主任、主任等职务。她一直从事马克思主义哲学的教学和研究，成果斐然，是中共中央党校的名师。离休后，作为中央党校特聘教授至今。张绪文教授认为，“深刻的哲理都不是只管一时一事，它的功效是久远的、普遍的”。有一位学员曾赞誉张绪文说：“您给我们的不是一网鱼，而是打鱼的一张网。”张绪文说，理论与实际“结合”的能力，是领导干部的基本功。

我在中央党校学习的一年中，给我留下深刻印象的还有讲政治经济学的臧志风教授，把毛泽东的文章倒背如流的专讲毛泽东思想的杨春贵教授。还有不拿片纸、只握半根粉笔、坐在讲台上滔滔不绝讲两个小时，却不写一个字、不喝一口水的王珏教授，等等。我心想，到底是最高学府，名不虚传。我有机会来到中央党校，聆听这些名师的教诲，真是三生有幸，我感到非常兴奋。

1991 年 10 月 7 日，我们三小组讨论哲学提纲的第一个题目：关于实事求是问题。先前组长指定我为重点发言人。几天来，我一直忙着写《论实事求是思想路线的哲学基础——建设养畜的哲学思考》发言稿。在小组讨论会上，大家对我联系畜牧业发展的发言很感兴趣，评价也可以。但随后从大家的讨论中我意识到，尽管我做出了较大努力，但对论题的分析，一是站位不高，二是把握不深，三是对原理概括不全。我认识到自己对马克思主义哲学的理解把握和联系实际方面，还有很大的差距。我必须博采众长，不断努力，有所进步，有所提高。

10 月 30 日，我们学完了《马克思主义哲学纲要》。在大课上，张绪文老师部署了本学期哲学课的考试，以及写论文事宜。从此，我们进入本学期学习最紧张的阶段。11 月初，我初步考虑，自己的哲学论文可以围绕矛盾的统一性写领导班子团结问题。我就此与哲学课助理教师张峰进行交流。他说，团结问题不好写，领导班子的团结与矛盾的统一性还不是一回事。我听了，觉得张峰老师说得对。我思考半天，最后决定还是写自己熟悉的畜牧业问题，可以从畜牧业内部和外部的若干关系切入。

这就是所谓主体的认识是有选择性的。理论联系实际，既要把握理论的精髓，又要熟悉客观实际，这样才能联系起来。1983 年，我上内蒙古师大学习哲学和政治经济学时，只有三年的行政工作经历。而来中央党校时已有六年的基层领导实践，有“实际”可联系。写文章，关键是对要写的问题进行深入思考，反复思考，达到思路清晰，就可以下笔。

我用一天的工夫写完了畜草关系、数质关系这两个关系，3000 字。接着又写了第三个关系——抗灾防灾关系，共 3800 字。拟出这样的初稿，我感到很惬意、很轻松。我似乎在认识问题、分析问题、论述问题上有了一些提高。我在想，这是否就是一次飞跃呢？我把论文的题目定为《畜牧业发展的哲学思考》。我在撰写过程中拟了两次提纲，对初稿大改两次，小改三次。

以前，我写材料没有意识到提纲的重要性，甚至不懂得文章提纲怎么拟，只是大体上有个腹稿就着手写。这次认识到先列提纲、修改提纲对写好文章的重要性。至此，我算是完成了哲学考试的论文，我把论文交上去了。我想起一句话：“我只是尽到了自己最大努力。”我感到，以我现有的程度、能力，只能这样了。不能什么事情都想着最好的，因为这不实际、不客观。我已尽了最大努力，当然，还要继续努力，不懈努力。

1991 年 11 月 12 日，我收到阿盟盟委副书记王尚罗热情洋溢的来信。他说，从遥远的大漠驼乡向挚友表示热烈的祝贺！自治区党委批准了你的盟委委员，具体职务由盟委任命。王尚罗报喜，意味着组织上对我的工作的肯定，也意味着对我的鞭策和担子分量的加重。我当进一步努力，真正掌握马克思主义的立场、观点、方法，不断提高理论联系实际的能力。

12 月 10 日，我在宿舍里正读着《科学社会主义论纲》。我们三小组的学员林树森进来兴高采烈地对我说，你的哲学论文被评为“优 +”！我们六支部 26 人中，得“优 +”的有 7 个人，其余都是“优”。我们三组里你、我和张锦堂三个人“优 +”，二组是张以祥“优 +”，一组是王世定等三人“优 +”。

听到这个消息，我心中的一块石头终于落了地！记得11月9日在全支部有四个人交流论文时，我的压力很大，那几天是在唯恐落后的压力和论文修改的紧张中度过的。实践证明，下了苦功，必有甜果。同时，我也清醒地知道，自己的论文并不是什么佳作，离真正的“优+”还差远了呢。就是得这个“优+”也是得益于参考别人、得益于别人的帮助。

12月14日，张绪文教授对整个培训部哲学考试做讲评。她在讲评“优+”论文时列举了二十多篇论文，其中第七个是我的论文。张绪文说，还有一篇是《畜牧业发展的哲学思考》，是一位少数民族学员——蒙古族的同志写的。这篇论文结合几个具体问题进行分析，包括文字，都比较好。张绪文教授的这几句话，我觉得是对我的最高奖赏、最有力的鞭策。

之前，我把《畜牧业发展的哲学思考》的论文寄给家乡的《阿拉善报》。12月9日，我收到儿子乌特哈寄来的《阿拉善报》，我的论文全文刊登在1991年11月28日《阿拉善报》第二版上。这算是我在中央党校学习期间对家乡父老乡亲的一次汇报。

据林树森说，培训部177人中取得“优+”的27人、“优”141人、“优-”7人，有2人因病因事未交论文。那天晚上，六支部的组织员尤若民老师来到我的房间说，你的论文得了“优+”，今天张绪文举的例子就是指你。你的基础不错，还能帮助别人拟提纲，是很突出的。写论文期间大家都很紧张，你却能写出两篇论文，也是很突出的。尤老师还问我的论文复印了没有，想要一份。我表示感谢尤老师的鼓励，就把刊登我的论文的那张《阿拉善报》送给了她。

进行党性分析是中央党校学员的必修课。1991年11月13日，中青干部培训部做党性分析动员，要求学员结合哲学课学习，回顾总结以往的工作，结合工作和思想实际进行党性分析。我用哲学有关原理，对1986年4月末阿右旗人代会选举一事进行认真的回顾和清理，对自己所负的责任和失误进行认真的分析总结。18日，我在三小组会上做党性分析，大家认为所举例子很典型。26日，写完了《克服主观、片面、表面性，坚持实事求是》的党性分析材料。晚上，三小组组长裴秀堂同学到我的房间说，上次你在小组会上发言后，罗老师向六支部组织员尤若民老师推荐了你的发言，我也向尤老师推荐了，不谋而合，尤若民老师很高兴。

在中央党校学习了一个学期，我有一个前所未有的发现——越学越发现自己知道的甚少——以前觉得自己还可以，现在却发现自己的无知！或许就是所谓“学，而后知不足”。有了这个发现，我就更加发愤学习了。在整座楼里我起床最早，在校园里跑步锻炼。上课听报告，我几乎每次最先去，坐在最前排。我觉得坐在前排，注意力更集中，听得更清楚，领会更深入。平时我利用分分秒秒读原著和必读书，一连几个月没有上街。

但我仍然感到自己的学习还有很多不足：1. 理论功底不厚实。以前不注重读原著，对马列可以说是一知半解。当然，现在读的原著也很有限，只是觉得时间不够。2. 学习不系统。以前学哲学、科社、党史零打碎敲、不连贯。现在有明显改观，但对新学的知识需要及时理一理，需要进一步系统化。3. 运用不自觉。以前对唯物辩证法的观点方法，学习不自觉、掌握不牢固、运用不自如。缺少理论思维、辩证方法，因而思想不够敏锐，视野不够开阔。回顾这一段的学习，使我更加清醒，更加充实，增强了信心，增添了力量。

1992 年 3 月 1 日，中央党校中青年领导干部培训班第二学期开学。2 月 29 日，我返回中央党校。3 月 2 日上午，中央党校春季开学典礼。邢贲思主持大会，乔石讲话。这次他主要讲了当年 1、2 月份邓小平南方谈话的重要精神。下午，我们三小组交流了假期搞的社会调查报告，我在会上读了《坚持“两手抓”喜获双丰收——阿拉善盟实行双文明建设目标管理责任制的调查》的报告。

第二学期的主课是政治经济学。1992 年 3 月 19 日，三小组交流学习《资本论》第一卷的收获时，组长仍然叫我做重点发言。这个学期主讲政治经济学的是臧志风教授。1992 年 4 月 10 日，鲁从明老师串讲了《资本论》。至此，学完了《资本论》第一卷，我们也做完了学习《资本论》自测试卷。接下来是准备政治经济学的考试，写论文。4 月 12 日，我拟出政治经济学论文提纲，题目暂定为《略论牧区商品经济的发展》。

“五一”假期，我们六支部的大部分学员回家了，剩下我们十来个家远的学员回不去。假期里，我对论文提纲做了四次修改。5 月 3 日，我开始起草论文，9 日写完，标题改为《让“惊险的一跳”成功——论牧区流通体制改革》。比起第一学期的哲学论文，这次政治经济学论文初稿写得相对顺利些，是得益于在拟提纲上下了不少工夫，围绕主论点和分论点搜集研究材料，这算是我写论文的一点经验。我把论文初稿送给政治经济学助理教师盛斌看。盛斌老师说，目前写出初稿交给我看的只有张以祥一人。

写出初稿，我心里特别畅快，但没有就此满足。我把论文送给在进修二班学习的内蒙古党委政研室副主任张文奎，请他帮我看一看。他说我的论文写得有些散，建议仍按三部分加以集中。我又认真看了一遍，也觉得比较散，部分内容有些离题，有些语句也生硬。我反复推敲论文，深切地体会到：写文章必须紧紧扣住主题，也就是必须紧紧围绕论点来组织材料。按张文奎的话说就是写文章不同于做报告，不能借题发挥。牢牢扣住主题，紧紧围绕论点——这是写文章的要领。还有，写好文章是长期积累的结果，需要多方面的知识，不断扩大知识面。知道了这些，我又有了压力。原先觉得不需要太大的改动就可以了，现在看来不行，还得好好改。

5 月 18 日，我集中精力修改论文稿。因为比较注意紧扣主题和论点加以阐述，改得比较顺利，压力也就逐步减轻了。5 月 19 日，我最终改完了论文，题目定为《让“惊险的跳跃”成功——搞活牧区流通的思考》，5000 字。

1992 年 6 月 9 日上午，江泽民同志来到中央党校。每届全国党代会前，总书记要到中央党校做一次重要讲话。这次江泽民同志在省部级干部进修班做了题为《深刻领会和全面落实邓小平同志的重要谈话精神，把经济建设和改革开放搞得更快更好》的讲话。这次讲话意在就党的十四大报告征求意见，实际上是一次寻求共识的“吹风会”。江泽民同志在讲话中列举了关于经济体制改革目标的几种提法，表示倾向于使用“社会主义市场经济体制”这个提法。这是在我们党的历史上首次提出的社会主义市场经济的重要概念。下午，在培训部六支部大会上，参加上午省部级班学员会议的支部书记张以祥传达了江泽民同志的讲话，讲了九个问题。

在中央党校学习的一年间，我们先后听过外交部部长钱其琛、中联部部长朱良、统战部部长丁关根、国务院副总理田纪云等同志的报告。田纪云副总理讲农业的改革和发展，多次离开稿子加以发挥，给人的印象是他敢讲，是所有外请报告中讲得最放得开的，很受欢迎。再就是听学识渊博的外交家钱其琛的报告，真是一种莫大的享受。

6 月 10 日，六支部组织员尤若民老师到我的房间说，你的政治经济学论文《让“惊险的跳跃”成功——搞活牧区流通的思考》得了“优 +”。她说，这次我们支部 26 人中得“优 +”的有 10 个人，一组是王世定等三人，二组是张以祥、李容根等四人，三组是你和林树森、裴秀堂三人。

我们在中央党校的所有课程都结束了。虽然校内的学习结束了，但校外的学习还要继续。1992 年 3 月，我报名参加中央党校后期本科函授班学习，六支部组织员尤若民老师给我办了报名手续。我们六支部学员中大专学历的都报名了。

在中央党校学习期间，培训部号召学员参加的所有活动，我都积极参加。1991 年 11 月 1 日晚，在校体育馆召开培训部第六届学员俱乐部成立大会。除了培训部 6 个支部以外还有新疆班和西藏班。我代表第六支部出节目，用蒙古语唱了《花的原野》，用汉语唱了《乳香飘》，大家报以热烈的掌声。1992 年 5 月 28 日，中央党校召开学员运动会。培训部的太极拳队以我们六支部为主，我是练得很认真的一个。在太极拳比赛中，培训部并列第一。此前我参加比赛得奖的项目有篮球运球、排球、摄影展等。同学们说我多才多艺，支部书记说我是文体双星。我认为，人还是兴趣广泛一点好，名次无所谓，重要的是参与。

我在中央党校学习很有收获，这与我的坚强后盾——家人的关心和支持分不开。一年间，我时常挂念的就是远在阿拉善的爱人和两个孩子。我几乎每星期都给爱人写信。不说我俩情深意切的夫妻之情，单从做丈夫的责任义务上，我也得给她勤写信，使她感到哪怕是一丝的温暖。不论是在阿拉善右旗工作，在内蒙古师大学习，还是在中央党校学习，留下爱人在家，真难为她了。一个妇道人家，里里外外拉家带口，老老少少全靠她一人，真是不容易。每每想起这些，我从内心里感激她。没有她没日没夜地操劳，哪有我全力以赴投入工作、专心致志从事学业呢？

1991 年 10 月，开学不久，我爱人托人捎来一箱自家院里的水果、一箱她做的酱菜、果条等好吃的。三小组的同学们吃了我爱人做的酱菜，有的说，这捎来的哪里是菜，分明是一片情和爱。有的说，我们正在分享情和爱。

1991 年 12 月 23 日，我给家里每个人寄了“香山红叶”书签。香山红叶，是我秋天上香山时采集的。用这些红叶塑封做成了书签，书签背面分别是他们的生肖。正面，给爱人写了“勿忘我”，给女儿红霞写了“挚友”，给儿子乌特哈写了“思念”。作为贺年片，元旦前他们刚好能收到。

我来中央党校学习时，女儿红霞刚从内蒙古司法学校毕业，分配到阿拉

1991 年，作者和在公安局工作的女儿红霞

善左旗巴彦浩特镇公安分局工作。她在 1992 年 3 月 26 日的信中写道：

> 爸爸，家里人都很好，都在忙各自的工作学习。北京现在怎样，全国都在学习邓小平的南方讲话，我们也学了。说体会也有不少，不管怎么样，有知识才华的、有工作能力的人，会越来越有进步提高的空间，您说呢。别的没有了，和爸爸闲聊了一会儿。我乐意和爸爸说很多很多有趣的政治的、经济的、文艺的、生活的事。我认为爸爸什么都知道。塔塔（儿子乌特哈的小名）我们俩非常佩服您，虽然有时候可能不听话，但内心里是敬佩的，请您相信。您的女儿霞霞（她的小名叫红霞）。

儿子乌特哈年龄还小，他给我写信，报告他考的分数，还把刊登我的文章的《阿拉善报》装在信封里寄给我。我在给爱人的信里说，我最爱看我姑娘的信了，女儿最会写信。爱人则在回信里说，是的，她写信跟了你，包括字体啥的也像你。爱人在信里还说，守好家，为你们仨服务好，是我一生光荣的职责。我经常想，我们俩相互的思念，或许比别的夫妻要多得多。

1992 年 6 月 11 日，我爱人乌云专程来中央党校看我。我们三小组裴秀堂组长率领全组学员来看乌云，都非常热情，裴秀堂和桑吉还买了东西。乌云很感动，也很高兴。14 号楼 110 房间成为我们临时的家。我爱人在北京期间，我们俩在党校一食堂宴请了我们小组的同学及王国盛、周秉建。我们俩给大家唱歌敬酒，大家都很开心。有一天晚上，来自青海的桑吉、冶丹、达杰三位同学到我们房间喝奶茶、喝酒、唱歌、跳舞，玩到 12 点。双休日，我们六支部安排去承德活动两天，我爱人也被邀一起去，大家玩得很开心。

我们即将毕业了。中央党校每期一年制中青年领导干部培训班结业时，中组部和各省区市组织部都要派人来考核学员，需要提前把汇报提纲写出来。1992 年 6 月 24 日，三小组组长裴秀堂找我谈话，他将从小组角度向考核人员介绍我的情况。我按照准备的提纲向裴秀堂谈了自己一年来学习的收获。裴秀堂也给我讲了他准备向考核人员汇报我的情况的打算，他做了较详细的准备，对我的各方面给予实在的、充分的肯定。

同时，裴秀堂也对我的汇报提纲直截了当表示了他的“不满意”。他说，光讲理论，考核组的同志听不懂，应该讲实际的。他给我出主意说，可以从学习理论、注重思考、提高自身素质三个方面汇报，而且突出自己的三结合——结合本地实际、结合本职工作、结合提高自身能力来学习的情况。听了裴秀堂一席话，我感到豁然开朗。能和这样的同志一起学习，真是三生有幸！他真是个诚心诚意的好同志，帮了我的大忙。那天下午，我重新写了汇报提纲：一是认真学习理论，对理论的认识、学理论的方法、懂理论的收获三个方面。二是联系实际思考，结合本地实际、本职工作、本人素质三个方面。三是提高自身能力，包括认识自身能力、找准不足、提升能力水平三个方面。

1992 年 6 月 26 日，内蒙古党委组织部青干处的两个人找裴秀堂谈话。事后，裴秀堂跟我说，那两个人先从尤若民老师那里了解了你的情况。那个处长问我，布和朝鲁和你们支部其他几个少数民族学员相比怎么样。我说，从某一方面讲，可能各有长处，但从全面素质、宏观决策等方面看，布和朝鲁是最好的，是一位优秀的少数民族干部。

6 月 27 日，内蒙古党委组织部的两位找我谈话，我按汇报提纲谈了一个多小时。最后，处长说，几天来从各方面了解了很多情况，老师和同学们对你充分肯定，没有提出什么缺点错误。我们原先对你的大概情况知道一点，这次通过了解才知道你是怎样一个人，以后我们要多向你们学习请教。

6 月 30 日，尤若民老师对我说，他们这次来了很高兴，说了解了你，发现了一个人才，原先了解不够。我给他们介绍说，这些年各省区少数民族学员接触了不少，像布和朝鲁这样理论功底较深、素质比较全面的，不多就是了。我说你有比较好的学习习惯，他们通过了解总结得更全面，说你有好的学习习惯、好的工作习惯、好的生活习惯。特别是说你这个干部很有潜力，这一点说得很重要。所以，你回去以后继续好好干。我说，谢谢尤老师，我特别感激您一年来对我的关心、支持、鼓励和帮助。

1992年7月15日，中央党校举行1992年夏季毕业典礼。乔石校长等和夏季毕业的学员们合影。毕业典礼由常务副校长薛驹主持，乔石、吕枫、王德英、曾庆红、聂大江、郑科扬等参加。乔石讲了话，并为学员们发了毕业证。

我依依不舍地告别党的最高学府，回到了阿拉善。

第二节　当宣传部长

1991 年 11 月，我在中央党校学习期间被自治区党委提任为阿拉善盟盟委委员。1992 年 2 月，在中央党校学习的寒假期间，盟委任命我为宣传部长，进行新老部长的交接。我是阿盟宣传部的第五任部长，我之前的四位是高荫华、史乌力吉巴根、那木、道尔吉。1992 年 7 月，我从中央党校毕业回来，在盟委宣传部长任上实际工作了 7 个月。

宣传部的工作，对我来说是一个全新的领域。以我的理解，宣传部就是要全力宣传党的理论和路线方针政策，用党的理论武装广大干部群众的头脑，推动党的大政方针和盟委的决策部署落到实处。1992 年 8 月，我亲自草拟宣传部《关于进一步加强和改进宣传思想工作的意见》，阐述宣传部的工作思路，得到宣传部领导班子和盟委分管领导的认可。接着召开宣传部全体人员会议，我简要总结了上半年的工作，着重就下半年进一步加强和改进党的宣传思想工作的思路，讲了两个多小时。

1992 年 8 月 8 日，盟委会的一个议题是研究我盟牧区产业结构调整问题。我在阿右旗工作 7 年，对畜牧业是比较熟悉的，在中央党校学习期间还写过两篇关于畜牧业发展的论文。对这个议题，我觉得可以借此机会阐述一下自己关于调整畜牧业结构、加强经营管理、提高经济效益的思路。在其他领导发言完了，我向主持会议的巴士杰书记示意，我想说一说。可是万万没有想到，我刚开始发言，就被巴士杰无情地“顶回”来。我是丈二和尚摸不着头脑，接着要讲，他几次打断我的话，而且语气严厉，我的发言不能继续下去了。

我莫名其妙，实在是想不通。我第一次领教了这样不民主的作风。我心里愤愤不平，很是气恼。但我控制情绪，没有表露出来。当然，过了也就算了，我也没在意。时隔好些日子，有一天巴士杰个别向我解释说，那天盟委会上我是有意叫你碰碰钉子，给你泼点冷水。我的意思是，我们盟委有一个“夸夸”（指夸夸其谈的人）就够了，不要培养出“夸夸第二”来，一张口就夸夸其谈。我听了，茅塞顿开。当时的尴尬甚至愤怒一扫而光，觉得巴士杰那样做是对的。

反思当时的心态。我的失误在于自以为是，自我膨胀，急于表现。我刚刚被提拔、刚刚从中央党校学习回来、刚刚参加盟委的会议，就急于发言、急于表达、急于表现。可见，因为在中央党校的优异成绩、良好口碑，使自己产生了骄傲情绪，认为自己高明，缺少自知之明，多么不成熟啊！对于我当时的心态，巴士杰有意识地叫我碰钉子，给我泼冷水，完全是为了我的健康成长，他太高明了。现在回想起来，他的方法也没有什么不当的地方。我应该感谢巴士杰书记。从表面上看，巴士杰有时候有些粗心，其实他的心思还是很细腻的、善良的。

我在盟委宣传部工作的 7 个月里，为了积极主动搞好宣传工作，亲自执笔为《阿拉善报》写了四篇社论：第一篇是《把学习引向深入》，1992 年 12 月 1 日刊出，强调“把党的十四大精神的学习引向深入，用建设有中国特色社会主义理论武装我们的头脑，是当前的主要任务”。第二篇是《首要的是换脑筋》，12 月 8 日刊发，强调“邓小平同志指出，解放思想就是换脑筋，不换脑筋，什么也推不动。学习党的十四大精神，掌握建设有中国特色社会主义理论，开创工作新局面，首要的是解放思想换脑筋”。第三篇是年底写的，题为《关键是要有创造性》，发表于 1992 年 12 月 31 日，强调“富有创造性，是邓小平同志建设有中国特色社会主义理论最鲜明的特征。创造性理论需要用创造性精神来实践。因此，全面落实党的十四大精神，开创阿拉善改革开放和经济建设新局面，关键是要创造性地开展工作”。第四篇是《团结奋斗绘新图——祝贺全盟旗委书记旗长会议召开》，发表于 1993 年 2 月 13 日，指出“这次全盟旗委书记旗长会议，将在总结建盟以来改革开放、团结建设实践经验的基础上，认真分析实现我盟经济超常规发展的基础和条件，确定超常规发展的方针、目标和重点，提出超常规发展的战略措施和思想政治保证，并确定和部署1993年全盟各项工作的具体任务”。

宣传部长亲自为盟委机关报连续撰写社论，在阿盟可能不多。宣传部长撰写报纸社论的优势在于，了解盟委的决策意图，熟悉当地的全局工作，尽量做到有的放矢。这四篇社论，比较精练，每篇都是1000字左右；论述问题，单刀直入，开门见山；旨在紧密联系阿盟实际，讲观点、思路和措施，以求对广大干部群众的工作学习有所帮助。1992年9月19日，我还应邀到盟党校讲《谈谈解放思想》，也是阐述结合阿盟实际贯彻落实党的十四大精神问题。

1992年9月14日，在阿盟副处级以上干部大会上，内蒙古党委组织部副部长郭子明和盟市干部处高俊义处长来宣布关于调整盟委班子的决定。巴士杰调离阿盟，任自治区高级法院院长，先到北京法官班学习三月，搞岗前培训。乌伦赛任盟委书记，王尚罗任盟长。之前，刘晓旺在阿盟盟委书记任上干了5年多。巴士杰于1988年8月任阿盟盟委书记，干了四年整。他是盟委第三任书记。他和第二任书记刘晓旺的行事风格、处事方法完全不同，但都支持我的工作，对我的成长有很大的影响。

我在盟委宣传部工作的7个月间，在文化工作方面抓了电视剧《阿拉善亲王》脚本的修改。这是阿拉善盟要拍摄的第一部电视连续剧，先前是乌伦赛盟长亲自担任领导小组组长。我到宣传部以后，乌伦赛硬是把组长推给了我，分管文化的副盟长陈瑞清是副组长。这个剧本原名叫《大漠亲王》，写的是阿拉善末代王爷达理札雅的故事。我觉得剧本名字就含义模糊，没有特点。我提议改名，理由是凡是有沙漠的地方都可以叫大漠，从名字上看不出说的是阿拉善的王爷。我将其改为《阿拉善亲王》，同时，剧本内容也需要修改，就请我初中的校友魏巴特尔帮忙使剧本有一些阿拉善的特色和民俗民情。1993年1月22日，我去阿左旗招待所看望负责修改《阿拉善亲王》剧本的陈公浩，听了他的汇报，我觉得对修改剧本有了希望，对电视剧也有了信心。1993年7月15日，我主持召开拍摄电视连续剧

《阿拉善亲王》的新闻发布会。

年底，盟委开始对各单位的年度工作实绩进行考核。1992 年 12 月，盟委工作组验收了宣传部的责任状，宣传部的年度工作实绩得了满分且有加分。同时，宣传部也召开党员评议和民主生活会。部里的同志对我 4 个月的工作给予充分肯定，推举我为优秀党员。对我提出的意见是同部里的同志们接触少，没有谈心。

年末，我回顾 4 个月来在宣传部的工作，与担任旗委书记时期相比，觉得在宣传部有如下不同：一是自己支配的时间少了。在阿右旗住在办公室，除了吃饭睡觉，所有的时间都用来工作学习。现在回到家，和家人共享天伦之乐，工作学习不足 8 小时，显得特别忙。二是自主性、主动性少了。在旗里，工作的轻重缓急由我安排。现在，开会、陪会、陪吃等，不由你，显得特别忙。三是工作性质和责任不同了。在旗里，从战略到策略、长远到眼前，无不思考、无不关心，连老天不下雨也发愁，可谓操心事多、责任重大。现在，务虚多、责任小、压力轻，但各种杂事也不少，显得特别忙。四是工作环境不同了。在宣传部，十来个科室、二十来个人，干部队伍的文化和业务素质较好，三位部长配合得好，没有多少事需要分心，是个好的集体。五是工作习惯和作风没有变。我仍然关心时势，日日浏览三报，且坚持剪报。坚持理论联系实际，边学边思考，常常想着有所创新。脑勤、手勤相结合，亲自动手写文章和改稿。六是力求工作有特色。干一些需要干而且别人没干过的事，为《阿拉善报》写社论，就是一例。七是发挥大家的积极性。处理好各种关系，尽可能使自己超脱一些。

第三节　改任秘书长

1993年2月2日，盟委发文决定我改任盟委秘书长。这是乌伦赛任盟委书记以后的一次人事调整。下文件的第三天，我去乌伦赛的办公室，说书记还没有谈我如何当盟委秘书长呢。乌伦赛似乎早有准备，谈了以下意见：1. 书记没有想到的秘书长要想到。2. 书记忘掉的秘书长要提醒。3. 遇到问题，不能出题目考书记，而必须先拿出处理的意见。4. 盟委文件，包括办公室的文件，不出差错，不闹笑话。5. 文风来一次改革，文字上要向陈云学习，像写电报一样写短文；直截了当，不能大段大段地抄，上级精神要和阿盟的实际相结合；通俗易懂，条理清楚。6. 凡事处理要及时，不拖、不压、不误。7. 总务后勤工作，福利要在条件许可的范围内搞好；书记用车，保证何时用何时在。乌伦赛交代得很具体。我知道，秘书长的工作就是两个字——服务，是全方位的服务，为上级服务，为本级服务，为基层服务。

1993年2月12日，提任盟委副书记的原任秘书长邸录海，主持召开盟委办公室全体会议进行交接。他向大家介绍我，并谈了当前工作。我做表态发言。最后，黄阿拉腾别立格讲话。他先是对我进行评价，在谈到盟委办公室工作时说，我刚才听了盟直单位目标管理责任状小组的汇报。1992年度目标管理责任制检查中，盟委办公室在盟直47个单位中排在第40位，即倒数第7名。我听了，开始思考如何扭转这个局面的问题。

当了盟委秘书长，作为当务之急，我抓了两项工作：一个是按照乌伦赛的意图，亲自执笔，打破常规，一条一条地列出了1993年盟委工作要点，6个部分23条。乌伦赛同意我起草的盟委工作要点。二是筹备全盟旗委书记、旗长会议。

1993年2月中旬，盟委将召开全盟旗委书记、旗长会议。2月13日，我听取全盟旗委书记、旗长会议各筹备组工作汇报。我对进一步做好各项筹备工作以及会议期间的各项制度提出明确要求。我还专门召开盟直各单位办公室主任会议，专题强调和部署了全盟旗委书记、旗长会议的会风会纪。2月15日，全盟旗委书记、旗长会议开幕。会议进行中间，乌伦赛把我叫过去说，今天的会议组织得非常好，很整齐，很安静，这是以往从来没有过的，让记者把会场拍下来上电视。看来我在会前所做的一系列工作奏效了，受到书记的好评。这是我任秘书长后的第一个大型会议，会务各组组织得比较好。

1993年2月20日，全盟旗委书记、旗长会议刚闭幕，我主持召开盟委办公室全体会议。盟委办副主任做上年的工作总结，我着重讲了新一年推进办公室工作的思路，具体部署了各项重点工作。

1993年4月30日，自治区“两会”召开之际，乌伦赛从呼市给我打来电话说，我这里遇到一点困难，自治区政协要求我们新参选的政协副主席候选人在大会上发言。你马上来呼市给我写这个发言稿吧，选题是抓住机遇，加快发展。我说，分管副秘书长他们马上要去呼市。乌伦赛说，这个我知道，还是你来吧。他的意思是要我亲自写。

5月1日晚上，我乘火车赶到呼市。2日上午，我和乌伦赛简单议了一下发言稿的具体内容。从2日下午到4日上午，我在宾馆闭门两天，写出了《抓住机遇，发挥优势，加快发展》的发言稿，3800字。我把发言稿送给了乌伦赛。在这次的全区“两会”上，乌伦赛当选为自治区政协副主席。

这次在呼市期间，我见到阿盟盟委原书记刘晓旺，他是本次自治区人大常委会副主任的候选人，很有可能选上去。刘晓旺对我说，你去阿右旗工作的路子是对的。我说，感谢您当初对我的信任、使用和培养，我特别感激您的原因有二：一是佩服您当时不受盟里选人用人“以人划线”的影响，敢于起用我当阿右旗的书记，这很了不起；二是您尽管在临调回来前可以把我从阿右旗调到盟里安排，但您没有马马虎虎这么做，而是从阿右旗的工作和我的前途考虑让我继续在阿右旗干。总之，我有机会在旗县一级得到磨炼，这都归功于您。

1993 年 6 月 1 日，上午召开副盟级以上干部大会，下午召开副处级以上干部大会。自治区党委组织部委派自治区人大副主任刘晓旺宣布自治区党委关于阿盟盟委行署领导班子主要领导任免职决定：免去乌伦赛的盟委书记，王尚罗任盟委书记，黄阿拉腾别立格任盟长。乌伦赛、王尚罗、黄阿拉腾别立格分别表态。乌伦赛被提任为自治区政协副主席，他在阿盟盟委书记任上只干了 9 个月。

6 月 2 日，王尚罗主持召开他任书记后的第一次盟委会，听取各旗和盐场当前工作情况的汇报，讲了今后一段时间的工作思路。8 日至 9 日，乌伦赛、王尚罗、黄阿拉腾别立格以及盟行署有关部门负责人一起去孪井滩工程建设工地调研，听取孪井滩工程指挥部汇报，现场办公。10 日，我们一行去吉兰泰盐场，看几个厂子和纯碱厂工程，现场办公。

6 月 21 日下午一上班，王尚罗就对我说，内蒙组织部的武开乐来电话告知，中组部的两个人来考核你，由高俊义陪同，今晚上火车，明日到阿盟。考核谈话范围是盟委、行署两个班子成员，政协主席、宣传部长、盟委的副秘书长。最近，有道听途说的消息，说我要去内蒙古党委组织部当副部长。我把它当作耳旁风，没有在意。我认为这根本不可能。现在听王尚罗这么一说，看来早先的传闻有点影儿。

22 日下午，王尚罗和我到盟宾馆看望来考核的两位同志。一位是中组部地方局老领导钱有坛，是 68 岁的德高望重的顾问。另一位是地方局的刘志欣处长。陪同他们的是内蒙古组织部盟市处的高俊义处长。那天晚饭后，高俊义处长对王尚罗、黄阿拉腾别立格我们三个说，我们部领导把 12 个盟市的干部都缕了一下，最后决定从阿盟产生一个副部长，布和朝鲁同志素质很好。中组部对省区市组织部掌握得很严，副部长也得考核，上中组部部办会研究以后再发回函，才能下文件。

23 日下午 5 点，高俊义叫我去宾馆，中组部的两位同志要和我谈话。

我走进谈话房间，钱老很客气地说，考核干部也要同本人谈话，你就谈谈你的经历、工作情况，主要是在阿右旗的工作。因为你在那里时间长，还要谈自己的学习情况。对自己来一个一分为二吧。优缺点都说，说一个小时左右可以吧？

我说，可以。关于我的经历，我概括地说了“文革”中的遭遇、插队当农民、从事教育工作、回到阿盟的情况。关于我的工作，重点说了在阿右旗 7 年的工作，包括团结带领旗委一班人，紧紧依靠广大党员和人民群众，加强党建、消除派性，抓“三牧”和厂矿企业，奋力推进改革创新，着眼长远制定发展战略，获得“金驼”三连冠，初步改变阿右旗面貌等。关于学习情况，我简要讲了在内蒙古师大、中央党校的学习内容、学习成绩和理论联系实际能力的提高情况以及平时的学习习惯、学习方法等。关于对自己的一分为二，谈到了自己能够坚持廉洁自律，被评为优秀旗委书记和全区优秀党务工作者；自己的缺点是性情急躁，对部下的工作标准过高、要求过严、求效过急，时不时发脾气，等等。

我谈的时候，刘志欣只管记录，钱老不时打断我的话提问，比如，何时入党、到阿右旗是否先任了副书记、阿右旗基层党组织情况、党员数字、嘎查干部情况等。我看时间，已过 6 点，我就打住了。我说，汇报得很零乱，还有什么问题请问。钱老说，没有了，谈话是为了增加感性认识。

据说，一天半时间里，中组部的两位同志一共谈了十八九个人。6 月 24 日下午，他们返回呼市了。

两个月以后的 1993 年 8 月 31 日，王尚罗对我说，接到自治区党委组织部领导的电话，说中组部已经批了你的副部长，可以在盟委班子里宣布一下。过几天，内蒙组织部派人来接你。9 月 1 日，王尚罗给我说，郭子明在电话里说：一两天派组织部办公室主任去接布和朝鲁，9 月 10 日左右要开全区组工会，在这之前需要准备会议材料。全区组工会结束以后，布和朝鲁还要去中组部开会等。

我不知道王尚罗和那个郭子明是什么时候的同学关系，他听了郭子明讲的上述内容，就开玩笑说，布和朝鲁现在不在盟里，已派去额济纳旗帮助筹备那达慕大会了。电话那头的郭子明信以为真，说，赶快派人把他换回来。王尚罗说，你们一百天也没着急，现在倒着急这几天？没有我们这个人，你们还不过啦（河套话，意思是“你们还不过日子吗”）！

听到这些消息，我在想，4个月以前有关消息陆续传来，当初我不相信是真的。现在成为现实，这是做梦都没有想到的。这些都是党和人民培养教育的结果。我从驼乡来，将要走到自治区的首府。无论我走到哪里，我将永远发扬驼乡人“特别能负重、特别能吃苦、特别能奋斗、特别能奉献”的精神，用我的不懈奋斗回报党和人民的期待！

第六章

在内蒙古党委组织部

第一节　三人领导班子

1993 年 9 月 4 日，自治区党委组织部办公室副主任刘高恩来阿拉善盟接我。他带着自治区党委的任免文件：任命我为组织部副部长，免去韩佃清、白音德力海的副部长职务。9 月 6 日，我们从巴彦浩特来到呼和浩特。离开阿盟时，我坚持我爱人乌云一个人送我。7 日早晨，我到内蒙古党委大院组织部小白楼上班。从八千里内蒙古的最西部来到自治区首府，从驼乡来到全区的首府，一个普普通通牧民的儿子走上自治区党委组织部的领导岗位，这在阿拉善的历史上是第一个。

7 日上午，副部长郭子明给我介绍部里的情况。下午，我和郭子明等一起到白塔机场接新任组织部长冯秦。8 日上午，郭子明领着冯秦和我去见王群书记和其他领导。回到小白楼，我们从一楼到六楼，挨门看望各处的干部。我回到办公室，盟市干部处的任秀荣送来中组部和中央政研室关于召开国有企业党建工作座谈会的通知，文件上有领导 8 月 31 日的批示：拟让布和朝鲁同志参加。那几天，组织部工作的当务之急是筹备召开全区党建工作会议。当天下午，我就着手修改冯秦和郭子明在全区党建工作会议上的讲话稿。

晚上回到宾馆，听我爱人说，宾馆的孙副经理来讲，现在的住宿安排是党委办公厅和组织部商量定的，为的是给人们留个好的第一印象，不要往房间搬柜子了。头一天我们住进来，发现房间里没有放衣服和杂物的柜子，便问服务员能不能解决。服务员说可以。现在听爱人这么一说，我马上警惕起来，立刻给服务员说柜子不搬了。另外，昨晚我在内蒙古师大学习时的同学打来电话说，同学们准备为你洗尘。这两件事给我敲了警钟。我想，不能头脑发热、忘乎所以！柜子不能搬，“洗尘”不能去。初来乍到，赴宴聚会，洗尘庆贺，影响多不好，大家的眼睛盯着呢。我特地给孙显谦同学打电话说，一来真的很忙，二来有所不便，请他帮忙给大家解释。打完电话，我才觉得浑身轻松了。这是我来组织部正式上班第一天的经历。

组织部的各项工作是通过部办会、部长碰头会和部机关会等各类会议的决策而运行的。9 月 13 日至 16 日，召开全区党建工作会议，算是忙完了一段。17 日，召开组织部副处级以上干部会，分管领导向大家介绍了冯秦和我。说我在阿拉善盟行署办公室当过副主任，在最边远、最艰苦的阿右旗当了 7 年旗委书记，又到中央党校学习一年，当过盟委委员、宣传部长，来之前是盟委秘书长；既有机关工作经验，又有基层工作经验，也是一位蒙汉兼通的干部。

轮到冯秦和我表态。冯秦说，我有很多毛病和不足，但有一点是做得到的，就是言行一致、表里如一。在我看来，冯秦是一个对人对己都比较严格的人，比较干脆的人，虽然有个别话使人稍有不好接受或让别人拭目以待的感觉。我表态说，来组织部工作，思想准备不足，感谢组织对我的信任和栽培，把我放在如此重要的岗位，深感责任重大、任务艰巨，唯恐力不从心、才不胜任。但自己有决心、有信心在党委和冯部长的领导下，在同志们的支持帮助下，努力学习，勤奋工作，密切配合，绝不辜负党和人民的期望。

最后，冯秦宣布分工说，我管盟市干部处；郭部长分管办公室、研究室、调配处、干部一处、干部二处、机关党委；布部长分管青年干部处、干部教育处、干部审查处、组织建设处、党员管理处和组织部二级单位人才所、党史研究室。这样，冯秦分管 1 个处，郭子明分管 6 个处，我分管 7 个处。

当时，组织部领导班子配备一正两副，不包括人事厅厅长兼副部长，只有冯秦、郭子明我们三个人。冯秦是由呼伦贝尔盟盟委书记调任组织部部长的，后被提拔为党委常委。郭子明是早先由锡林郭勒盟太仆寺旗旗委书记调到自治区组织部当处长，后被提拔为副部长。组织部配备只有三个人的领导班子，之前之后都没有过。这种三个人的领导班子从 1993 年 9 月到 1995 年 10 月，运行了三个年头。由于领导少，一个人分管的处室多，显得特别忙。

冯秦在工作上比较放手。在我这里独当一面的情况比较多，同时，往往分工不分家，叫你干啥就得干啥。9 月 18 日，郭子明向冯秦和我介绍组织部工作情况和今后的几项工作。郭子明在交谈中说，老布字写得好，文字功夫也很硬，今后就给咱多把把关吧。我说，哪能班门弄斧呢。冯秦说，老布文字水平很硬啊，你提的几点修改意见在讲稿中都被采纳了。

1993 年 9 月 20 日至 23 日，我赴北京参加全国国有企业党的建设工作座谈会。这个会议就是我还没有来组织部报到就报我的名参加的那个会议，这是我第一次参加中央召开的重要会议。23 日下午，中央领导和有关部门负责人来参加座谈会，中央领导做了重要讲话。这是我第一次见到中央领导，给我的印象，他是一位和蔼可亲、平易近人，又很有水平、很有风度、很年轻的领导。

10 月 9 日，我在部办会上汇报全国国有企业党的建设工作座谈会精神。由于是我一人参加会议，所以，会议精神的汇报提纲、中央领导讲话整理稿和贯彻会议精神的建议，都是我起草的。几个部长、相关处长 14 人参加汇报会。冯秦对我的传达汇报表示满意，对贯彻意见的建议做了些补充。冯秦要求会议精神的贯彻落实都由我负责。这是我来部里以后第一次在部办会上提出主导性意见，并负责贯彻落实。我想，这是开场戏，必须唱好，不能有差错。

因为是三个人的领导班子，郭子明和我分管的处室都比较多，分管的工作主要靠分管领导独当一面。当然，互相搭搭手的情况也有，共同参与做的事情也不少。

1994 年 3 月 14 日，召开部机关大会。按事先分工，我简要回顾 1993 年部里的工作，而后通报三个会议情况，着重讲了 1994 年的工作，包括一个教育、三个建设、六项改革、调研工作等。把每个部分的具体任务都列了出来，讲了 1 个小时 20 分钟。讲完了，自己觉得效果不是十分理想。可是我立即想到，其实，刚才讲的内容可以从另一个角度归纳几个特点来讲，也许有些新颖感，即多、重、广、大：学习的内容多、制度建设任务重、调研范围广、改革力度大。可惜悔之晚矣！

我往往有这样的感觉，话讲完了、事做完了，才冒出新思路、新想法。这样的情况时不时发生，这在认识上、思维方法上是一种什么现象呢？显然，还是对要讲的内容思考不深入、考虑不周密、概括不精细。这个问题需要解决。

接着，郭子明传达有关文件，结合讲了稳定等问题。最后，冯秦讲了形势、六个关系、自身建设等问题。他把这些概括为：认识周边、认识组织工作、认识自己。他讲得当然好，可惜时间不够了，讲了 1 个小时讲到 6 点 20 分。

1993 年最后的三个多月，是我逐步熟悉组织部工作的运转及自治区组织部工作与中组部工作、与自治区党委工作、与自治区直属机关工作、与各盟市工作的关系的过程。这些都是我从未接触过的领域。熟悉这些关系、这些领域，对搞好本职工作，完成党交给的任务，是必不可少的。1993 年 12 月 31 日，我在日记里写道：

> 一年到头，忙忙碌碌，但不是碌碌无为，甚至来不及认真思索、回顾总结，又进入新的岁月，开始新的事业，每年总是这样。要是从大的方面理一理，也比较简单：一是以不变应万变。不管岁月如梭，事务繁忙，但勤奋学习、充实自己这一条始终不变。这是适应变化的有效一招。机遇偏爱有准备的人。二是小心谨慎、严于律己。小不忍则乱大谋，稍不慎也乱大谋。必须时时清醒，事事警惕。忘乎所以，意味着被淘汰。三是以和为贵、处好关系。处理好各种关系非常难，非常重要。因为事物都是相互联系的，处理好各种关系特别是人际关系，搞好交流，这恰恰是我的弱项，必须取长补短。以不变应万变，其实本身也在变；谨慎从事与多谋善断并不矛盾；善于处理关系而又不被关系所束缚

等，都是辩证的。迈步跨进新的一年之际写这些，以自勉。

我们组织部对领导班子民主生活会是很重视、很认真的。在部领导班子民主生活会上，我主动检讨自己。同时，听别人的检讨，也使我受教育。比如，1994年2月5日，在部领导班子1993年下半年民主生活会上，我检讨几个月来自己工作中的不足：跟分管处室干部多谈心、多联系、多接触不够。1994年4月11日，在我的办公室，冯秦和我第一次谈心。冯秦回顾来部里7个月的工作，谈起自己的工作经历，包括在逆境中过来，对别人要求高、严、急等。冯秦后来还谈过，我以往也是高、严、急。看来我们提工作要求需要从同志们经过努力能够完成为原则，否则会引起逆反心理。这话是非常在理的。

在谈到我的时候，冯秦说，你虽然以前没搞过组织工作，但在旗里主持全面工作，在盟委当秘书长，也是综合性工作，所以来部里以后很快熟悉了工作，半年内达到这个程度不容易；你对分管的工作熟悉了解得比较深，从会上的发言、材料的修改中都看得出来；特别是对学习抓得很紧，结合工作学习新知识，研究报刊文章，积累资料，这样坚持下去会提高很快的；对自己的爱人和孩子们要求也很严。总之，对你的工作，同志们很满意，我也满意。至于不足，真的没有发现什么，这些都是我的心里话。

我接过冯秦的话题说，对您肯定我的工作，发自内心的感谢。我也是从逆境中走过来的，往往处在风口浪尖上；来部里以后坚持到位而不越位、主动而不推诿；向部里的同志特别是向两位部长学习。您对自己、对别人都非常严格，看问题一下能抓住主要矛盾，讲话用自己的语言讲自己的思想。郭部长工作经验丰富，善于处理各种矛盾。我往往考虑问题不周，有时不拘小节，工作方式方法不讲究。最后我说，请冯部长多提宝贵意见，多指点我的不足。冯秦说，我对你的评价都是发自肺腑的，没有发现什么不足，以后发现了再提。

1995年1月24日，在部领导班子1994年度下半年民主生活会上，我检讨自己时说，按照部里的安排，我赴乌海市帮助搞换届选举工作，是明知山有虎奉命虎山行。结果未能完成组织交给的任务，心里一直不安，说明自己在复杂环境中处理矛盾、解决问题的能力差。说到此处，冯秦插话说，不能这么讲，从党委的角度说，责任在我。我接着说，工作中过于认真、过于严格，没有从干部的具体情况出发，不利于调动积极性、影响积极性，需要不断改进工作方法。在1996年下半年民主生活会上，我对自己的反省是：思想上表现出急躁性，对分管处室干部要求太高、太严、太急，过于认真，过于直白，对工作带来不利影响。

我的急躁到底到了啥程度呢。记得是在一个星期日的上午，我在办公室准备当天下午向党委书记办公会汇报的材料。那是对组织部管的区直9个企业领导班子的年度考核材料。这个材料是我让一个干部起草的，我把他叫来说，对6家一般性考核的企业领导班子的材料做一点修改，大兴安岭林管局和海拉尔农管局的材料要进一步具体化。

不等我把话说完，他就表示出畏难情绪，而且说，这些内容原来都写上了的，是你修改时删掉了。我说，我没有删。我把材料递给他。他看这个稿子是第一稿，无话可说，却又找一些不着边际的话来吞吞吐吐搪塞。眼看下午要向书记办公会汇报，又想到他一贯如此的表现，气儿不打一处来！

我说，算了，不用你修改了，我自己来。你想干什么就干什么去吧。

从早晨8点多到11点多，我改完并熟悉了材料。

反思早晨的“碰撞”，我的失误在于不冷静，自控力差。我每次犯急躁毛病，过后也很后悔，便下决心要改过来，但效果不明显。我这种屡犯屡改、屡改屡犯的现象持续多年。我想到，我急躁的要害是常常把自己做尺子量别人，而不顾及对方的具体情况，不是从实际情况出发解决问题。

冯秦部长每次都是带头做自我批评。1997年1月31日，部领导班子召开1996年下半年民主生活会。冯秦在发言中说，有一个条幅说，天下之难莫过于识人。我再加一句，天下之难莫过于识己。我自己最大的毛病是性情急躁，常常使人难以接受；过于严肃，居高临下，盛气凌人。但对那些不争气的厅局干部，让我耐着性子，我做不到；对圆滑世故、四处讨好，我是不取的。可见，冯秦是一个直来直去的领导。

组织工作是自治区党委的一项重要工作。刘明祖任党委书记以后，对组织部的工作给予有力的指导和支持。刘明祖是从广西调过来的。1994 年 8 月，中央决定调整内蒙古党委领导班子，刘明祖任党委书记，冯秦任党委常委。之前，刘明祖是广西壮族自治区人大常委会主任。他给我的第一印象是：比较随和，平易近人，不失领导风度的山东汉子。

1994 年 8 月 29 日，自治区党委常委扩大会议听取农村牧区工作汇报。我参加了会议，第一次听刘明祖在会上发言，觉得刘明祖的观点有以下特点：一是实事求是、实实在在。他对农牧业到 20 世纪末的发展目标 300 亿斤粮食、1 亿头牲畜的高指标数字很敏感。他说，不能说大话、不办事，说到必须做到。他讲投入产出关系、规划目标变化关系，很有说服力。二是头脑冷静，遇事不慌，处理得当。对于有人提出“全区农村牧区工作会议召开在即，总得有个说法”，他说，这次只总结今年工作，部署明年工作，不谈五年。三是讲究策略，辩证分析。他讲了坚持与完善的关系，变与不变的关系。四是稳健中不失坚定和干练。他说，以前的问题我不回避，今后五年的事我要负责。五是沉着冷静中显温和、民主。他分析问题的能力和讲话的风格，给我留下深刻印象。

1994 年 9 月 5 日，常委会听取组织部关于自治区第六次党代会筹备工作的汇报。从刘明祖主持会议、发表意见、总结归纳的过程可以看出，他对主要问题考虑得全面，抓得准确。他说，在不违背中央有关“意见”的前提下，不要把问题复杂化。他具有把复杂问题简单化、善于抓重点、抓要点的领导艺术。

1994 年 9 月 13 日，因分管工作的关系，我代表部里向常委会汇报自治区第六次党代会代表名额分配方案和关于民主推荐自治区党委、纪委领导班子人选的事宜。这是我第一次向常委会汇报工作，因为做了充分准备，汇报很顺利，有关问题都得到明确的说法。同时还向常委们逐一征求了选择选区的意见。1994 年 12 月 18 日至 24 日，中国共产党内蒙古自治区第六次代表大会召开，党委、纪委所有候选人顺利当选，我被选为内蒙古自治区纪律检查委员会委员。

1994 年 9 月 20 日上午，刘明祖来部里听汇报。冯秦汇报了一个小时，然后讨论式地汇报，郭子明和我就自己的分管工作做了汇报。刘明祖多次插话讲自己的看法，最后又系统地讲了意见。总的感觉，他对问题的看法很实在，能切实抓住重点和要害，又不失全面。下午，常委会研究贯彻党的十四届四中全会《关于加强党的建设几个重大问题的决定》的意见的稿子。最后，刘明祖讲话时提到我发言中的一个观点，即我区行政机关有 8000 多名处级干部，全区有 1564 个苏木乡镇，可以选得力的处级干部到苏木乡镇帮助抓基层组织建设。他对这个思路给予肯定。我听了受到很大鼓舞。

我们组织部的工作很多，很忙碌，同时，部里的文体活动也很活跃。1993 年 12 月 26 日，冯秦亲自策划举办组织部机关“纪念毛泽东同志 100 周年诞辰演唱会”。郭子明主持，冯秦即席讲话。他讲得热情庄重，层次分明，条理清晰。最让我钦佩的是词汇丰富，讲起来滔滔不绝，没有一句重复。总共有千字左右，如果整理出来，就是一篇佳作。他或许事先做了功课，打了腹稿，但记得那么准确，讲起来那么流畅，且富有感情，真是难能可贵！冯老头，可以说是才华横溢！他还唱了杨洪基唱的《三国演义》主题曲，那叫一个棒，掌声不断。

第四个节目是我的独唱，我唱了《草原上升起不落的太阳》《毛主席的书我最爱读》两首歌。冯秦说，布部长是一颗新星。这种鼓励也是难得的。

1995 年 1 月 27 日，部里举办 1995 年迎春联欢会，照例是冷餐会。我主持，郭子明致辞。演节目时，我隆重推出冯秦的大草原系列，请他唱他喜欢的一系列草原歌曲。他高亢浑厚的歌声，博得一阵阵掌声。1997 年 2 月 1 日，部机关举办春节联欢会。在同志们的热情欢迎下，我连唱三首歌：《草原恋》《雕花的马鞍》《乳香飘》。

组织部的领导班子是工作得力、团结紧张、协调配合的班子。冯秦是严于律己、以身作则、率先垂范的班长。他对部下，既严格要求、不讲情面，又鼓励鞭策、放手用人。1994 年 1 月 2 日，元旦假期，我在办公室复习中央党校后期本科班英语。冯秦推门进来，说是来办公室打个电话。他看见我在学习，便说，你这样的学习，全国也少有啊。

冯秦很会夸人，也很幽默。1995年9月6日下午6点多，我在办公室写材料。冯秦来我的办公室，径直走到东窗前。楼下是网球场，人们在打网球。打网球是冯秦唯一的运动爱好。但他没说网球，看着网球场，跟我有了如下对话。

——你知道今天是什么日子吗？

——怎么不知道呢，今天是9月6日，我们来组织部不是已经两年了吗。

——今天你两年，明天我两年。

——是的。

——看来不会有人给我们庆祝了，我们各自回家，该吃啥还吃啥吧。

——哈哈哈，两年了。真快呀。

——两年来我们是不是碌碌无为呢？

——碌碌无为不一定，但忙忙碌碌是真的。

——两年真快，再有两年，我就该退休了。

……

我们俩各回各的家吃饭去了。

组织部三人班子中另一位郭子明，为人谦和，善于沟通，想事周到，工作井井有条。1995年9月13日晚上有一个人数不多的饭局。席间，郭子明对着我的耳朵说，上午，分管领导和冯部长找我谈话了，要动我，征求我的意见，去直属厅局还是盟市。我说去盟市，咋安排都没意见。正在运作，不要往外说。看得出来郭子明那高兴劲儿。我即举杯，悄悄表示祝贺。1995年10月，郭子明离开组织部，去兴安盟任盟委副书记兼盟政协主席。虽然分开了，我们俩也常见面。他从兴安盟去呼和浩特，总是来我这里叙旧说新。他任鄂尔多斯市委书记期间的2002年8月下旬，率市党政考察团来锡盟考察，我和邓月楼等陪同考察。

郭子明离开以后，组织部新来了三位副部长，从自治区人大办公厅来了周同战、从二连浩特市委来了王长聚，从包头市来了王威。从此结束了三人班子的历史。10 月 18 日，冯秦单独跟我商量我的分工问题。先是给我分了组织一处、组织二处、电教中心、企业处、机关党委。除了后二者外都是我原来分管的。我说，我抓基层组织建设，经常往基层跑，机关党委怕是管不过来。最后，把机关党委换成了干教处，由原来的 7 个处减少到 5 个处，其中企业处是新增加的。

1995 年 10 月 19 日下午，组织部办公室主任杨再明接到二连市来的电话，说有 14 个人送王长聚到呼市。杨再明请示冯秦关于安排接待的事。冯秦一听就生气地说，不管！杨再明又来我的办公室说明情况。我和杨再明去冯秦办公室，商量安排一桌饭。冯秦说，话是气话，但我向来不感兴趣，既然已来，你们去吧。

我和杨再明在办公室等到 6 点多，仍不见王长聚等人来。结果是二连的一行人已经在街上吃上了，是一次不大不小的误会，是因为二连市委给部里打来电话，引起冯秦的不满。

1997 年 1 月 19 日至 20 日，全区组织部长会议召开。会议开始，先讨论了组织部年度工作要点。冯秦在会议结束时的讲话中举例说，一些干部是“干大事而惜身，见小利而亡命”。冯秦用典用得好，但我不知道此典故出自何处。1997 年 3 月 15 日，党委的一位领导对我说，冯秦有两个优点：一是骨头硬，对干部的问题，他从不往上往下推责任，很可贵；二是对部下从不说坏话，也可贵。冯秦对你的评价：一是工作刻苦；二是认真细致；三是对下属严格要求。还说这一点和他本人一样。

组织部的领导班子虽然人少，但团结协调，心往一处想，劲往一处使；分工明确，却分工不分家，配合默契；贯彻执行党中央精神和自治区党委的决策部署，不打折扣、不搞变通，原则性强；选人用人坚持德才兼备，既发扬民主，又按制度办事，不搞任人唯亲；廉洁奉公，不搞以权谋私，实打实地干，不搞花架子。班子好，关键在班长正。有的干部对冯秦的印象是“冷面热心肠”。但人们往往只看到“冷面”而看不到“热心肠”。也难怪，有谁能把“心肠”掏出来给别人看呢？

冯秦部长是正直的人、有原则的人，也是有能力有水平的人。这些是难能可贵的，令我佩服的，值得我很好地学习。当然，他有他的不足，没有不足就不是真实的他。外界对冯秦的印象是，他严肃有余而亲和力不足，绷脸过多而微笑过少。但这些都不影响我对他的评价和向他学习的理由。

第二节　把重点当重点

农村牧区基层组织建设、国有企业党的建设及领导班子建设，是我分管工作的重点，也是组织部整体工作的重点之一。1994 年 9 月 26 日，冯秦对我讲了两件事：一是及早考虑明年的工作。明年继续把基层组织建设作为组织部的工作重点之一，仍把农村牧区和企业党组织建设作为重中之重。也要把知识分子工作作为一个重点，还要抓企业家队伍建设。二是考虑贯彻即将闭幕的党的十四届四中全会精神问题。

重点工作需要重点抓、用心抓。对这些重点工作，我并不陌生，在阿右旗工作时也是重点抓的。在组织部工作期间，我把绝大部分的时间、心思和精力花在这些重点工作上。每年，中组部召开最多的会议是基层组织建设方面的会议；组织部领导班子中，参加中组部会议最多、外出考察最多、下基层最多的，都是我。这是由我分管工作的性质和要求决定的。这些都为我提供了多方面学习、锻炼提高的难得机会。

在自治区党委组织部工作的 6 年间，据不完全统计，在我分管的工作范围内，先后参加中央召开的会议和中央有关部门召开的会议有 14 次之多。在这些会议上，我见到江泽民等中央领导同志多次，聆听了他们的重要讲话。中央召开这一系列重要会议，是指导各省区市相关领域的工作。我深感责任重大，首先是全面领会中央会议精神，及时向自治区党委和部里汇报。同时提出结合我区实际贯彻落实的思路和措施，召开全区性有关会议 12 次，认真进行传达贯彻。

在自治区召开的会议上，都由党委领导讲话。比如，1995 年 1 月召开全区组织工作会议，刘明祖谈到了选拔使用少数民族干部问题。他强调：各地在做好培养选拔优秀年轻干部工作时，要特别注意做好培养少数民族干部的工作。选拔使用少数民族干部很重要，但不能降低标准来照顾。降低标准，照顾安排，一不利于干部本人的成长，二不利于这个民族的提高，三不利于这个地区的发展。所以，必须统一标准，必须在培养提高上下功夫。各级领导都必须重视培养少数民族干部工作，谁不重视谁就不称职，不称职做民族地区的领导。

1996 年 1 月召开的全区国有企业领导班子建设工作座谈上，冯秦讲话。其间，我和冯秦就修改企业党的建设、领导班子建设和企业家队伍建设问题三个文件交换意见，决定从包钢公司、包头市、伊克昭盟抽若干熟悉企业情况的同志，从直属机关抽几个有文件起草能力的人，用三五天时间，趁热打铁，春节前搞完，争取主动，提交党委同意后下发执行。当天晚上，我开始抽人，第二天开会，向参与修改的十来个人讲了意图和要求，开始了这项工作。

1996 年 4 月 7 日，党委常委会研究我部提交的《国有企业领导班子管理暂行办法》《企业经营管理者队伍建设五年规划》两个文件。在讨论过程中，刘明祖两次问这些文件的产生过程以及与以往类似文件有何不同。我一一回答了这些问题。这些都在我准备的汇报提纲范围之内，回答较为顺利。1996 年 1 月，在全区组织工作会议上，刘明祖等人做了重要讲话。讨论时，我大部分时间在企业组。我们赶在会前搞出了企业党建三年规划、企业经营管理者队伍建设五年规划和科技人才队伍建设意见等三个文件，作为会议讨论文件提前发给与会者。会上集中讨论，从而使全年工作有抓手，工作更加主动了。

1996 年 9 月，自治区党委同意以党委名义召开全区农村牧区基层组织建设经验交流会，充分体现了自治区党委对农村牧区基层组织建设的高度重视。当年，中央农村基层组织建设联系会议办公室部署，全国十省区相互对农村基层组织建设进行交叉检查。其中，内蒙古检查陕西省，江苏检查内蒙古。8 月中下旬，我率检查组赴陕西省检查农村基层组织建设情况。

这次我们历时半个月，行程近3000公里，检查了咸阳市三原县和延安地区安塞县的4个乡8个村，听取省地县汇报，召集党员和群众座谈，实地查看发展经济的项目。

检查结束后，我们写报告上报中央联席会议办公室。检查报告包括前言、成效、经验、问题、建议几个部分。总的看，陕西的农村基层组织建设工作，领导很重视，投入人财物较多，抓得认真，效果较好。我们检查别人，对照自己，看到了差距。9月上旬，中组部联系办在山西省太原市召开十省区农村基层组织建设交叉检查汇报会。我听了各省区的汇报，又有很多启发和收获。我进一步理清工作思路，向自治区党委和刘明祖书记写了报告，建议结合加强我区农村牧区基层组织建设，推动我区小康村建设和扶贫开发工作。刘明祖批示同意我提出的建议。

9月15日，我亲自拟了一份关于近期召开全区农村牧区基层组织建设经验交流会的请示，上报自治区党委。建议这次经验交流会以党委名义召开，把参加即将召开的全区政协工作会议的各盟市委分管副书记留下来，参加经验交流会。当时，冯秦在中央党校学习。刘明祖等领导都做出批示：同意以党委名义召开，同意参加政协工作会议的盟市委分管书记留下来参加。自治区的会还是开到盟市这一级，坚持一级抓一级的工作方法。看了领导的批示，我受到莫大的鼓舞。

刘明祖对会议的规格、与会者、层级的把握是非常准确的。我立即召开经验交流会筹备会议，部署有关处室分头准备会议材料。因为有几年来工作奠定的坚实基础，各类情况清楚，加上我结合下基层的调查研究，做了较充分的准备，在会前的几天里，把领导讲话、典型经验等所有材料准备妥当，比较理想。

1996年9月23日至26日，全区农村牧区基层组织建设经验交流会召开。我力求会议开法有新意，一开始就交流经验、参观典型，而后领导讲话、分组讨论，最后修改文件、会议小结。会议开得很成功，原因主要是：1. 领导大力支持。得到刘明祖等领导的大力支持是没有料到的，会议以党委名义召开，达到预期目的，办成了一件想办的事。2. 准备比较充分。精心组织，逐项落实，亲自修改材料，逐字逐句审定，材料准备上下了工夫。3. 注重细节不马虎。坚持按程序办理，征求其他部长的意见，看望代表，强调服务。4. 领导讲话体现会议质量。起草领导的讲话反复推敲，诸如讲以往工作从成果上概括，经验与做法结合起来谈，在今后意见里有针对性地说问题，讲思路吸收新的研究成果，等等。5. 小结是真的小。总结会议，具体清晰，不说废话。

落实中央和自治区党委有关会议精神，我还采取召开不同区域不同类型片会的方式，直接传达贯彻到基层，效果也很好。召开这样的片会，我请中组部有关局的同志来参加，进行指导，也难得。这些片会的特点是：及时贯彻，超前安排；时间集中，效率较高；思路清晰，任务明确；组织精细，方法灵活。中组部几位同志共同的反映是，内蒙古的各级党委重视基层组织建设，组织部门工作深入扎实，注重统筹兼顾，落实力度较大。他们说，这才叫真正的传达贯彻，感受很深。

加强农村牧区基层组织建设，最要紧的是熟悉基层情况，搞清楚要解决的问题。我始终坚持以往的经验和做法，把调查研究作为做好工作的基本功。在自治区党委组织部工作的 6 年间，粗略统计，我先后去各盟市、旗县市、苏木乡镇及嘎查村调查研究 13 次，全区 101 个旗县市区全部去过，有的旗县区去了多次。所到之处，对我的工作积极配合，对我的轻车简从加以赞赏。特别是对紧张的日程安排、较高的工作效率、深入细致的调研方法和作风表示肯定。

1994 年 4 月，我去乌兰察布盟，就贯彻落实全区组工会议精神和基层组织建设情况进行调研。我事先自拟调研提纲，设计有关情况统计表。这次调研历时 13 天，行程 2000 公里，去了 11 个旗县，深入 10 个乡镇、7 个行政村、8 户农牧民、17 家企业，并同盟委组织部交换意见，肯定成绩，指出不足，提出建议。回来后亲自写了调研报告。时任内蒙古党委书记王群在这个调研报告上批示：“一项大的工作部署之后，由领导同志带队深入基层进行认真的调查研究很有必要。布和朝鲁等同志这份汇报提纲就说明问题。既了解了各地部署贯彻的情况和经验、问题，有利于我们加强领导和指导，加强督促、推进工作，确保各项工作收到实效，又可以了解吸收到基层和下面的许多新事物、新鲜经验，丰富提高我们领导。”

1996 年 1 月，我到一个县调研。这里不少农民的生活仍然很苦。在去年秋雨中好些土窑洞都塌了，到了寒冬腊月，住着破破烂烂的简易房。少肉缺油，吃着杂粮，且不能填饱肚子。县的汇报材料上写着“一类党支部已达到 85% 以上”，我感到惊奇。但是，他们念的时候改为一类支部达到 41%，一、二类合起来是 85%。我算了一下合起来是 80%。人们认为，这个地区虚报浮夸名声在外，改也难。我要求他们紧紧围绕解决农民的吃饭问题、住房问题，切实加强基层党组织建设，以解决本村的吃饭、住房问题为标准，对党支部进行分类。

我知道，召开各层级各种类型会议传达贯彻上级会议精神很有必要，但仍然是以会议落实会议，难以衡量其实际成效。推进工作，越往基层越需要具体化，使基层落实上级精神有抓手、有目标、有措施、有标准、有制度。我的思路是使自己分管的各项工作有章可循，通过制订相应的切实可行的规划，把各项工作的目标任务落实到基层。

在组织部工作的 6 年间，我为了扎实推进分管工作，主持制定了一系列事关全局、事关长远的规划。这些规划包括农村牧区基层党组织建设、党员教育、后备干部队伍建设、国有企业党的建设、企业经营管理者队伍建设、国有企业领导班子管理、干部教育培训、科技人才队伍建设、贫困地区干部培训、党员电化教育等方面的三年规划或五年规划，并按规划进行检查验收，使分管工作达到一个新水平。

组织部的这些工作得到中组部和自治区党委的充分肯定。1997 年，对内蒙古加强农村牧区基层组织建设，全面完成“三年规划”目标任务，中央农村基层组织建设联系会议办公室领导批示：“内蒙古是搞得好的省区之一。”1994 年 9 月，刘明祖在自治区党委五届九次全委会报告中讲：自治区党委根据我区党的建设实际，制定了以整顿后进党支部为重点的全区农村牧区基层党组织建设三年规划；以加强企业党的领导为目标，制定和实施了关于进一步加强国有企业党的建设若干问题的暂行规定；以提高党的战斗力为目的，改进和加强了党员管理工作，基层党组织的状况得到明显改善。

1998 年 2 月 6 日，我向常委会汇报了三年来农村牧区基层组织建设情况及新的三年规划思路。刘明祖在讲话中说，农村牧区基层组织建设抓得不错，虽然同发达省区相比有差距，但同自己的过去相比有很大变化，各项措施也都比较得力。这项工作主要是由布和朝鲁同志抓的。

第三节　细节决定成败

细节决定成败，因为，“魔鬼在细节里”。组织工作有很多细节，做工作包括做人的工作，必须细之又细。细节很多，但不一定都决定成败。隐藏“魔鬼”的细节往往被人们忽略。找准决定成败的细节，需要缜密思考，需要经验，需要智慧。我在组织部工作期间，就有忽视决定成败的细节而出现失误的教训。

1994 年 4 月，我到组织部工作刚过半年。按原计划，我准备下乡调研，先去呼伦贝尔，再往回一个盟一个盟走过来。但有时候计划赶不上变化。1994 年 3 月 26 日，去西部盟市调研的冯秦，中途被党委领导从乌海叫回来，没去成阿盟。那天，下班前部领导碰头时得知，党委主要领导正酝酿对盟市班子的调整。前日，郭子明也是刚从乌海回来。

4 月 17 日，冯秦召集部办会简要说明乌海的情况，大家意识到乌海人代会换届可能不顺利，都在议论这件事。突然，冯秦说，这一关键时刻就得老布去了。我以为他在开玩笑，因为盟市干部不归我管。我也就附和了一句：那我的作用可就大了吧。谁知道冯头是认真的，我真没有想到，我极力推辞。冯秦也说不出我必须去的充分理由。他只是说，乌海，我们三个人前后都去过了。老郭我们俩刚从那里回来，这次就你去吧。他还说，“明知山有虎，偏向虎山行”嘛。不会有多大问题，解决棘手的问题，可以提高我们解决党内和人民内部矛盾的能力。

不管冯秦是什么意图，这次是真的要把我放在火上烤了。我也没法再推辞，只能“以服从命令为天职”。后来，从冯秦的话中得知，之前他把这种安排向党委领导汇报过，党委领导也同意。这样一来，呼盟是去不成了，而乌海是非去不可了。这次是明知山有虎奉命虎山行了。

1994年5月5日，我给乌海市委书记巴特尔打电话了解近来的情况。巴特尔说，我们这里已经乱套了，你赶快来吧。于是，1994年5月14日至27日，我和盟市干部处处长高俊义一起，去乌海指导市政府换届选举工作。这次乌海市政府换届选举工作的难度和复杂性在于，不久前，中纪委对乌海市市长被举报的问题提出三点意见，其中一点是他不宜继续担任市长。

据此，自治区党委决定市长免职，提出新市长人选，在换届会议上进行选举。但是，市长在乌海修广场、建楼房，做了一些工作，在班子和群众中有一定的影响，大家不理解对市长的调整，市长本人也不愿意离开乌海。我们又不能公开讲他的问题和中纪委的三点意见，这是我们做工作的难度所在。

5月14日晚上8点多，我和高俊义到达乌海。途中我在想如何解决乌海选举中的难题。如果市长能识大体、顾大局，服从党委的决定，积极配合我们的工作，问题就好解决了。不管结果怎么样，我决心试一试。当天晚上，我给市委书记巴特尔等讲了自己的想法。他们同意我的意见，决定即刻去市长家里，给他做工作，让他服从党委的决定。结果他可能有所准备，藏了起来，始终没有见着。

15日起，我同乌海市委、人大、政府、政协和三区两矿及部门领导谈话，多达七八十人次。我是白天谈话，晚上写讲话稿，有时写到后半夜。我准备在人代会党员代表会上，通过讲话做工作。写讲话、做工作的难度也在于，我既不能讲市长有问题，又不能说中纪委有三点意见，一味强调调离他是工作需要，要求大家讲党性、识大体、顾大局。这样讲，我自己也觉得缺少说服力，显得苍白无力，抵不过市长和他的支持者暗中的活动力。尽管这样，也没有别的选择，只能结合乌海实际，力争讲话有说服力。

18日下午，在市人代会党员代表、政协会党员委员170多人的会上，我讲了一个半小时。高度概括的话，着重讲了以下意思：坚持“抓住机遇，深化改革，扩大开放，促进发展，保持稳定”的20字方针，是今年全党全国工作的大局，稳定是改革和发展不可或缺的前提和条件。这次我们乌海市的“两会”要坚决贯彻中央的20字方针。当前在乌海市，稳定是压倒一切的。我们的“两会”维护稳定，集中体现在坚决按照自治区党委的人事安排意图把选举搞好，特别是正职的选举要坚决体现自治区党委的意图。这次市政府主要领导的变动，是从全局考虑、从工作出发、慎重决定的，是经过中纪委的意见的。我们衷心希望市人代会党员代表、政协会党员委员做出榜样，并共同做好非党代表的工作，确保自治区党委的人事安排意图圆满实现。

我的讲话效果是不错的。会后各方面的反映认为，我的讲话从正面把道理讲透了。原先一些人是抱着“吃熏面”的心理来的，但听了都满意。会前，根据巴特尔和各代表团的预测认为，自治区党委提名的市长候选人有把握的票有130多张。另外还能争取到一部分，比较乐观。我只怕万一，出现意外。所以，进一步加强工作，把几个做反面工作的主要人物叫来，讲清利弊，警告一番。他们都发誓赌咒地否认做过反面工作。23日晚，得知有些做反面工作的人活动到深夜，我感到要出问题，选举不会顺利。

24日上午，人代会进行正职选举，我所担心的情况还是出现了。虽然新市长候选人得112票，比前任市长的101票多了11张票，但都没有过半数。休会时，我把电话打到王群书记的办公室，分管副书记和冯秦等都在那里。我在电话里汇报了正职得票情况。分管副书记主张选第二次，问我有没有把握？我说，从势头看根本没有把握，再选就把前任市长选上去了。电话那一头，他们商量后也同意就此打住，不搞第二次投票。

我在人代会主席团会上宣布自治区党委的决定，不搞第二次选举。无人反对。主席团在大会上宣布了这个决定。这个决定对有些人可能是致命的。我对巴特尔等人说，我们起码打了个平手，没有争取到最好的结果，但也努力避免了最坏的结果。事后，高俊义说，布部长真是英明决策，关键时刻有经验。

反思这次指导乌海市人代会换届选举工作，我的失误在于应对复杂局面的各项措施深思熟虑不够，连我在阿右旗工作时解决类似问题的经验都没有想起来。虽然我和其他同志尽力了，但毕竟未能实现党委的人事安排意图，辜负了党委的重托。我做工作的难度在于，不能理直气壮地说明调整前任市长的理由。我放电影式地回顾整个过程，也回忆起我在阿右旗工作时类似的经历，我感到还是在某些细节上工作做得不到位。

从市委工作讲，做工作还是不细致，如果发挥市委班子整体的力量，像阿右旗旗委常委那样，分头去做深做细每个代表的工作，新任市长候选人得票过半数是有可能的。从指导工作上讲，我在讲话效果上下功夫、在找领导干部谈话上下功夫，却忽视了督促提醒市委做好每个代表的工作。隐藏“魔鬼”的细节可能就在这里。

这些就是我明知山有虎奉命虎山行的前因后果。

当然，细节处处有，隐藏“魔鬼”的细节也可以找得出来。1996 年 10 月 29 日，中组部召开会议部署党的十五大代表选举事宜。代表选举是我分管的工作范围，我参加了这次会议。1996 年 11 月 3 日，我向常委会汇报中组部关于党的十五大代表选举工作会议精神，传达中央的有关通知，汇报了我区关于选举党的十五大代表工作方案。1997 年 3 月 20 日，我向常委会汇报我区党的十五大代表候选人考核情况。

3 月 21 日，我专程到北京玉泉山——人称第二中南海，向中组部地方干部局副局长邓昭雨等汇报我区推荐党的十五大代表候选人工作情况及初步名单。22 日，到刘明祖办公室汇报去北京汇报工作的情况，刘明祖圈定了上常委会的 40 人名单。23 日，我向常委会汇报迄今为止代表推荐工作情况及即将召开的全委会议程、内容、表决办法等相关事宜。1997 年 3 月 28 日，内蒙古自治区党委六届五次全委会召开。上午，冯秦做代表候选人安排说明，通过表决办法。接着以无记名投票方式通过了我区出席党的十五大代表候选人预备人选。

1997 年 6 月 12 日，我召集组织一处全体同志，仔细讨论研究即将召开的自治区党代表会议组织组工作程序和完成各项任务的分工等。筹办自治区党代表会议是我第一次直接组织实施的重要工作。这出戏唱得好不好，又是一次重大考验，我们已经进入临战状态。

1997年6月18日至20日，内蒙古自治区党代表会议召开，299名代表参加会议。在我区出席党的十五大代表预选中，刘明祖几乎得满票，只差一票。正式选举时35个候选人全部当选，保证了中央要求的各项结构比例。美中不足的是，刘明祖得赞成票278张，反对票20张，弃权票1张。中央下派到我区的代表候选人胡绳也丢票40多张，都出乎预料。刘明祖在大会上宣布了当选代表名单。但我觉得这次选举不正常，又想不出不正常在哪里。

这次选举在计票上有一个与以往不同的新情况。成都的一家科技公司研制了用于统计选票的计算机，中组部拟在党的十五大选举中用计算机计票，先在北京市和我区党代表会议上试用。进行选举的那天，我作为大会组织组组长，一直盯在计算机屏幕前，一些领导的票数出现异常情况。我问操作计算机的成都公司的人，是不是会算错？那个人很自信地说，不可能，你可以看选票。听了他的话，我想，问题可能不在计算机上，但我思想上的疙瘩仍没有办法解开。

6月20日，我到刘明祖那里，把预选得票和正式选举得票对比分析的情况向他做了汇报。刘明祖也完全没有思想准备。我说，对于这次选举票中出现了什么情况，我慢慢了解一下。他同意我的意见，说慢慢了解，不能急。我说，不知我该不该说，刘书记，您对这件事不要有什么想法，大家都是坚定地支持您的。出现这样的事，实属不公道。刘明祖说，我能想得开，连这个都想不开，还当什么书记呢！向刘明祖汇报以后，我的心情似乎也舒坦多了，昨日以来一直不是个滋味。6月24日，我赴京去玉泉山，向中组部汇报内蒙古党代表会议情况。

6月末，刘明祖对我说，我做了各方面的分析，感到有些蹊跷。你们再看看选票，有没有计算机出错的可能性。7月2日一上班，我和组织处处长等几个人一起查看了正式选举的选票。我们先是手工统计刘明祖的票，方法是先把干净票排除掉，再看涂画的票。出人意料的情况发生了！刘明祖的选票涂画的票只有3张，其中反对票2张、弃权票1张。再统计其余票，也没有发现胡绳的选票有反对票。我立即向冯秦汇报了复查选票的情况，他也立即向刘明祖做了汇报。然后，冯秦亲自给自治区纪检委有关领导打了电话。

7月3日，纪检委副书记赵道尔吉、孙显谦和我部组织处的人用一天时间复查了全部选票，并连夜写出汇报材料。我也向刘明祖汇报了复查选票的具体情况。他握着我的手说，谢谢你们啊！我说，是我没有把工作做好。我这么说是因为当时我轻率地相信了计算机操作人员的话，没有查看选票。其实，“魔鬼”就在计算机计票这个细节里。

7月4日，组织部向常委会汇报手工计票情况。常委们认为组织部办了一件大事，立了一大功！刘明祖也说，组织部干得不错。常委会之后，组织部起草了发给各盟市的情况通报、上报中办和中组部的报告。7月8日，我专程赴北京玉泉山，汇报我区党代表会议选举计票结果复核情况。中组部邓昭雨副局长说，你们认真细致的工作作风值得我们学习，你们做得很好，使我们对党的十五大用计算机计票采取慎重态度，感谢你们。据邓昭雨讲，计票计算机在北京市使用时有一台不能用了，改在其他机里投。他们将要求北京市也重新复核。

反思这次党代表会议选举工作，我的失误在于没有找准隐藏“魔鬼”的细节，排查方法没有做到从易到难。选举工作，无非划票、投票、计票几个环节。查找票数出现异常的原因，最直接、最容易、最快捷的办法是复查计票这个环节。可是，我却轻信了计算机操作人员的话，没有抓这个细节里的“魔鬼”。当时我不知道“魔鬼在细节里”，不懂得细节决定成败。幸亏刘明祖提醒我们再看看选票，避免了出现不应有的后果。

我深有感触说：再大的事，也是由一件件小事构成的，是由一个个细节衔接的。细节决定成败，是不是所有的细节都决定成败？也不一定。可能是有的细节被忽略了，或者一些细节容易被忽略，就成为决定成败的细节。看来，做大事，需要把构成大事的一件件小事做好，一定不要忽略看似不起眼的一个个细节。

第四节　干部教育种种

干部教育是我分管工作中的一项重要工作。组织部的干部教育工作包括选送领导干部到中央党校学习培训、在自治区党校办各类培训班、向基层下派干部挂职锻炼、向发达省市外派干部挂职学习等，为各级领导干部提高素质、提升能力创造条件。

为了有针对性地培训农村牧区基层干部，我感到有必要编写基层干部培训教材。1994 年 7 月 2 日，我在部办会上提出编著《嘎查村干部读本》《苏木乡镇干部读本》两个培训教材的想法。冯秦、郭子明都很赞同。会后，冯秦还一再肯定这件事。7 月 20 日，我召集有关部门负责同志，要求各单位承担编写《嘎查村级干部培训教材》《苏木乡镇干部培训教材》的有关内容。大家很赞同，认为这是补空白，是开创性工作，很有意义。同时，确定相关内容撰稿人，提出具体要求，明确各自的任务，要求尽快完成。

在之后的两年中，我们下功夫编著这两本培训教材，还请中组部张全景部长写了序。1996 年 6 月末，在参加全国先进基层党组织、优秀党务工作者表彰会期间，我把带去的《苏木乡镇干部读本》《嘎查村干部读本》送给组织局局长李景田，委托他送给有关领导和部门；我把书亲自送给张全景部长。我说，这是我们编的一套基层干部培训教材，感谢张部长给我们写了序。张全景很高兴地说，你们编教材很好，序是你们起草的，我是阅改。我收下这个教材，我也好好学习。听了张全景部长的话，我很受鼓舞。

向发达省市选派我区各级各类干部挂职学习，是学习别人的好经验、好作风好做法、锻炼提高我区干部素质能力的难得途径。我开辟这条途径，主要是按照领导的安排，利用参加我区外出考察团的机会，积极主动协调而实现的。1995 年 4 月 6 日至 11 日，自治区党委副书记、自治区常务副主席王占率自治区政府赴天津经济协作访问团考察。我和天津市委组织部的同志协商，他们很热心，协商很成功。我区派干部去天津挂职学习事宜列入我区与天津市经济协作的协议中。当年 7 月，我参加中组部组织部门领导干部第二期轮训班时，结识了天津市委常委、组织部长房凤友，他欢迎我区干部到天津挂职。8 月 14 日，我专程送我区 12 名少数民族干部到天津市挂职学习。这无疑是一个好的开端。

1996 年 5 月 19 日至 6 月 3 日，刘明祖率领内蒙古党政代表团先后考察了山东、辽宁两个省。这两个省的组织部门也很配合，顺利达成我区派干部挂职学习的协议。这次考察期间还有一个小插曲。5 月 31 日，考察团来到沈阳市。第二天早晨 6 点，我从宾馆房间出来准备晨练。走到楼门口，恰逢刘明祖带着警卫员小郝出来散步。见了我，刘明祖说，你起得很早。我说，您也很早呵。没想到出了楼门以后，刘明祖对警卫员说，小郝你先走，我和布和走一走。就这样刘明祖和我边走边聊起来。刘明祖说，阿盟的书记伏来旺，思想品质可以，就是身体不太好，家也没搬去，由谁去替他好呢？我说，这个没有考虑过。刘明祖自言自语，谁去好呢？我们俩沿着湖边的路边走边聊。刘明祖突然说，听说你比较廉洁，这是好的，你去阿盟怎么样？我感到很突然。我说，刘书记，您让我去哪里都可以，但阿盟就别去了。那是我的老家，亲戚朋友不少，去那里不好开展工作。对这个话题刘明祖再没说什么。我们还谈到自治区政府将面临换届问题。刘明祖说，现在多数是守摊的，应该提拔年轻的。你们外派干部挂职，要派一些一把手出去学习。

1996 年 7 月 16 日至 20 日，王占率内蒙古党政代表团去北京考察。在北京，我和市委组织部对口洽谈时，北京市委组织部副部长韩铁城带着综合、教育、办公室的三个处长来跟我深入交换了意见。我们就挂职学习、考察参观、进修深造和北京市委组织部派干部到内蒙古挂职帮带等四个意向达成共识，谈得很成功。从此，我和韩铁城成为很要好的朋友。

作者和韩铁城部长在锡盟的原野上

1996 年 11 月 6 日至 18 日，自治区副主席沈淑济率团考察上海、浙江、江苏，还让我担任副团长。我和三省组织部的同志对口协商时，有了出人意料的收获。三省市组织部负责人接受了我提出的请求，同意我区每年选派 25 名干部到对方挂职学习的方案。

1996 年 12 月 4 日，我区组织部《组工简报》第 5 期发消息说，我区外派挂职干部已全部到职上岗。截止到 11 月 20 日，我区外派挂职干部 90 名，其中山东 28 名、辽宁 52 名、北京 10 名；盟市级 8 名、旗县级 35 名、大中企业经营者 8 名、苏木乡镇领导 49 名。明年还将安排每省市 25 名干部到江、浙、沪挂职。我区外派挂职干部工作，可以说是成效显著。1997 年 4 月 1 日，由市长贾庆林率领的北京市党政代表团抵呼。我去宾馆看望北京市委组织部副部长华淑芳，并座谈协商合作事宜。这次达成包括干部挂职学习在内的 7 个项目的合作协议。

我在组织部工作期间，分管干部教育工作，同时，自己也受到多方面的教育，得益匪浅。1993 年 10 月 7 日，我到组织部刚一个月，冯秦招呼郭子明和我去他的办公室，商量三人中谁去参加中组部第八期组织部门领导干部进修班。冯秦说，看来这个班是老布我们俩优先去参加。郭子明和我谁也没吱声。过了一会儿，冯秦说，这个班我去吧。郭子明说，你哪能离开呢。冯秦笑着说，那就老布去吧。郭子明表示同意。我惊喜地意识到自己又有一次学习的机会了！

冯秦在中组部的文件上签字“请布和朝鲁同志参加”。中组部的通知强调，培训班是为了提高组织部门领导干部的工作能力和业务水平。10 月 19 日至 11 月 13 日，我在中组部培训中心参加了这期进修班。培训内容包括现代科技、经济、管理新知识讲座，组织工作业务讲座研讨，专题考察，领导艺术课程，等等。这期间，《邓小平文选》第三卷出版发行了，我开始学习邓小平理论。在这个进修班学习 25 天，我在思想理论上受到教育，工作方法、业务知识上得到提高。同时，结识了中组部几位部长、有关局领导和各省市组织部领导，同时拜访了与我分管工作对口的组织局、干审局、干教局等部门，还去辽宁省朝阳地区和沈阳市考察调研。

1995 年 7 月 4 日至 29 日，我有幸再一次参加了中组部 1995 年度第二期组织部门领导干部轮训班，颇有收获。我对邓小平新时期执政党建设理论有新的理解，对组织工作业务知识水平有新提高，结识了参加培训的各省市组织部部长。7 月 25 日早晨，中央领导冒雨来到中组部招待所报告厅，接见轮训班学员，我再次见到中央领导。合影时我正好站在中央领导后面，很多同志说在当天的电视新闻报道中看到了我。

1995 年 11 月，我区 8 名盟市党政一把手由我带队参加“深圳—香港第 18 期领导干部经济管理研究班”。这个班是由中组部、国家外国专家局、新华社香港分社三家主办的。研究班在深圳上课，去香港考察。研究班结束时要求每人写一篇论文作为个人小结。我写了《多变性、灵活性与适应性——香港现象的启示》的论文。

有时候，我感到聆听领导一席暖人心的话，很受鼓舞，很受教育。

1994年4月11日，因为中组部通知自治区主席乌力吉去北京学习，需要他在文件上签字，我在电话里约好以后去了他的家。乌力吉在电话记录上签了同意5月份去学习几个字。他说，我愿意去学习，学习使人进步，使人得到提高。他还对我说，你是年轻干部，你们上来，我们也高兴，好好干吧，在干中学，不断总结，不断提高。我请他多给予指点。他说，那是彼此的事情。送我出门时乌力吉还说，有事来电话。我说，谢谢领导的鼓励。

1995年1月11日晚上，迎新之际，我去看望乌力吉和王占。乌力吉为人很随和，给予我充分的信任。他说，有的领导口是心非，而刘明祖则实在、坦率，我们俩互相约定"无话不说"。我觉得，乌力吉称得上是有识有为的高级领导干部。他讲的国内与国外、历史与现实、思想与行为、多数与少数分开论，是实事求是的，符合实际的。我向他征求意见，他说，你成熟、稳重、谨慎，对你的反映普遍好，并说作为党的干部应该这样。他给予我的充分信任大概基于此。临出来，乌力吉送我一本他的文集《月出之光》。书中含有智慧之光、故乡之情、建设之歌、天涯之旅四个部分，且先已亲笔题了字。我还看望了王占和我的老领导苏德保扎木苏。近日来，不知为什么，我的心情不平静，感到窝火，有一股想直抒胸臆的冲动情绪。今晚与几位领导见面畅谈——主要是听领导说，感到好多事情豁然开朗。人贵有自知之明。真正做到自知，不易；真的做到了，可贵。怎样说，怎样做，似乎我已明白了许多。

在组织部工作期间，我参加中央党校后期本科班、领导干部在职研究生班的学习，始终没有中断。1997年4月29日和30日，我在自治区党校参加了中央党校领导干部在职研究生班录取考试。考的科目是马克思主义基础理论、市场经济理论、经济管理理论。7月17日，前几日收到中央党校在职研究生班录取通知书，今日是报名日。一起报考的岳志君说要替我报名，我未同意。我亲自到自治区党校报名，受到老师的表扬。他说，部长带了头，应该这样，可是现在好些领导让别人代替。

1998年年初，按照党委的安排，我们几位部长分别带队考核了呼和浩特、包头、赤峰、乌海四个市的领导班子。我带队去赤峰考核，赤峰市领导班子的突出问题是党政一把手不和。这次没有搞大会述职、民主测评和推荐，主要是通过个别谈话了解情况，班子成员都能敞开来谈。虽然时间短，任务重，但我们圆满完成了任务。2 月 3 日，我和冯秦向刘明祖汇报了赤峰市领导班子情况。刘明祖说，朝鲁对赤峰领导班子的考核比较实，合情合理。他最后说，对四个市领导班子的考核情况分两次向书记办公会汇报，第一次只拿调整与否的方案，第二次再提出调整人选。

1998 年 2 月 9 日，我们五位部长向书记办公会汇报了对四个市领导班子的考核情况。听完汇报后刘明祖说，下午你们组织部提出人选，明日早晨 8 点半再向书记办公会汇报。下午，我们讨论了人选。最后，冯秦说了一句：晚上我们可能还碰头。

晚上，我在家看书。部里没有来电话叫我去碰头。于是，我就想其中的缘由。说要碰头，又没叫我，其中有何奥秘，是不是有意让我回避。10 日早晨，冯秦推开我办公室的门，叫我来一下。果然不出所料，冯秦说，昨晚其余几位部长商量过，刘书记对你的工作安排问题非常关心，现在部里拿出的意见是让你到哲里木盟任盟长。我们的方案中哲里木盟任盟长的还有一个人选是赵双连，让书记们定夺。对你的安排，你有什么意见？

我表示了两点：第一，这些年来，关于个人职务的事，我从来没有提及，从来都是组织怎么安排，我怎么服从，这次也一样。第二，去哲盟也没意见，对哲盟的情况也了解一些。冯秦表示赞同我的态度。中午下班时周同战对我说，书记们议得很细，认为你还是做书记工作比较合适，这些年来都在搞党务工作；考虑到哲盟工作思路的连续性，认为祝广凯任书记比较合适，赵双连任盟长。

两个月以后，1998 年 4 月 8 日，冯秦对我说，你的工作要变动了，让你担任锡林郭勒盟盟委书记，原书记包俊臣来接替你的工作，你有什么想法？我说，服从组织的决定，一定完成组织交给我的任务。感谢您对我的关心和支持。这五六年来向您学到很多东西，使我的思想和能力都有很大的提高。

1998 年 5 月 5 日，刘明祖和我谈话。他说，刚才我跟包俊臣谈了，他也很高兴，因为组织部也很重要嘛。这次调整锡盟的班子，让你到锡盟，工作会有一定难度。那里，思想观念比较陈旧，开拓精神不强，干部队伍的素质需要提高。推进牧区改革、调整产业结构、加强草原建设等，都会有难度。抓住提高干部队伍素质，就抓住了牛鼻子。派你到锡盟去，对你寄予很大期望！

在谈话中间，刘明祖给冯秦打电话说，在中组部已经口头同意的情况下，布和朝鲁的组织部副部长可以先不免不任，但锡盟的书记可以先任免，不要影响工作。

刘明祖谈完以后我表了决心：这些年来，刘书记、自治区党委对我的信任、栽培、重用，我铭记在心，衷心感谢！到锡盟以后，我一定要以自治区党委提出的“两个提高”统揽全局，畜牧业要认真贯彻刘书记的“双增双提”思路，以草业为基础，产业化带动，加快发展。工业要认真贯彻全区工业经济形势分析会精神，抓好落实，抓出成效，大力发展非公有制经济。三产要结合锡盟特点，搞好旅游业发展。干部队伍建设，要抓住提高素质这个牛鼻子。我要坚持开拓、务实、廉洁、高效，为锡盟人民服务好。刘明祖不时点头，有时插话，均表示同意。

自治区党委组织部领导班子，三至五年总要进行调整，有进有出。据我所知，近年来从组织部副部长任上直接到盟市当书记的，我是第一个。在从政的路上，我总是遇到让我铭记终生的“伯乐”。我说过，我不是什么千里马。我只是一峰不用扬鞭自奋蹄的骆驼，从驼乡走来的骆驼，原来是，现在是，将来是，永远是。

第七章

在锡林郭勒草原上

第一节 拜农牧民为师

美丽的锡林郭勒，是我久已向往的地方。我从大漠驼乡走来，没想到真的来到这闻名全国的大草原。

1998 年 5 月 13 日，在锡林郭勒盟宣布我任职的干部大会上，我郑重真诚地表态：从今天起我就是锡盟人民的服务员，我要密切联系群众、倾听群众呼声，虚心学习、深入调研，吃透上级精神、把握锡盟盟情，在两者的结合上下功夫；我要廉洁奉公、不谋私利，牢记使命、勤政为民，全心全意为锡盟九十万各族人民服务好。

我第一次看到锡林郭勒草原，是在 22 年前的 1976 年。那时，我被借调到《内蒙古教育》杂志编辑部工作一段时间。那次，我是和编辑部的同志一起来锡盟采访的。从小在阿拉善的巴音呼都格、浩依尔呼都格两片草原上长大的我，第一次看到了不一样的草原。在自治区党委组织部工作期间，我来锡盟多次，但从未想过来这里工作。这次让我来锡盟，我有一种回到家的感觉。我是牧民的儿子。我要踏踏实实地为锡盟的父老乡亲做我应该做的事情。

近几年，我来锡盟的次数不少，但对锡盟的了解还是皮毛。这次，我不是过路的，而是做事的。我想，必须把锡盟的情况吃透。在锡盟宣布任职的第四天，我就下旗县了。除了开会等急务以外的一个月时间里，我下基层五次，行程 6000 公里，对全盟 13 个旗县市区和一些重点厂矿企业进行了第一轮调查研究，向基层干部群众虚心请教。同时，我分别召开盟级几大班子座谈会，听取盟直有关部门的汇报，拜访盟里的老领导，充分交换意见。通过这次初步调研，我对全盟各方面情况有了感性认识，对盟情形成一些概念，经过不断思考，有些感性认识逐步升华为理性认识。

在锡盟工作期间，13 个旗县市区，我每年至少下去两次。到第二年，我就把全盟 157 个苏木乡镇都跑了一遍，899 个嘎查村差不多去了一半。我下基层调研，一直是轻车简从。为了直接听取基层群众意见，深入了解农牧民的生产生活情况，我坚持在阿拉善右旗当书记时的做法，下乡调研走到天黑就住在农牧民家里，或者是住在边防连队。同农牧民和士兵拉家常，了解他们的生产生活情况、值勤情况和所思所盼，问询他们的困难和问题，探讨解决的办法。

至今我还记得我住过农牧民家人的名字。他们是：西苏旗桑宝力格苏木牧民高特布、白旗宝力根套海苏木好勒宝嘎查书记拉希朝格登、东苏旗洪格尔苏木陶木伊力特嘎查牧民布日古德、西乌旗巴彦胡舒苏木巴音青格里嘎查牧民吉木彦、西乌旗罕乌拉苏木萨如拉宝力格嘎查牧民吉日木德、镶黄旗巴彦塔拉苏木昆都仑嘎查嘎查达都古尔扎布、白旗学堂地乡大红山村村委会主任、多伦县三道沟乡榆树林村支部书记朱德成、太仆寺旗头支箭乡头支箭村农民田冒富、正蓝旗乌苏图查干苏木额日敦达来嘎查陶德格日勒、西苏旗巴彦朱日和苏木敦达乌苏嘎查嘎查达敖特根宝日、阿巴嘎旗巴彦查干苏木奔德尔嘎查党支部书记乌云格日勒、东乌旗满都呼宝力格苏木北部牧民巴图赛、白旗羊群滩乡东仓村党支部书记殷之宝、镶黄旗哈音哈日瓦苏木牧民旺吉拉、多伦县大河口乡村委会主任邹某某等。

下乡调研中，我住各旗县农牧民家里至少有 16 次。有的农牧民家住的不止一晚上。比如，在我的联系点正镶白旗宝力根套海苏木好勒宝嘎查书记拉希朝格登家，我一连住了三天，一户一户走访 8 个贫困户，较全面深入了解每一户的生产生活情况，同旗苏木和嘎查领导一起商讨对每一户扶持的思路和措施。通过入户调研，一是进一步坚定了实行我提出的“托管”扶贫思路的信心和决心，更觉得符合这一部分贫困户的实际情况；二是使这一思路进一步具体化、细化，操作性更强；三是具体部署了基层应做的各项工作。总之，感到走进牧户家里，住上几天，很有必要。

我住农牧民家里，就像亲戚住他们家里一样，不把我当外人看。比如，住太仆寺旗头支箭乡头支箭村农民田冒富家里那次，非要喝一点小酒不可。我不会喝酒，只好抿一点助兴，拉家常。半夜，我醒来感到很热，把脚伸出被子外，放到炕席上，又立即把脚缩回来。他们怕我夜里冷，把炕烧得很热，烫了一下我的脚。但是我非常感动，我的心里比热炕还热。

我住农牧民家里，是拜农牧民为师，向他们请教发展农牧业、提高农牧民收入之计。我是牧民的儿子，从小在牧区长大，但锡林郭勒的牧区不同于阿拉善的牧区，锡盟的畜牧业不同于阿盟的畜牧业。20 世纪 60 年代末，我插队到巴彦淖尔盟乌拉特后旗查干温都尔饲料基地，干了三四年农活。但太仆寺旗、多伦县的农业也完全不同于查干温都尔的农业。

牧民们告诉我，在阿拉善十年九旱是常态，而在锡林郭勒就经不起三年干旱。农民们告诉我，锡盟的农业是“种一坡，拉一车，收一笸箩、煮一锅”的旱作农业。进而，我们一起归纳了锡盟农业“两多、四低、三不合理”：人口多、人均耕地多，产量低、收入低、抗御灾害能力低、科技含量低，产业结构、粮经结构、种养结构不合理。

我感到，下基层调研住在农牧民家里有几点好处：一是了解情况更深。农牧民是最基层，是全盟农村牧区的缩影。一家一户的生产方式是全盟农牧业生产方式的体现，是农村牧区生产力的反映。他们的要求和期望在某种意义上就是全盟农牧业发展的方向。二是与群众关系更近。睡农牧民的炕头，盖农牧民的被子，农牧民吃什么我吃什么，家长里短什么都聊。潜移默化中宣传盟委、行署的思路主张，不经意中了解农牧民的所思所想，体验农村牧区的文化风俗。三是调研效率更高。锡盟地域辽阔，走到苏木嘎查和牧户，再返回旗里住，往往走几个小时的路。住在农牧民家里，第二天接着调研，省时、省事。

通过深入调查研究，我进一步认识到锡林郭勒盟这个内蒙古畜牧业大盟的特点。把握盟情，重中之重是懂得锡盟的畜牧业。锡盟的草原畜牧业，在内蒙古最具代表性。不仅牲畜头数在各盟市最多，而且乌珠穆沁羊、苏尼特羊、乌冉克羊和西乌珠穆沁白马、阿巴嘎黑马以及苏尼特骆驼等地的优良品种享誉区内外。牧民用传统工艺手工制作的手把肉、奶食品、奶酒、酸马奶等民族食品久负盛名。锡林郭勒牧民的传统奶制品，其制作之精、味道之美、种类之多，在全国是一流的。蒙古族优秀传统文化传承保留最完整的，也是锡林郭勒牧民。他们勤劳勇敢、淳朴善良、热情好客，他们讲纯正、标准、流利的蒙古语，一年四季都穿着蒙古服装，而且乌珠穆沁、阿巴嘎、苏尼特和察哈尔服饰各具特色。这些是我在其他地方没有听到、未曾见到的。

通过反复调查研究，我对锡盟盟情有了总体的把握。改革开放 20 年来，锡林郭勒这个内蒙古乃至全国的大牧区发生了翻天覆地的变化。主要是畜牧业大发展，牧民生活大改善，基础设施建设得到加强，工业有了一定的基础，旅游业有了一定的发展，城镇建设成效显著，人民群众的精神文化生活丰富多彩。这些使我感受更深、信心更强了。

1998 年，作者任锡林郭勒盟盟委书记

经过反复调研和深入思考，我归纳了今后需要解决的一些问题，逐步形成了在原有基础上进一步推动锡盟发展的思路。我觉得有必要把所思考的问题，给大家系统地阐述一下。1998 年 8 月中旬，盟委举办了我来锡盟之后的第一期读书会。在读书会上，我结合学习贯彻党的十五大精神和自治区党委的决策部署，紧紧围绕解决在调查研究中归纳的问题，做了“以实现‘两个提高’统揽全局，发挥资源优势，发展特色经济”的讲话。我提出的总体思路是：以“两个提高”统揽全局，以市场为导向，以效益为中心，发挥资源优势，发展特色经济，依靠科技教育，实现富民强盟。在形成这个讲话稿的过程中，我和盟委班子成员深入交换了想法，听取了各方面的意见建议。

所谓“两个提高”，就是提高财政收入水平，提高城乡人民生活水平。这是自治区党委确立的“九五”时期全区的根本任务和主要奋斗目标。这“两个提高”，既是速度目标，也是效益目标，涉及经济社会发展的方方面面。我提出以实现“两个提高”统揽全局，目的是促进全盟经济工作的各领域、各环节都以实现“两个提高”作为出发点和落脚点，社会工作的各领域、各环节都服务于“两个提高”。

我认识到，我盟实现“两个提高”的基础不容乐观。1997 年，我盟地方财政收入中，农牧业税收收入占 40.9%，城镇经济税收收入占 40.3%，其他占 18.8%。财政收入结构的特点：一是财源单一，后续财力不足。农牧业税收和华北油田税收占地方财政收入的五分之三，地方工业税收仅占五分之一，严重依赖一个企业、一个产业。二是不能保证正常运转。来自上级的各类资金占可用财力的 57.4%。三是层级和地区间不平衡。在地方财政收入中，盟本级占 20%，旗县级占 80%。旗县级总量中锡林浩特、二连浩特两市的财政收入占三分之一。如果加上盟本级的收入，则与其余 10 个旗县财政收入总量相当。绝大多数旗县不但没有财力搞建设，就连发工资保运转都极为困难。

1997 年，我盟农牧民人均纯收入 1907 元，列全区第 6 位。牧民人均纯收入 2918 元，居各盟市之首，但收入来源单一，97.5% 来自畜牧业，而且主要来自出售活畜。较高的牧民人均收入是以草原的过度利用为代价的，是不可持续的。贫富差距大，据抽样调查，63.3% 的牧户人均纯收入低于全盟平均水平，人均纯收入在 1500 元以下的牧户比重达 34.4%。农民人均纯收入 1240 元，列全区末位。农民收入较低是因为旱作农业基础脆弱，人均耕地 11 亩，但亩产不足 200 斤，广种薄收。农业生产经营粗放，机械化程度和科技含量低；粮经结构和种养结构不合理，粮食作物面积过大，经济作物面积只占 10% 左右。农民收入来源单一，农业收入占 94.4%，从事第二、三产业的人数很少。我盟只有太仆寺旗、多伦县两个农业旗县，但全盟 50 万农牧民中农民占 3/5。增加农民收入是提高城乡人民生活水平的重头戏。城镇居民人均可支配收入 3383 元，列全区 12 个盟市第 10 位。城镇居民收入偏低，主要是城镇经济不景气，就业率低，职工工资水平偏低。

我对全盟财政收入、城乡居民收入的总量和结构做上述分析，是为了我和全盟上下对实现“两个提高”的基础、问题、面临的形势有一个清醒的认识，共谋对策，协力奋斗。

我认识到，实现“两个提高”目标，必须认真研究解决这些问题。这些问题，有的是长期以来经济社会发展中积累的深层次的矛盾，有的是改革发展新形势下出现的新问题。这次的盟委读书会对解决这些问题的各项措施达成了共识，而且认为解决实现“两个提高”目标过程中存在的各种矛盾和问题，是非常艰巨的，需要一个坚持不懈的奋斗过程。我们这一届盟委班子的使命必然是“为长远打基础，为百姓办实事”。

1998 年 8 月 17 日，自治区党委刘明祖书记从赤峰市来我盟，查看乌拉盖水库溢洪道决堤造成的水灾。刘明祖笑着问我，你来锡盟已经三个月了吧，有没有形成推进工作的思路呢？我说，这几个月来做了一些调查研究，已经有一个初步思路。前天下午，在盟委读书会上讲了，我把材料带来了，请您过目，并指教。

第二天早晨，刘明祖说，你那个讲话材料我看了，很好，把面临的形势和问题分析得很好，思路也正确。推进工作，只有把症结找到了，问题才好解决。看来锡盟要有变化了！看得出来，他很高兴。他接着说，你不是在材料上写着“会后收回，改后重印”吗？有了正式的稿子，你寄给我一份，我让办公厅转发一下，让其他盟市也这样分析。我说，谢谢刘书记的鼓励。刘明祖说，你的思路很好，下一步的关键是抓好落实。我说，我们要组织专门班子来推进几项重点工作。此时此刻，我心里特别高兴，我受到莫大的鼓舞！这三个月来的奔波操劳、调查研究、勤奋学习、苦苦思索，都值得。

刘明祖书记对作者说：“其他盟市也要这样分析。”

1998 年 9 月 8 日，盟委印发我的讲话的《通知》说：

布和朝鲁同志的讲话，是在深入调查研究、广泛征求有关部门意见、盟委两次讨论修改后形成的，是结合实际学习邓小平理论和党的十五大报告的新成果，是集体智慧的结晶和集体意志的体现。

盟委认为，布和朝鲁同志的讲话在实事求是地分析当前形势的基础上提出的总体发展思路、重点产业、主要措施和组织保证方面的要求，是发展社会主义市场经济条件下对盟情认识的进一步深化，是对改革开放以来盟委历届班子所作出的一系列战略部署的概括和发展，是统领今后一个时期全盟经济社会发展的重要指导性文件。

盟委要求，全盟各级党委政府和各行业各部门，要组织广大干部群众认真学习讨论布和朝鲁同志的讲话，统一思想，提高认识，完善思路，制定措施，以强烈的革命事业心和高度的政治责任感，在实际工作中认真地加以贯彻落实，为实现“两个提高”做出新的贡献。

1998年11月16日，内蒙古党委办公厅《综合通报》第23期以《发挥资源优势，发展特色经济》为题刊发了我在盟委第一期读书会上讲话的压缩稿。1998年10月31日，刘明祖在锡盟盟委行署《关于落实自治区领导视察锡盟时指示精神的情况报告》上批示：“锡盟工作很认真，对每项工作都有安排，希望继续抓落实。”

我感到，来锡盟工作，沉重的担子已经压在我的肩头。全盟广大干部群众对我的信任、支持和期望，自治区党委、刘明祖书记对我的鼓励和鞭策，使我增添了无穷的力量。我从驼乡来，我要像负重前行的骆驼一样勇挑重担，团结带领全盟人民，一步一个脚印，做好锡盟的事情。

第二节　转变方式方方面面

我来锡盟工作1年零8个月，2001年1月1日，一场历史罕见的暴风雪袭击了锡林郭勒盟！东乌珠穆沁旗是重灾区之一。

东乌旗是我盟面积最大、草场最好、牲畜最多的旗，也是全盟最寒冷的地方。2001年3月9日，我到东乌旗查看灾情。我看到，有的牧户还没有定居，仍然住在蒙古包里，也没有棚圈，夜间只用铁栅栏把羊圈起来，丝毫没有防风御寒的作用。在这样严重的灾害里，这样简陋的生产、生活设施，简直不可思议。我问旗里的领导，为什么没有棚圈。他回答说，我们乌珠穆沁羊是最耐寒的品种。我一时无语。显然，他根本不懂得在这刺骨的寒风中，羊为了保持体温而必然消耗很多热量，导致掉膘。特别是遭灾的时候，这是致命的。

我还看到，一些牧户给羊喂料时，把整麻袋的玉米往雪地上一撒了事。结果是撒在雪地上的玉米被羊吃了一半，踩进泥雪里一半。喂草，也是把整捆的青干草或秸秆往地上一撒，牲畜吃了一半，一半被风吹走，或被牲畜踩踏而跟粪便搅和在一起。这样的生活方式、饲养方式和饲喂方法，在我盟牧区不是个别现象。这些现象使我感到吃惊和痛心。风调雨顺时，不以为意，习以为常，谁也没有在意。灾害来袭，所有的矛盾和问题暴露无遗。

这些现象，无意中唤起我童年的记忆。20世纪五六十年代，在我的老家阿拉善，牧户都有羊粪砖砌起来的棚圈。小时候我帮父母喂羊，是把铡碎的干草倒进木头槽子里喂，把磨碎并泡软的大豆装进小料袋子里，套在羊头上喂，一根草、一粒料都不浪费。阿拉善的荒漠草场与举世闻名的锡林郭勒草原不可同日而语。就是在锡盟，北部牧区的生产、生活方式和南部牧区也有明显区别。可以看出来，不同地区之间，因环境条件和自然灾害等因素的不同，生产、生活方式有较大的差异。环境条件决定了人们的生产、生活方式。

3 月 11 日，听取东乌旗旗委、政府汇报。我结合调研中的感受，着重围绕转变畜牧业生产方式提出三点要求：

> 一是开展大灾之后大反思活动。反思的目的是把遭灾受损的坏事变成吸取经验教训、转变生产方式的好事。灾后反思是为了灾后建设。要组织各级干部深入牧户，和牧民一起反思，从盲目走场、草料储备、棚圈建设、牲畜出栏、饲喂方式等方面查找问题、分析原因，加强定居点和棚圈建设，创新转变生产方式的思路举措。
>
> 二是开展算账养畜活动。算账才能知道怎样转变生产方式。养畜不算账，一年算白忙。盟委提出，干部下基层要做到“增加收入指导到户”“推广技术培训到人”。帮助牧户算账养畜，就是指导到户。要帮助牧民学会算账，小账和大账、眼前账和长远账、牲畜账和生态账、收入支出、投入产出都要算，每家每户都要算，通过算账来决定养什么、养多少、怎么养，不断增加牧民收入。
>
> 三是突出抓好品种改良。要贯彻落实党的十五届五中全会关于以结构调整为主线的精神，从本地实际出发，以调整畜种结构和品种结构为重点，加速调整畜牧业结构，提高畜牧业经济效益。调整结构是转变生产方式的基础，要根据畜种结构和品种结构，转变粗放型生产方式，实行集约型饲养方式和饲喂方式。

我记得，5 年前国家“九五”计划就明确提出实现经济体制和经济增长方式两个根本性转变的战略任务，要求实现经济增长方式从粗放型向集约型转变。“十五”计划进一步提出经济结构战略性调整要取得明显成效、经济增长的质量和效益要显著提高，只是我们基层结合实际贯彻落实不够。

从东乌旗回来之后，我在全盟畜牧业工作会议上提出，在全盟开展大灾之后大反思活动，要求各级领导痛下决心，不要犹豫，不怕揭短，不掩盖矛盾，深刻反思我盟在畜牧业结构调整、品种改良、棚圈建设、饲养方式、饲喂方式、算账养畜、增加收入等方面存在的问题。抓好大反思，推进大建设，逐步实现我盟畜牧业增长方式从粗放型向集约型转变。

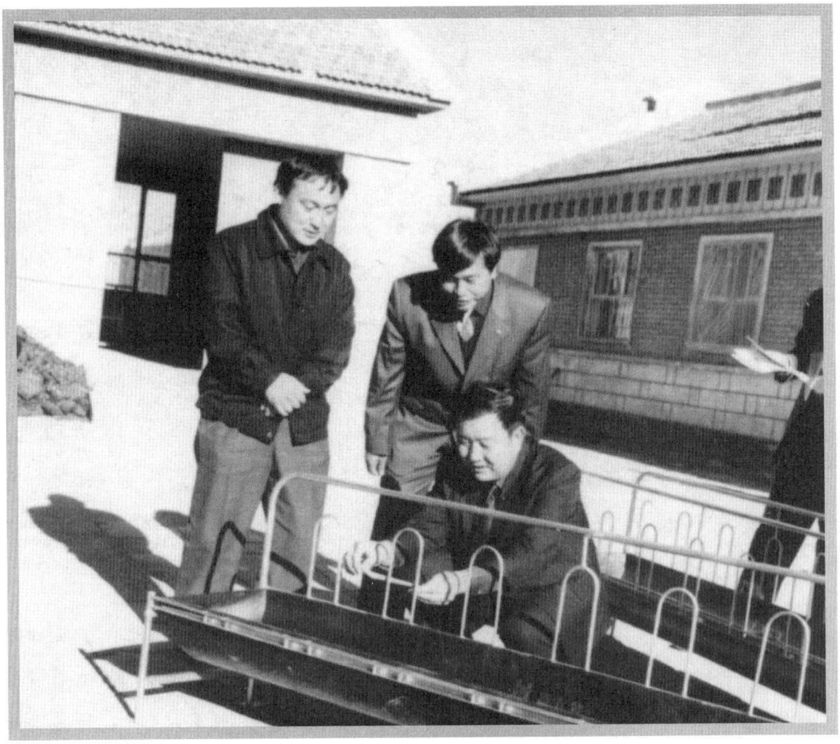

作者（右一）指导企业设计喂牲畜的槽斗

之后，我在大会小会上反复强调灾后反思的重要性，反复强调转变畜牧业生产方式，特别是转变饲养方式、饲喂方式的必要性。我针对牲畜饲养方式、饲喂方式方面存在的具体问题，编了“长草短喂、饲料粉碎、槽斗齐备、营养搭配”四句口诀，引导牧民转变饲喂方式。2002 年 9 月 11

日，我和盟“围转办”主任田学臣一起去看加工喂牲畜槽斗的企业。我向企业技工介绍槽斗的用途，帮助他设计槽斗的样式。十几年后，我去锡盟调研，锡盟的同志对我说，您十几年前提出的“长草短喂、饲料粉碎、槽斗齐备、营养搭配”的要求，很全面，很准确，我们现在才开始落实。我说，现在能真正落实了，也不算晚。

我感到，和畜牧业相比，锡盟农业的问题更加突出。锡盟 13 个旗县市区中，只有太仆寺、多伦两个农业旗县。虽然农业旗县少，但 31.5 万农民占全盟 50 万农牧民的 3/5；耕地 348 万亩，人均耕地 11 亩，亩均粮豆产量不足 200 斤，农区人均牲畜才 3 头（只）。我把锡盟农业的特点归纳为“两多、四低、三不合理”，即人口多、人均耕地多，产量低、收入低、抗御灾害能力低、科技含量低，产业结构、粮经结构、种养结构不合理。

针对这些问题，我在太仆寺旗、多伦县反复讲，我们必须大力调整农业结构，实施“进退养”战略。所谓进，就是因地制宜开发水浇地、发展节水灌溉；所谓退，就是退耕还林还草，享受国家的政策优惠；所谓养，就是发展养殖业，种草养牛养羊。在三者关系上，要坚持以进促退，以退促养。只有“进”到位，才能“退”彻底；“退”出更多林草，养殖业才能发展起来。实施“进退养”战略，关键是开发水浇地、发展节水灌溉。多伦县水资源比较丰富，太仆寺旗几条沟的地下水资源相对较好，“进退养”具备一定的基础条件。

2002 年 3 月 13 日，在春耕备耕的关键时刻，我给农区旗县领导写了一封信：

千方百计增加农民收入，是农业和农村工作的中心任务。春种才能秋收，秋收才能增收。春种关系全局，关系每个农民的切身利益。去冬今春以来历史罕见的旱灾，导致农区耕地墒情普遍不好，春播受到很大影响。当前，搞好今年的春播，我们必须吸取以往的经验教训，按照模式化种植要求，把握农时，精心组织，全力打好种土豆、种玉米、种蔬菜瓜类和种草四个战役，实实在在抓好六个基本环节：

一是种植任务落实到户。要合理确定每户的作物种类和面积，坚持少种精种、高产高效。

二是作物种类落实到地块。根据农户不同地块的土质、墒情和灌溉等条件，做到适地适种。

三是抓好农资供应和打井配套。根据生产需求，积极组织投放支农贷款，提前搞好籽种、农药、化肥、农膜的调运和销售。

四是抓好实用技术培训。农业和科技部门要根据不同农作物，制订科学的模式化耕作技术规程，使每个农户至少一名主要劳动力能够熟练掌握模式化种植技术。

五是加强田间管理。切实做好间苗、穴窝补水、锄草、灭虫、防病等田间管理工作。

六是转变干部作风。组织县乡村各级干部深入春耕生产第一线，与技术人员紧密配合，采取包片、包点、包户的办法，指导和帮助农户严格按照模式化种植要求把地种好。

锡盟是一个资源富集的地区，但开发利用远远不够。因为我盟地处边疆，交通等基础设施建设滞后。到20世纪末，没有几条像样的路，盟府所在地锡林浩特不通火车，机场不能起降大型飞机。由于开发建设的环境条件所限，盟内的企业发展不起来，内地的企业引不进来。我感到，锡盟要加快发展工业，必须大力改善环境条件，必须把基础设施建设搞上去，必须改变城镇面貌。

1998年，我刚来锡盟工作，发现锡林浩特市中心靠南有一个小广场，北边有一座类似戏台一样的主席台。据说，这个小广场所在地是早先的土跑道机场。我心想，如果这个地方修建一个大广场，可以改善城市面貌和群众的生活环境。我在盟委会上讲了自己的想法，大家一致表示赞成。于是，我亲自策划，审定图纸和方案。说干就干，经过4个多月的紧张施工，1999年8月，全区农村牧区社会主义精神文明建设经验交流会在锡林浩特召开之前，顺利建成了22万平方米的锡林广场。有人说，这个广场的面积是天安门广场的一半。

作者在锡林广场那达慕大会开幕式上讲话

前来参加经验交流会的刘明祖书记看了广场，赞不绝口。他高兴地说，现在，你们锡林浩特面貌焕然一新了。看来，你们的广场是全区最大的广场、设计最好的广场。要干就是要干一流的嘛。那些天，锡林广场上人山人海，老百姓的心情不亚于我的心情，外地游客为之惊奇。确实，锡林广场的建成和城市基础设施建设迈上一个新台阶，锡林浩特草原城市的崭新面容和独有的特征展现在人们面前。那就是：城镇周围没有贫民窟，没有垃圾堆和脏乱差的景象，从草原一迈步就进入城镇，从城镇一迈步就到了美丽的草原。由于锡林浩特的影响和带动，其他旗县所在地城镇也先后换上新装，各具特色，各有千秋。

我在锡盟工作期间，全盟各行各业各条战线都涌现出不少先进模范人物。2002 年 3 月 30 日，盟委做出关于在全盟开展向廷・巴特尔同志学习的决定，号召全盟各级干部和广大党员学习廷·巴特尔科学养畜、保护草原的创新精神；以身作则、造福牧民的实干精神；艰苦奋斗、服务群众的公仆精神；严于律己、淡泊名利的奉献精神。随后，自治区授予廷·巴特尔优秀共产党员、全区劳动模范、农村牧区优秀人才等荣誉称号。中宣部调查考核组深入实地调查考核，认为廷·巴特尔的事迹非常感人，给予很高的评价。2002年6月15日，盟委隆重举行廷·巴特尔同志先进事迹报告会，我在会上讲话，将廷·巴特尔的模范行为概括为"两带"，即带头做出样子给群众看，带领群众扎扎实实地干。之后，按照中宣部的安排，组建廷·巴特尔事迹报告团，由盟委副书记王中和带领报告团在全国各地巡回报告。从此，廷·巴特尔不仅在内蒙古，而且在全国有了持久而广泛的影响。

廷·巴特尔是中华人民共和国开国少将廷懋的儿子。中华人民共和国成立后，廷懋历任内蒙古军区政委、内蒙古自治区党委第二书记、内蒙古自治区第五届人大常委会主任和党组书记、第十三届中央顾问委员会委员等职务。廷老任内蒙古党委第二书记时，我在阿拉善右旗当书记。有好几次，我在会议上听过廷老讲话。他讲话很少拿稿子，声音洪亮，讲得条理清晰、头头是道，逻辑性很强，容不得挑剔，令人钦佩，听了还想听。在锡盟工作期间，我去廷老家看望他，那么大年纪了，还非常健谈，给我留下难忘的印象。

廷·巴特尔1955年出生于呼和浩特，1974年高中毕业后积极响应党和国家的号召，毅然放弃留在大城市工作的机会，插队到偏远闭塞、生活艰苦的阿巴嘎旗洪格尔高勒苏木萨如拉图雅嘎查，牢牢地把根扎在牧区，扎在牧民中间，从此再没有离开过，已近50年。他于1976年加入中国共产党，1993年任萨如拉图雅嘎查党支部书记。廷·巴特尔是100位新中国成立以来感动中国人物、100名改革先锋、新中国最美奋斗者荣誉称号的获得者之一。

廷·巴特尔在带领牧民发展畜牧业过程中提出一个思路，人们称之为保护草场的"蹄子"理论。他说的蹄子就是牛和羊的蹄子。蹄子和草场有什么关系呢？他认为牲畜对草场的破坏除了过量采食外，还与牲畜踩踏草场有很大关系。适度踩踏对草场没有什么影响，过度踩踏就破坏了草场。廷·巴特尔对牧民说，养 1 头牛的经济效益相当于养 5 只羊，而 1 头牛只有 4 只蹄子，5 只羊有 20 只蹄子。所以，保护自己的草场，就要多养牛，少养羊。这是廷·巴特尔的经验之谈。牧民们按照他的“蹄子”理论，跟着他把羊换成牛，养牛的越来越多了。2002 年全嘎查的羊由此前的 1 万多只减少到 300 多只，牛由 100 多头增加到近 2000 头。牧民人均收入增加到近 4000 元。萨如拉图雅嘎查草场上的草一年比一年茂盛了，牧民收入一年比一年提高了。

前排：廷·巴特尔（左一）、廷·巴特尔的妻子额尔登其其格（左二）、作者（右一）；后排：行署盟长陈朋山（左一）、盟委秘书长邓月楼（左三）、盟委副书记王中和（右一）

廷·巴特尔的家，我去过几次。有一次，我发现他家门前十几米处增加了一个圆形的养鱼池。池子里大大小小的鱼在悠闲地游动。这在其他牧民那里是绝对没有的。更让我奇怪的是，鱼池中央水面一尺高的位置，吊着一个灯泡。我问他，这个灯泡是干什么用的？他说，喂鱼用的。我没有再问。我心想，黑夜喂鱼还需要照亮吗？晚上，天渐渐黑了。我们几个人坐在鱼池旁聊天。廷・巴特尔把灯打开，意想不到的事情发生了：各种飞虫见了灯光，从四面八方飞来，围着灯泡乱飞乱撞。这时水池里的那些大大小小的鱼，一个个从水里飞跃而出，准确无误地把飞虫吞进肚里，又窜入水中。“飞蛾扑火”在继续，飞鱼捕食也在继续。

廷・巴特尔是一个善于动脑、爱琢磨事儿的人。可以说，他是我盟带领牧民积极主动调整畜种结构、转变生产方式、科学利用草场、保护草原生态的第一人，也是因地制宜实施围封转移战略的第一人。

在锡盟工作期间，我提出关于提高全盟干部群众素质的思路。这属于转变领导方式问题。2002 年 7 月 23 日，盟委讨论通过《关于实施全民素质工程的决定》。我认为，这个“决定”是盟委行署做出的最重要的决定之一，具有全局性、前瞻性、战略性重大意义。我在盟委会上系统阐述关于实施全民素质工程的思路，是有感而发、有需而为。

我来锡盟工作以后，盟委把中央的大政方针和自治区党委的决策部署同锡盟实际相结合，围绕实现“两个提高”目标，做出一系列切实可行的决策，出台一系列改革开放政策，采取一系列加快推进的措施，建立了一系列行之有效的制度。这些决策部署、政策措施和制度机制具有较强的针对性、创新性、操作性乃至前瞻性，在落实过程中应该说取得明显成效。但说实话，远没有达到预期效果，使我心里非常着急。

几年来，我一直观察和思考个中缘由。我觉得最根本的原因是人们的素质能力跟不上形势的发展变化，跟不上盟委的决策部署，习惯于用传统思维方式认识新事物、沿用传统行为方法处理新问题。我逐步意识到提高全体人民的素质能力，是当务之急，也是长远之计。其实，提高全体人民的素质，也不是特别复杂的事情。只要干起来，持之以恒地抓下去，必有成效。我读《第五项修炼》这本书，其中关于“工作学习化、学习工作化”的理念和学习型组织的学习模式，给我深刻启示。

2001 年 3 月 23 日，自治区党委组织部考核组的武开乐等，向我和陈朋山反馈考核情况时说，锡盟当前存在的一个明显的问题是，加快发展的迫切要求与干部队伍整体素质之间的矛盾，改革开放的新形势与封闭保守旧意识之间的矛盾，领导层为推进发展而所做的付出与实际工作成效之间不相称等问题很突出。应该说，考核组还是看到了我盟发展中的一些本质性问题。

但是，这些问题不单单是哪一个层次、哪一个方面的问题，而是涉及各级、各层、各方面的普遍性问题。唯有从根本上解决思想认识、素质能力问题，用针对性措施解决普遍性问题，才能最终奏效。我下决心抓提高全民素质问题，这也是“为长远打基础，为百姓办实事”的使命使然。2001 年 12 月 9 日，我给盟委组织部长王中和等阐述我的想法，请他们深入研究并拿出“实施全民素质工程”方案。王中和在实施全民素质工程中做了大量工作，发挥了重要作用。我去锡盟时，他是盟委委员、秘书长，不久转任组织部部长。2002 年 1 月，王中和被提任为盟委副书记。

2002 年 7 月 23 日，盟委党政联席会议讨论通过《关于实施全民素质工程的决定》。7 月 26 日，盟委行署召开全盟实施全民素质工程动员大会，我在动员讲话中讲：

> 盟委行署决定实施全民素质工程，是关系我盟经济社会发展全局的重大决策，具有基础性、决定性、战略性的意义。近年来，我盟围绕提高广大干部群众的综合素质，在加强基础教育和职业技术教育等方面做了大量工作，取得一定成效。但是与新形势的要求相比，与我盟经济社会发展的需求相比，与未来发展和竞争的趋势相比，还有很大差距。
>
> 具体表现为，干部队伍解决实际问题和创造性工作的能力不强，企业经营管理者竞争意识和经营管理能力不强，专业技术人员科学素养和创新能力不强，工人和农牧民劳动技能、致富能力不强的问题比较普遍。干部群众的综合素质能力问题，已经成为制约我盟经济社会发展的一个最根本最突出的问题。
>
> 实施全民素质工程的目标是，经过若干年不懈努力，全社会自觉学习、提高素质、增强能力的意识初步树立；多层次的教育培训网络

和社会化终身教育体系初步形成；激励学习提高的多形式、重实效的体制机制初步建立；各类学习型组织普遍建立，多数干部群众参加到学习型组织中来。要坚持工作学习化、学习工作化，干什么学什么、需要什么学什么、缺什么补什么。全民的思想道德素质、科学文化素质、法律素质和劳动技能、创造才能得到显著提高。

我还特别强调，创建各类学习型组织，要从扎扎实实抓好学习型机关、学习型企业、学习型社区、学习型嘎查村、学习型家庭五类学习型组织的试点工作入手，边创建边探索，边总结边提高，在抓好试点的基础上逐步推开，为把我盟建设成学习型锡林郭勒而努力奋斗。

2002年9月20日，全盟各级各领域按照第一个“全民读书日”活动方案，开始探索推进学习型组织的学习。2003年1月4日是全盟第二个“全民读书日”，各类学习型组织以党的十六大精神为主题开展了学习。

实施全民素质工程，是盟委做出的一项事关全局的重大决策。这个具有历史意义的决策，随着我调离锡盟，从出台到中止不足一年时间。中止的原因可能很多，有些人的兴趣不在全民而在“圈钱”，才是根本原因。锡盟开始实施全民素质工程，距今已经过去20年。如果实施这个工程能够坚持到现在，锡林郭勒也许是别样的面貌。

反思实施全民素质工程，我的失误在于见事迟、行动慢，观望中贻误了时机。思想源于实践，思想又必须引领实践。如果早两年实施全民素质工程，用三年时间稳步推进，必然初见成效，形成气候，养成习惯，有人想中止也难。

第三节　牧民问我怎么办

从某种意义上说，我在锡盟工作的6年，是盟委一班人带领全盟人民抗击各种自然灾害的6年。1998年5月12日，我前往锡林郭勒盟赴任，一进入锡盟境内，蓝天白云，绿草如茵，一望无际的草原上飘着薄雾，湿润的空气沁人心扉，仿佛到了江南一般。这就是歌中唱的“天堂般的草原”。

3个月以后的1998年8月，由于兴安盟境内的乌拉盖河上游连降大雨，地处下游的我盟乌拉盖水库水位猛涨，导致设计和施工方面有先天缺陷的水库溢洪道决堤，百年不遇的大洪水将东乌旗东部草原变为汪洋大海。好在没有人畜伤亡。这是我第一次看到草原被淹。

在锡盟，水灾不常有，火灾却不时有。1999年4月16日下午，东乌旗报告草原着火，17日凌晨又报告火已经扑灭。中午，我去东乌旗下乡，途中远远看到黑烟滚滚，走近才知道草场的局部仍在燃烧。我们赶到火灾现场，一边调兵，一边通知牧民自防，一边从牧民家里借来扫把全力以赴投入灭火。这是我第一次参加草原灭火。

2001年1月1日，一场罕见的暴风雪袭击了锡林郭勒盟！早晨起来，我看到漫天弥漫着飞雪和沙尘。从头一天晚上开始大风呼啸，翻天覆地一般，狂风暴雪怒吼一整夜。按照先前的安排，早晨8点半，我和盟委秘书长邓月楼、锡林浩特市委书记王青山、市长包湖春等下乡看望受灾牧民。街上的能见度有五六米，沿着西乌旗公路往东走出去十几公里以后，能见度只有一两米，无法前行。王青山跳下车来说，不能往前走了，更没有办法下公路到牧户家里。我们只能往回返。

这是我从未见过的灾害天气！气象部门说，受蒙古气旋和高空强冷空气影响，我盟自西向东出现了强烈的“高吹雪和雪暴”。飞雪伴着扬沙，白雪变成泥土色，而且吹来的是“软雪”，把整个街道、房屋西侧墙壁、路边牌匾等，全部用黄泥雪糊住，面目全非。我陆续接到报告，各旗县市都有人员走失，交通受阻，通信设施损毁。盟行署抗灾指挥部 24 小时值班，灾情信息不断往上反映。盟交通部门组织 6 个营救小组沿着 6 个方向的主要道路前去营救，多数被困车辆和人员已被安全安置。

2001 年元旦是一个极其特殊的日子！我感到，我们面临前所未有的严峻挑战和考验，考验着我们的勇气和能力。我想，如同以往所有灾害和困难被我们一一战胜和克服一样，对这次的灾害，我们同样能够征服，一定！

盟委紧急召开书记办公会，通报灾情，研究对策。据报告，各条道路受阻车辆和人员都被顺利营救，但锡林浩特市牧区一名走失的老人和西乌旗一名学校职工因迷路而冻死。其余走失人员和被困群众均获救。盟委决定盟级领导立即分头下去指导旗县市的抗灾救灾工作。

我意识到，这场异常的暴风雪，是我盟草原生态环境极度恶化与连年大灾相叠加的总爆发。分析其原因，可以说主要是人为和自然两个方面因素造成的。

从自然因素讲，1999 年至 2001 年，我盟遭受历史罕见的大旱，西部几个旗滴水未降，给草原生态和畜牧业造成近乎毁灭性打击。2000 年冬至 2001 年春，又遭受前所未有的特大雪灾。东乌旗呼布钦高壁苏木牧民弟兄俩，两天一夜在风雪中守护羊群，羊饿得把两匹乘马的尾巴鬃都啃秃了。而且，这几年祸不单行，伴随旱灾而来的是蝗灾、鼠灾和口蹄疫，还有横扫锡盟、席卷大半个中国的强沙尘暴。

从人为因素讲，改革开放为我盟畜牧业发展带来前所未有的变化。1984 年搞畜草双承包责任制，极大调动了牧民发展牲畜的积极性。但是，当初只是牲畜承包到户，草场并未划分到户，1998 年草场才基本承包到户。

1998 年，我一来锡林浩特就看到在街心小广场立着一个白色纪念碑，碑文写着“1989 年锡林郭勒盟牲畜突破 1000 万头只纪念碑”。我下乡到牧区，看到好些嘎查办公室挂的奖状上写着“牲畜头数达到 5 万头只的嘎查”。牲畜头数快速增长，一方面提高了牧民收入水平；另一方面导致草场超载过牧。

1999 年牧业年度，我盟牲畜总共达到 1823.4 万头只。改革开放以后的 10 年间，牲畜数量增加到 1000 万头只，接下来的 10 年间又接近翻一番。长期以来，单纯追求牲畜头数的指导思想、单一放养的粗放型生产方式和单户散居的生活方式没有变化。草场超载过牧、掠夺式的利用，愈演愈烈。

这些因素导致草场的载畜能力严重下降，自我修复能力严重下降，抗御自然灾害能力严重下降。1999 年、2000 年和 2001 年，我盟出现 8 级以上大风天数分别为 9 天、19 天和 25 天，出现沙尘暴次数分别为 2 次、4 次和 12 次，其中强沙尘暴分别为 1 次、2 次、4 次。由于我盟地处北京的正北方，海拔又高于北京千余米，到北京的直线距离仅 180 公里，每遇沙尘暴天气，沙尘就长驱直入北京、天津，影响东南沿海地区，甚至漂洋过海。

锡林郭勒盟草原连年遭受历史罕见的自然灾害，强沙尘暴刮到北京城，惊动了中南海，牵动着中央领导的心。2000 年 5 月 12 日至 13 日，国务院主要领导率领水利部、农业农村部、国家计委、环保总局、林业局等部委部长来锡林郭勒盟视察。5 月 12 日傍晚，他们从北京经河北丰宁县直接来到多伦县。5 月 13 日早晨，国务院领导一行在多伦县宾馆门口同自治区、锡盟、多伦县领导合影。国务院领导转过身来说：“你们基层干部很苦，你们搞治沙很难，我很理解。但一定要动员群众，在三至五年内，把沙封住。一定要努力去做，我拜托大家了！”我听了，情不自禁，暗下决心：“但使北疆干群在，不教沙暴过阴山！”这次，国务院领导一行重点是在多伦县、正蓝旗和太仆寺旗考察调研。上午，在浑善达克沙地南缘的一个山坡上召开现场办公会。我向国务院领导汇报，他点名五位部长发言，而后宣布成立国家京津风沙源治理领导小组，影响深远的京津风沙源治理工程由此启动。

最后，国务院领导做重要讲话强调，治沙止漠刻不容缓，绿色屏障势在必建。必须把防沙治沙、加强生态环境建设，作为一项重大而紧迫的任务。国务院领导在视察中指出，草原过度放牧，是土地沙化的重要原因，要采取切实措施加强草原的保护和建设。这次视察，对京津风沙源治理，对我盟的各项工作特别是草原生态建设，都产生了历史性影响。

我清楚地记得，连年的大风干旱等多重特大自然灾害和持续的草场超载过牧，导致受灾最严重的西部四个旗，赤地千里，寸草不生。人畜饮水极度困难，已经到了难以为继的程度。很多地方已经失去人畜生存的基本条件，草原生态和畜牧业生产的形势异常严峻。

2001 年 7 月 15 日，我到苏尼特右旗察看灾情。我看到，牧民们用小拖拉机拉着帐篷、赶着羊群走场。走到哪里都是光秃秃一片，草场根本没有返青，这已经是第三年了。我到牧民们中间，他们紧紧拉着我的手问，书记，你说，现在我们怎么办，我们怎么办呢？我看到疲惫不堪的牧民们，眼睛布满血丝，几乎绝望了。我的心里似乎压了一块石头，但我不能没有主见，否则他们就真的没有了主心骨。我对围过来的牧民们说：

乡亲们，我的心情和你们一样。1999 年开始大旱的时候，我们盼着第二年会下雨，挺过去就好了。但第二年没见一滴雨。我们仍然盼着第三年怎么也下一点吧，结果至今没有见雨。农业如果大旱，当年就绝收。畜牧业不一样，扛一年没问题，两年也能扛过去，旱三年就要出问题。

我盟西部地区已经连续三年大旱。现在，我向大家提个建议，就是趁现在羊还有一些膘情，抓紧把羊卖了，把钱存起来。明年，由政府协调给大家买回来基础母羊，继续搞好我们的生产。否则，按以往的做法每家每户卖一半羊换来饲草料喂另一半羊，过了夏秋还是过不了冬。那样，损失就大了。

牧民们用期望的眼神看着我。我嘱咐跟我一起察看灾情的旗委书记武国栋、旗长巴根那说，如果没有更好的办法，就按我讲的抓紧组织落实，把灾害损失降到最低程度，同时要安排好群众的生活。我怀着沉重的心情，和牧民们挥手告别。

回盟的路上，在颠簸的车里，我回顾刚才的场景和自己提出的办法。这个办法是当前应急的没有办法的办法，是权宜之计，肯定不是长久之计。长久下去怎么办呢，还是跟过去一样硬着头皮熬吗？能不能有所突破、怎么突破？

草场是牧民赖以生存的基础，是牧民的命根子。首先必须把草场保住，必须彻底禁牧。只有把草场围起来、把牲畜转移出来，才能彻底禁牧。把转移出来的羊卖掉换成奶牛。奶牛必须舍饲圈养，可以从农区调秸秆、种青贮玉米喂奶牛。这样坚持数年，草场就会恢复过来，畜牧业结构得以调整，生产方式实现转变。

我走一路想一路，逐渐形成了通过围封禁牧、转移搬迁、转变方式、集约经营来抵御灾害、保护生态的思路。我想，这个思路可以叫"围封转移"工程。这不是权宜之计，这是大灾害之后大反思的结果。多年来积累的生态危机将逼出生产方式转变的新路子。看来，我们必须主动把生态之"危"变为发展之"机"，推动思想观念改变、畜牧业结构调整、生产方式转变。想到这里，我感到少有的兴奋，觉得心里踏实了。我们必须抓住这个潜在的机遇。

2001 年 7 月 23 日，在盟委、行署党政联席会上，我第一次阐述了"围封转移"的思路。与会者多数赞同我的思路，有的加以补充，也有的认为不好实现。7 月 31 日，全盟经济形势分析会暨扶贫开发工作会召开，我第一次在全盟大会上阐述围封转移思路，并将其概括为"围封禁牧，收缩转移，集约经营"。

陈朋山盟长在会议结束时说，布书记提出"围封转移"工程，具有战略意义，而我们往往只是从战术上考虑问题。之后，对围封转移，我逢会必讲。我说，实施围封转移工程，是对牧民提出的"我们现在怎么办"这个问题的积极回应。实施围封转移工程，关键是保护和恢复已经严重退化的草原生态，主动调整畜牧业结构，持续转变生产方式，紧紧依靠广大牧民，走出一条生产、生活、生态"三生"统筹，经济效益、社会效益、生态效益“三效”统一，生产发展、生活富裕、生态良好的文明发展道路。

2001 年 8 月，我在西部一个旗一个旗地跑，耳提面命地解释和督促，要求各旗限期拿出本旗的实施方案。而后又把西部四个旗的党政主要领导叫来听汇报，确定今秋启动实施，为明春工作做准备。陈朋山主动配合，提出要超调资金、要求每个旗具体报来搬迁户数等。这项工作仅 20 天就能如此迅速地推进，使我信心倍增。

2001 年 9 月上旬，自治区主席乌云其木格来锡盟视察调研。我向乌云主席汇报围封转移工程，请求支持。她答应给予支持。乌云主席回呼以后，落实支持我盟实施围封转移工程资金 3000 万元。有了领导支持和资金投入的保证，我在今年不失时机抢时间启动实施围封转移工程的信心更坚定了。2001 年 9 月 19 日，我去呼市看望刚离任的刘明祖书记。他对我说，你能把锡盟的围封转移工程搞好了，那是为内蒙古的畜牧业发展立了一大功。

和牧民在一起：作者（右一）、自治区主席乌云其木格（右五）、行署盟长陈朋山（左一）

当时，实施围封转移战略，我盟面临两个难题：一个是干部群众的思想认识问题，另一个是资金投入问题。我们决定实施全民素质工程，逐步转变广大干部群众的思想认识，充分认识群众自身的根本利益和长远利益。我们决心调整资金管理使用思路，把生态建设和农牧业方面的资金合起来，集中用于实施围封转移战略。2001 年 9 月，陈朋山调任自治区计委“西开办”主任。调离之前，陈朋山一直积极配合，按每个旗搬迁户数超调资金。加上自治区政府的支持，资金投入有了保证。

我盟实施围封转移战略，当时适逢两个机遇：一个是国家推进京津风沙源治理项目；一个是举办北京奥运会。这两件大事都要求地处首都上风上水的锡林郭勒盟尽快改善生态环境。只要我们抓住千载难逢的机遇，积极争取，就一定能够顺利实施围封转移战略这一历史性的重大工程。

2001 年 10 月 7 日，自治区党委新任书记储波来锡盟视察，听取盟委汇报后，储波对实施围封转移工程给予充分肯定，并提议把围封转移工程改为围封转移战略。他离开我盟时说，你们准备一下，自治区专门听一次汇报。

2001 年 10 月 19 日至 20 日，国务院分管农业的领导在山西省大同市召开“部分省区农村工作座谈会”。遭受严重旱灾的山西省忻州市、陕西省榆林市、河北省张家口市、内蒙古锡林郭勒盟和辽宁省朝阳区等五个市盟主要领导参加会议。会议上，国务院领导强调，汇报时不要念稿子，重点说今后怎么办，不超过 20 分钟。我重点汇报了今后实施围封转移战略的思路。

国务院领导讲话时对我盟的围封转移思路给予充分肯定，他说，这个思路就是围封转移四个字。围封，就是围栏封育、封山禁牧、封沙绿化；转移，就是由粗放经营向集约经营转变，由分散向集中转移。牧区战线太长，太分散，应该收缩集中。农业也应该收缩，北方种的地太多，广种薄收，应该收缩，种好人均两亩地就行，其余的种草，发展畜牧业。锡林郭勒盟把这几年的灾害看作机遇，抓住机遇搞围封转移，这是战略性调整，这很好。国务院领导从国家层面高度赋予围封转移战略全新内涵，使我受到很大鼓舞激励，使我的思想认识得到新的提高。

2001年11月，盟委研究了实施围封转移战略初步规划意见，并成立实施围封转移战略领导小组及其办公室，适时制定了用9年时间分三步实现阶段性目标的规划和各项具体政策，明确扎实推进的各项措施。

2001年12月22日，自治区党委政府听取我盟实施围封转移战略工作汇报。自治区储波、乌云其木格、岳福洪、陈光林、杨利民等党政领导和党委、政府有关部门领导参加会议。我介绍实施围封转移战略及试点情况，汇报了围封转移战略总体规划设想和当务之急需要解决的问题。领导讲意见时，从总体上给予高度评价。牛玉儒说，这个战略非常好，方式是革命性的，选择是历史性的，是改革开放二十多年以后畜牧业发展的又一新选择。郝益东说，围封转移战略是大战略、好战略、改天换地的战略。任亚平说，实施围封转移战略是全自治区的大事。陈瑞清说，非常必要、及时，事关大局，应全力支持。岳福洪说，好规划，符合实际。最后储波说，锡盟在较短时间内做了大量工作，符合实际，自治区直属机关要帮扶锡盟实施围封转移战略。我想，自治区党委、政府召开会议听取一个盟市特别是听取锡林郭勒盟的发展战略的汇报不多见，是领导集体的肯定，是最高层次的支持。

2002年3月5日，自治区党委政府召开“自治区直属机关单位定点帮扶锡盟实施围封转移战略动员大会”。自治区党委政府决定，自治区直属144个部门用一年时间定点帮扶锡盟西部5个旗103个嘎查，帮助实施围封转移战略。自治区党委副书记杨利民讲话。一年后，自治区党委召开区直机关帮扶锡盟实施围封转移战略总结大会。任亚平说，锡盟实施围封转移战略意义重大，不亚于土地家庭承包、畜草双承包改革，其重大而深远的意义超出了锡盟的范围。2002年3月上旬，自治区党委副书记陈光林来我盟考察时说，锡盟提出实施围封转移战略，是实践中的伟大创造。

我盟实施围封转移战略，是一项全新的事业，很快引起各方面高度关注。各种思想观念激烈碰撞，展现了一幅丰富多彩的宏伟画面，可以说是千百年来所没有的。

首先是各级媒体给予高度关注。2002年5月11日，中央电视台新闻联播报道锡盟实施围封转移战略的新闻。报道时间长，内容丰富，反映很充分。在中央新闻联播中对一个地区做这样的报道是不多见的。12 日，中央电视台记者仝文瑜打来电话说，对锡盟围封转移战略节目播了三分半钟，在地方新闻中是长的。2002 年 10 月 25 日晚，内蒙古电视台《今日观察》栏目以《突围》为题播发锡盟的围封转移战略，长达 12 分钟。

同时，据知情者说，2002 年 8 月，内蒙古某学院召开“内蒙古沙化现象及治理”研讨会，区内外的专家学者参加，包括一些日本人。这次研讨会争论激烈。一位专家说，内蒙古草原沙化、生态恶化的原因很简单，就是游牧文化被怎么怎么样等。对他的观点，赞成者甚少，反对者旗帜鲜明。北京民族大学的专家对游牧方式的后果和发展趋势，对牧民的生活、子女教育、商品化等进行提问和质疑。农大教授对围封转移战略表示赞同，说当然需要不断完善，但方向是正确的。

听了这些信息，我又想起一位老同志的“三问”。据说，这位老同志在一个旗的座谈会上，针对部分牧民到呼和浩特市养奶牛、旗里把生态移民集中起来搞舍饲圈养、牧民种植青贮玉米等三件事提出三个“干什么”：牧民是在牧区生活的，进城干什么；牧民是分散居住的，集中干什么；牧区是保护草原的，种草干什么。

这些言论，虽然人数很少但反应较强烈。我感到，其本质是无视牧区这二十年来发生的前所未有的变化，无视锡盟这三年来遭遇历史罕见的自然灾害的后果，无视草原生态遭到破坏和牧民的生产生活陷入困难的境况，而其唯一愿望是永久保留传统游牧方式，其余都无所谓。可见，他们虽然进入 21 世纪，但思想却仍然停留在 20 年前。

在我盟实施围封转移战略的关键时刻，2003 年 1 月 3 日至 5 日，中央主要领导来锡林郭勒盟视察。其间，中央主要领导前往阿巴嘎旗巴彦查干镇巴彦乌拉嘎查，慰问贫困户那木吉拉其仁，看望牧民达木丁，并在他们家与苏木嘎查基层干部和牧民交谈。前往西乌珠穆沁旗杰仁苏木都日布勒吉嘎查看望那顺额苏日格、伊达木扎布两户牧民，与他们交谈。从伊达木扎布家出来时门口聚集了不少从周围赶来的牧民，都穿着蒙古袍。天气很冷，但大家都很激动，热情洋溢，纷纷问候中央主要领导等。中央主要领导满面笑容，主动上前和大家一一握手，嘘寒问暖。1月5日上午，召开汇报会，自治区党委和锡盟盟委汇报。中央主要领导在讲话中讲了关于把学习贯彻党的十六大精神引向深入、关于解决困难群众生产生活问题、关于做好加快发展工作、关于加强和改进党的建设问题等四个方面的内容。

这次中央主要领导来锡盟视察，去阿巴嘎旗和西乌珠穆沁旗，都是一个多小时的车程。事先，中央办公厅的同志叮嘱我，一上车你要不停地说。中巴在柏油路上稳稳行驶，路两边是一望无际的皑皑白雪。中央主要领导坐在左侧的第二排，我坐在右侧靠门的座位上。我抓住这千载难逢的机会，向中央主要领导汇报我盟实施围封转移战略的情况。中央主要领导对这个话题很感兴趣，时不时打断我的话问具体情况，了解得特别详细具体。车上主要是我汇报，储波偶尔插上一半句。

最后，中央主要领导指示：布和同志，你们的思路和方向是对的，你要扎扎实实地抓几年。刚开始，可能有些人不理解，不要紧的，见到效益，有了收益，大家就会理解，就会拥护。总的是要调整结构，减少牲畜，保护草原生态嘛。抓工作要在落实上下功夫，干一件成一件，真正见到实效。转移牧民，让牧民搬迁，故土难离啊，这是可以理解的。关键是生活有着落，生产能发展，收入有提高。中央主要领导的重要指示，充分体现了高瞻远瞩、为民情怀和务实精神，使我进一步明确了实施围封转移战略的目的、方向、重点、措施和方法等。我决心牢记嘱托，全力以赴抓好落实。

2003年1月5日，我们到机场为中央主要领导送行。返回宾馆，我向储波复述了中央主要领导在车上的重要指示。储波说，中央主要领导就是这么说的，对围封转移的有关情况，我也事先向中央主要领导汇报过。接着储波的话，我表决心说，按照中央主要领导的“要扎扎实实地抓几年”的指示，我想继续在锡盟干几年，抓好落实。

储波说，在这个问题上你自己考虑好，下一步厅局领导调整比较多，是一次机遇。安排到一个较好的厅里可以干到60岁，然后转到人大政协。那年我刚过55岁。

我说，我的想法还是以事业为重，抓好围封转移。如果到年龄不能继续干了，就直接转到盟人大政协吧。储波说，可以在这里继续干，我们知道你是敬业的，对你是信任的。

可是半个月后，储波又跟我谈话说，对你的工作想变动，对干部负责嘛。围封转移一两年也干不完，想让你担任政研室主任兼第一副秘书长，不写材料，只研究问题。你有宏观思维，思考问题有深度，你提出围封转移战略、牧民股份合作社的思路等，都说明了这一点。

我表示服从党委的决定。

说实话，我心里想的还是围封转移战略。我知道继续在锡盟实施围封转移战略，已经时日不多。眼前最要紧的是必须把移民示范园区建设好，推动示范园区规范运行，在全盟起到示范引领作用。于是，我和盟委副书记王中和一起，带领盟委行署有关领导及相关部门负责人，从 2 月 24 日至 3 月 6 日，去西苏旗齐哈移民示范园区蹲点调研十几天。住进齐哈移民示范园区的当晚，我召开盟旗苏木嘎查四级 40 多人参加的蹲点调研动员会，讲这次调研的宗旨、内容、目标、方法和成果要求，连夜组建 18 个小组分头开展工作。

齐哈生态移民示范园区，是西苏旗于 2001 年 9 月紧急启动的生态移民工程，是我盟荒漠半荒漠草原区第一个生态移民点。在这里，打机井 19 眼、开发节水灌溉饲草料基地 3200 亩，分两批移民 142 户，搞舍饲圈养。通过蹲点调研，我们对园区运行中存在的问题进行梳理和研究，围绕园区舍饲圈养的关键环节，制定了产业结构调整、饲草料种植、牛羊模式化饲养、组建种植业股份公司、传统奶食品加工销售、牧民文化技术学校、园区科技培训、园区党支部建设和群团组织建设、示范园区有关政策等 19 项实施方案，建立健全了移民示范园区健康发展的一系列制度机制。

当初，牧民问我怎么办？我的回答是实施围封转移战略。怎么办？这是牧民之问，实践之问，也可以说是时代之问。我的使命就是回答问题，解决问题。我必须解决牧民的问题，实践的问题，也许是一个时代所面临的问题。

实施围封转移战略，对牧区来说是前所未有的创举。围封禁牧，收缩转移，集约经营，不是搞一刀切，而是因地制宜，联系本地实际，针对突出问题，更新思想观念，主动调整结构，转变生产方式，保护草原生态，增进牧民福祉。然而我调离锡盟之后，实施围封转移战略也不了了之。有些人的兴趣不在“转移”而在“转钱”。

反思实施围封转移战略，我的失误在于见识浅、见事慢。如果大旱之初吸取历史经验教训，认清当时形势，预见未来趋势，早两年实施围封转移战略，形成全盟上下的广泛共识，成为广大牧民的普遍实践，也许能避免半途而废的局面。

2003 年 3 月 23 日，全盟农村牧区经济工作会议召开。我在会上专门讲了推进农牧民组织化问题：

> 畜草双承包责任制极大地促进了我盟农村牧区生产力发展。同时，也凸显两个突出问题：一个是发展不平衡，贫富差距拉大；另一个是草原生态退化沙化。前者主要是牧民的素质能力差异造成的，后者除了自然灾害以外，主要是草场超载过牧所致。超载过牧的是大户，退化沙化的则是贫困户的草场。因为贫困户无力围封自家的草场，要么被大户白用，要么过度利用租赁的草场。
>
> 解决问题的办法，不是要限制，而是要疏导。积极引导大户与贫困户建立利益联结、入股分红的合作模式，双方自愿以草场、牲畜、劳动、管理和扶贫资金入股，由大户统一经营，贫困户通过打工和分红稳定增收。

这是我在锡盟工作六年间的最后一次讲话。巧的是，正是那天自治区党委会研究了我的调动问题。关于推进农牧民组织化的思路，在锡盟已不可能落实，而我到政研室以后，有机会在兴安盟的扶贫点上落实这个思路。

第四节　喊破嗓子不如做出样子

俗话说，喊破嗓子不如做出样子。来锡盟工作，我从一开始就有以身作则、做出样子的想法。我想，作为盟委书记做出样子，首先要为盟委一班人做出样子，继而为广大干部群众做出样子；既要从大处着眼做出样子，也要小处着手做出样子，从一个个具体事情上做出样子。6 年间，概括地说，重点是在学习、创新、自律上做出样子。

在学习上，作为书记，我必须持之以恒地努力学习，在提高自身素质能力上做出样子，进而带动盟委一班人提高素质。我们盟委班子是一个好班子，大家都讲团结、守纪律，对分管工作尽职尽责，有话当面说，民主氛围好，群众威信较高。同时，个人素质能力的差异也比较明显，不能适应新形势下推进全盟各项工作的需要。我认为，带领盟委一班人共同提高素质，是推进全盟改革发展稳定的需要，更是我义不容辞的责任。

带领盟委一班人共同提高素质，最重要的是加强学习，加强政治理论、业务工作和方式方法的学习。为了提高学习质量，每次的盟委中心组学习前，我都提前做准备。共同学完了以后，我都要对学习内容的重点和联系实际的要求，做解读辅导性阐述。但是，对每个人的学习体会、收获和提高的程度如何，都无从知道。

2002 年 7 月，盟委通过了《关于实施全民素质工程的决定》，召开了全盟实施全民素质工程动员大会。2002 年 9 月 12 日，着眼于建设学习型盟委，盟委中心组第一次以学习型组织创建模式进行学习。我们按照工作学习化、学习工作化的理念，就准确把握盟委职能、切实履行委员职责问题进行了深度学习讨论。这是实施全民素质工程以来第一次用一种新形式进行互动讨论。这种深度讨论，从学习目的、学习内容到学习方法，开始有了一系列新变化：从以文件为中心转向以问题为中心，从应付性学习转向主动性学习，从灌输式学习转向研讨式学习，从个体式学习转向共享式学习，从空对空学习转向为推进工作而学习，从为学而学转向为提高能力而学。这样的学习显得比较新颖、活泼、具体、管用。

在锡盟工作时，我坚持以盟委中心组的学习带动县处级领导干部的学习。我们根据需要，将盟委中心组学习和盟委读书会，扩大到旗县市区党政一把手，或者扩大到盟直机关正处级干部，达到一起学习、互动学习、共同提高的目的。我的互动方式是，在读书会上进行阐述的过程中，很自然地提出一个大家应知应会的问题，要求与会者回答。当时，不管对错，主动回答问题的很少。我就点名让一个旗委书记回答。他的回答是四个字：我不知道。我没有问他为什么不知道，也没有批评他。我还表扬说，你是实事求是，不知道就说不知道，希望下次你能知道。

2000 年 5 月 28 日，盟委以学习领会“三个代表”重要思想为重点开读书会。这次我没有提问，而是考试。读书会开始时，我做简短讲话，提出要求。接着，用我亲自拟的 17 道题，对参会人员进行一次应知应会的基础理论、基本思路、基本数据小测试。这是一次突然袭击，事先只跟陈朋山通了个气。原本是闭卷考试，后来有的翻报纸抄起来。考虑到是初次“练兵”，没有较真儿。我心想，如果能抄对、记住了，也算是一点收获。

亲自宣讲党的十六大精神，是我带领广大干部群众学习党的创新理论的一项重要实践活动。在我的人生中，最荣幸、最激动的一段经历，就是参加了 2002 年 11 月 8 日至 14 日召开的党的第十六次全国代表大会。从北京回来以后，我亲自撰写《紧密联系实际，深入学习领会，全面贯彻落实——十六大精神宣讲提纲》宣讲稿。从 2002 年 12 月到 2003 年 1 月，我到各旗县市区宣讲党的十六大精神，行程 3200 公里，宣讲 13 场，直接听宣讲的干部群众达 6000 人，反响和效果很好。

作者（中）和内蒙古代表走出人民大会堂

我从一开始就认为，自己作为党的十六大代表，宣讲好党的十六大精神是我的重大责任、重要义务。作为盟委书记，用党的十六大精神统一各族干部群众的思想认识，是落实党的十六大提出的各项任务，全面建设小康社会的思想基础。自治区党委秘书长任亚平给我打电话说，你是各盟市委书记中亲自一个旗县一个旗县去宣讲党的十六大精神的唯一一个，你是学习宣传贯彻党的十六大精神的先进分子。

在创新上，作为书记，我必须理论联系实际，紧跟形势、与时俱进，针对全盟发展中存在的各类问题，适时提出解决问题的思路办法。讲符合实际的话、管用的话、有新意的话，指导实践，推进工作。正如毛泽东讲的："对于马克思主义的理论，要能够精通它、应用它，精通的目的全在于应用。如果你能应用马克思列宁主义的观点，说明一个两个实际问题，那就要受到称赞，就算有了几分成绩。被你说明的东西越多，越普遍，越深刻，你的成绩就越大。"

作者到各旗县市区宣讲党的十六大精神

1998年12月31日，盟委召开盟直机关副处以上干部大会，动员机关干部下基层，帮助基层抓落实，为来年工作打好基础。干部下基层干什么、怎么干、干到什么程度，这些都需要讲清楚、讲具体。我在讲话中强调“两到”任务，要求每个干部都要做到“增加收入指导到户”“推广技术培训到人”。会后，盟委秘书长邓月楼跟我说，朝伦巴特尔盟长问我，布书记讲的“两到”16个字，是邓小平提出来的吧，什么时候讲的来着？我说，那是布书记自己概括的干部下基层工作的要求。朝盟长惊奇地说，是吗，讲得很具体很到位。邓月楼原先是行署盟长助理，1998年9月，王中和由盟委秘书长转任组织部长以后，他被提任为盟委委员、秘书长。在锡盟工作期间，邓月楼协助我做了大量工作，发挥了重要作用。

在锡盟工作时，我在全盟教育工作会议和科技工作会议上讲了一些别人没有讲过的话。

2001年3月25日，我在全盟教育工作会议上讲：

素质教育的根本宗旨是提高国民素质。结合我盟实际全面推进素质教育，既要面向现代化、面向世界、面向未来培养高素质人才，也要面向锡盟、面向现在、面向现实培养新型牧民、新型农民、新型工人和其他各类新型人才。我盟的教育工作，只有服从于、服务于全盟发展大局，只有同经济建设、科技进步以及生产劳动紧密结合，只有不断提高办学质量和效益，才能适应我盟改革发展对人才的需要。

对盟委行署确定的发展思路和政策措施，大家都认为是正确的，是符合我盟实际的。为什么到基层落实起来就比较难，工作成效不明显？其中一个重要原因是我们的干部和广大劳动者的综合素质还不能适应加快发展的需要。解决这个问题，最根本的是全面推进素质教育和职业教育，实行产教结合，走出一条具有我盟特点的职业教育路子，培养各层次的实用型、技能型人才。这是我盟教育发展的根本宗旨。

2001 年 4 月 4 日，我在全盟科技工作会议上讲：

经济建设必须依靠科学技术，科学技术必须面向经济建设。结合我盟实际贯彻国家关于加强技术创新的方针，首先必须明确我盟加强技术创新的定位问题。定位准确了，科技工作的方向、目标、重点和方法措施才明确。否则，科技和经济就是“两张皮”。“十五”时期我盟科技工作的核心任务是：紧紧围绕调整结构主线，加快转变生产方式。

畜牧业科技工作的重点是改良牲畜品种，转变畜牧业生产方式，实现草原生态明显改善，牧民收入显著提高。比如，科技工作绝不能对普遍存在的牲畜饲养方式过于粗放的问题视而不见。我盟牲畜数量几乎占全区的三分之一。作为畜牧业大盟，连最起码的牲畜饲养管理的科学性、技术性问题都解决不了，还能说科技工作跟生产建设紧密结合了吗？

在自律上，作为书记，我必须坚持廉洁从政、勤政为民，经得起群众检验、历史检验。不管在哪里，干部群众关注的是领导干部坐什么车子、住什么房子、说了什么话、用了什么人、做了什么事。我从上任的那天起，就坐前任书记坐的一辆跑了几十万公里的黑色丰田越野车。司机也是原来的司机，车内的配置一件都没有动过。

后来，各地时兴一把手坐一号车。有人说，要换我的车牌号。我说，不换，原来什么号还用什么号。这辆车一直用到我调离锡盟的前几个月，又跑了几十万公里。有一天，司机小薛说，检修车的时候发现，我们那辆车的方向盘连接主机的什么部件已经断裂，幸亏及时发现了。那辆车不得不报废。

盟委办公室临时从盟行署借了一辆车给我坐，几个月后我调回自治区。调走的时候，秘书长问我带走哪辆车。我问，为什么要带车？他说，以前的领导调回自治区时一般都带车走，而且有的还带走两辆车，一辆小轿车、一辆越野车。我听了，很是吃惊。我说，我们不能学他们的样子，我一颗螺丝钉都不带。

我到任后没有住宾馆，就住在自己的办公室。前任书记搬家以后，我住进了那个历任书记住过的周转平房里。那个房子的门窗，夸张点说有手指头宽的缝隙。外边刮大沙尘暴，屋里刮小沙尘暴。但我也没有要求修理，直至调离锡盟。

我认为，坚持廉洁自律，最要紧的是不爱钱财不受贿。我在锡盟工作的 6 年间，也有给我送钱的。有的来办公室汇报工作，临走拿出信封往桌子上放，并说出好多条理由必须表达一点心意。我一般先是好言相劝，讲我做人做事的原则，要求对方支持我的工作，不要在给我送钱财上动脑子。多数的还是能听劝，把信封收起来。

2002 年 2 月，有一位企业老总来看我，给我拜年。临走时从怀里拿出一个信封说，给您拜个年，没有别的意思。信封口开着，厚厚的几沓 100 元。他留下信封起身要走，我态度坚决地叫住他，给他反复解释我为官的原则。几经劝说他终于把信封拿走了。

也有不听劝的，以为我是假装拒绝，执意要把钱放下，甚至放下钱就往外走。这时我不得不变脸，厉声说，今天你要是敢把钱放下，我立马给纪检委打电话，让他们来把钱拿走，你去纪检委说清楚。这样，对方也就乖乖把钱拿走了。

晚上，我回到住所，随手就把院门插好，在房间看书阅文写东西。有时候听到有人敲院门，有时候听到车开到院门外，有人来敲门。遇到这些情况，我一概不开门。我心想，有正事找我的人肯定先打电话，不预约而在晚上来敲门，我是坚决不开门。平时，我经常嘱咐家里人，任何人的钱财，不管多少都不能收。我说，我们宁肯喝稀粥，也要睡个安稳觉。

2002 年 9 月上旬，自治区党委召开全区领导干部大会，推荐省级领导人选。参加大会的我盟一位领导给我提建议说，这两天我接到一些熟悉的同志打来电话，要求我推荐时给他划票。布书记，您的各方面条件都具备，总是民意多一些好呀，是不是也打一打电话呢？我回答，我受党的教育多年，这大半辈子从未做过此类事。到了现在我还能跟他们一样搞这一套吗？庸俗。顺其自然吧！

我们盟委班子，是努力学习、团结一致、干事创业的班子，在各方面工作中都能发挥领导核心作用。我和盟长陈朋山，自始至终是相互支持、配合默契的搭档。我从不插手行署的工作，特别是财政支出问题。别人跟我说，陈朋山是 16 岁插队到西乌珠穆沁旗的北京知青。碰上牧民上房泥，她赤脚板子和泥，帮助牧民抹房子。她当过大队会计，一步一个脚印地走过来。她能说一口流利的蒙古语。因为我们都当过知青，都当过牧民，有很多共同语言。偶尔有饭局，喝几杯酒以后，陈朋山时不时挂在嘴边的一句话是："在大会上不拿稿子能讲一个多小时，布书记在阿拉善的沙窝子里，究竟受的是什么样的教育呢！"

2001 年 2 月 6 日，在盟委书办会上，我讲领导干部年度工作责任目标的设定思路。陈朋山理解得很准确，而且有创造性发挥。她往往是这样，这正是她的可贵之处。你讲的时候她不看着你，她歪着脑袋看别处，别人看了似乎有不屑一顾之嫌。可她这是在全神贯注地听、理解、思考。到了她讲的时候，就会具体地提出落实的思路和意见。我最欣赏的就是这一点，其他人很少能做到这一点。

也许，这正是她的一个特点。比如，那天她把我讲的建立基层档案和台账的思路，发挥成“账账相符”“账物相符”的考核方法。我立即想到她曾干过大队会计。2001 年 9 月，陈朋山调到自治区工作了。2002 年 3 月，自治区政府常务副主席岳福洪见了我说，你是一个踏踏实实干工作的人。我问过陈朋山，你对布和朝鲁怎么看？陈朋山说，布书记是一天 24 小时都在琢磨如何把工作干好的人。那时候，陈朋山已经调任自治区计委“西开办”主任。2002 年 11 月 30 日，杨利民对我说，岳福洪书记对你的评价是“盟市领导中最正直、最勤奋工作的一个”。

在锡盟，作者（左一）向内蒙古党委副书记岳福洪（右一）汇报工作

“为长远打基础，为百姓办实事。”这是我刚来锡盟工作时，我们盟委一班人宣示的使命。5 年间，我们肩负使命，团结带领全盟人民，坚持不懈奋斗，取得实实在在的成就。

自 2002 年 7 月 12 日起，锡林浩特机场可以起降“737”型飞机了。锡林浩特虽然人口少，但是 1958 年就通飞机了。当时是土跑道，起降小型飞机。1992 年有了水泥跑道，能起落中型飞机。2001 年，我们抓住中央实施西部大开发战略的机遇，扩建机场，各种大型飞机都能起降了。

2002 年 8 月 1 日，锡林浩特火车站剪彩，锡林浩特至桑根达来（锡—桑）铁路建成通车。锡盟的“煤电路”项目，即在锡林浩特建设大型露天煤矿、修建锡—桑铁路运煤、在水资源条件较好的蓝旗建设大型火电厂，是几届班子跑了十几年未能争取到的项目。我来锡盟时，赶上受亚洲金融危机影响，全国经济低迷，能源过剩，国务院宣布五年内不上火电项目。鉴于这种情况，我主张把煤电路“打捆”项目拆开来，先跑铁路项目。1998 年 12 月 3 日，我盟锡—桑铁路项目在国家计委主任会议通过立项，经过几年的努力，建成通车。

2002 年 8 月 14 日，蓝旗电厂项目建议书提交总理办公会议研究，顺利通过批准立项。这个项目几届班子一任接一任地争取，历时 16 年，2003 年 6 月 29 日正式开工建设。

2002 年 9 月 16 日，锡林浩特至张家口的 207 国道一级公路扩建完成，剪彩通车。之后，在此基础上建成高速公路。

2002 年，我带队考察、精心策划，规划设计部门论证设计锡林浩特经济技术开发区项目，组建专门班子抓基础设施建设，取得新进展。

2002 年，我盟经历连续三年特大自然灾害之后，经济建设走出低谷，得到恢复性增长。与 1998 年相比，国内生产总值由 55.9 亿元增加到 81.9 亿元，城镇居民人均可支配收入由 3787 元增加到 5300 元。受罕见自然灾害影响，农牧民人均纯收入由 2235 元减少到 1940 元，比上年增加 72 元。

2001 年 7 月，我首次提出实施围封转移战略，盟委行署联席会议一致通过。2001 年 9 月在西部几个旗抢时间启动试点和示范园区建设，2002 年开始全面实施并取得良好开端。2003 年 1 月，得到中央主要领导的肯定。2003 年 2 月，我临调离前带领有关人员到西苏旗齐哈示范园区蹲点调研，制定完善了有关方案和制度机制。

2001 年 12 月，我第一次阐述实施全民素质工程的思路，形成“实施全民素质工程”方案。2002 年 7 月 23 日，盟委党政联席会议做出《关于实施全民素质工程的决定》。7 月 26 日，盟委召开全盟实施全民素质工程动员大会，启动实施全民素质工程。2002 年 8 月，开始全面实施全民素质工程。

以“为长远打基础，为百姓办实事”为使命的盟委一班人，团结带领全盟各族人民，发扬我盟“不甘落后、团结奋斗、务实创新、敢争一流”的精神，经过五年坚持不懈的努力，为锡盟的长远发展奠定了坚实基础，为全盟老百姓办了看得见、摸得着的实事。

2003 年 4 月 4 日，在全盟领导干部大会上，我发自肺腑地讲了离任的话：

1998 年 5 月 12 日，我来锡盟工作。岁月如梭，已过五个春秋。这 1800 个日日夜夜。虽然是弹指一挥间，但在我的生命旅途中却弥足珍贵、永远难忘！

我们肩负“为长远打基础，为百姓办实事”使命，共同走过创业路程，共同收获奋斗的成果。草原人民勤劳质朴、坚韧执着的品格永远令我钦佩，各级干部不甘落后、团结奋斗的精神永远值得我学习。

我是牧民的儿子，有机会为草原父老乡亲服务五年，这是我一生的荣幸！我对大家的信任、支持和爱护表示衷心的感谢！

现在，我将离开深深热爱的草原，但我的心留在了草原，愿我们的情谊像锡林河一样长久！愿草原的明天更加美好！

第八章

在内蒙古党委政研室

2003 年 3 月 21 日，自治区党委书记储波跟我谈话。他说，让你担任党委政研室主任兼第一副秘书长，不写材料，只研究问题。我没有什么可说的，我只是想“不写材料，只研究问题”，政研室究竟是干什么的部门呢？

离开锡盟前，我曾让邓月楼找来自治区直属机关机构改革“三定”方案，我想看看政研室的职能是怎么定的。文件上对政研室的职能概括得很简练：“为自治区党委决策服务、从事综合性研究的工作部门。”虽然只有两句话，但内涵很清楚。政研室的工作是为党委决策服务，而自治区党委的决策关系全区的改革发展稳定，关系全区各族人民的切身利益，是全区最高层次的全局性的决策，是随形势发展、任务变动而不断变化的决策。这样的决策所需要的是前瞻性、创新性、综合性的服务，是综合性研究的服务，归根结底是落到高质量文稿上的服务。

我想，搞好这样的服务，对政研室来说是很高的要求。适应这样的要求，“不写材料，只研究问题”，似乎说不通，甚至自相矛盾。适应这样高的要求，只有学习、学习、再学习，创新、创新、再创新。不断提高自身的素质，用我们的服务让自治区党委满意才行。我的脑海中逐渐形成把政研室建设成为学习型、创新型、服务型机关的思路。我草拟了《就任政研室主任演说辞》，一千字一气呵成。

第一节　学习无止境

2003年4月9日，在党委院里，分别召开了政研室全体干部会议和党委办公厅副处级以上干部会议，宣布我的任职决定。会上，分管副书记杨利民在讲话中说：

> 布和朝鲁同志政治上坚定，党性观念强，能够自觉贯彻执行党的路线方针政策。注重学习，勤于思考，善于研究，有较高的政策理论水平。蒙汉语兼通，语言文字表达能力较强。思想比较解放，勤奋敬业，工作有思路，注重抓落实，敢于负责，组织领导能力和决策能力比较强。能够坚持民主集中制原则，重大问题集体讨论决定，敢于开展批评和自我批评。公道正派，要求自己比较严格。

我表态发言时说：

> 五年前，我肩负组织的重托，走出党委大院，到广阔的草原，为锡林郭勒盟各族人民服务；五年后，我听从组织的召唤，又回到党委大院，同大家一道，为自治区党委决策服务。政研室是为党委决策服务、从事综合性研究的部门。在一定意义上讲，有什么比决策更重要呢？有什么比服务更光荣呢？
>
> 我觉得，要想为党委决策搞好服务，必须全面掌握作为决策基础的实际情况，必须深刻理解党委领导的意图。概括地讲就是，掌握情

况，理解意图，搞好服务。据我了解，政研室有一个很好的工作基础，有一支很好的工作队伍。在这样的基础上开展工作，我充满信心。

我觉得，要出色地完成为党委决策服务的光荣使命，我们政研室应该成为学习型机关、创新型机关、服务型机关。这是我们的努力方向和奋斗目标。我相信，我们全室干部职工同心同德、共同努力，就一定能开创政研室工作新局面。

我在政研室工作期间，主要是抓了学习、创新和服务三项工作，其中，学习是基础，创新是动力，服务是目的。我认为，学习、创新是高质量服务的本质要求，文稿质量即服务质量，文稿质量来自学习、创新的成效。

我抓学习型机关建设，主要是围绕提高为党委决策服务的能力来展开，加强政治理论学习，提高为党委决策服务的自觉性；加强业务知识学习，提高课题研究能力和文稿写作能力；加强自身的学习，要求别人做到的自己首先要做到。

2003 年 4 月 17 日，我主持召开政研室干部会议，系统阐述了创建学习型、创新型、服务型机关的思路：

为党委决策服务，是一种高层次、高质量的服务，是从宏观与微观相结合的层面上系统思考、综合研究的服务。这要求我们必须具备较高的理论素养、较深的知识阅历、较强的研究能力、较好的写作能力。我们要以增强创新能力、提高服务水平为目标，建设学习型机关。

为党委决策服务，要求我们提出符合我区改革发展实际的新思维、新思想、新思路，使我们的服务富有新意。我们要保持与时俱进的精神状态，树立创新意识、坚持创新思维、提高创新能力，以此提高服务质量。我们要建立健全符合我们政研室机关实际的学习、讨论和研究制度，边学习、边总结、边提高，不断完善。从这个意义上讲，创新是我们机关的生命力所在。

为党委决策服务，主要是搞好调研服务和文稿服务。我们要创新调研思路，紧紧围绕党委提出的目标任务确立调研思路，确定调研课题；创新调研方法，增强针对性，把握综合性，探索规律性；创新文稿文风，提升文稿质量。我们要坚持主动服务，想党委之所想，急党委之所急，办党委之所需；坚持协调服务，积极配合办公厅工作，与其他部门搞好合作；坚持超前服务，想党委之未想、谋党委之未谋，提供多种决策选择。创建“三型”机关，服务是目的，学习是基础，创新是动力。加强基础，增强动力，才能达到目的。我们要努力学习、精诚团结、勤奋工作。

这算是我在政研室工作的“施政纲领”。政研室有干部职工近 40 人，设农牧处、城镇处、政文处、战略处、党建处、办公室和机关党委七个处室。领导班子成员有副主任张太平、徐党荣，还有两名副厅级巡视员周亮、特木勒。2004 年 9 月，调进副主任梁文清，后来又增加了副主任胡匡敬。

我的“施政纲领”讲完以后，班子成员都做了表态性发言，大家对落实这些思路措施的态度是很积极的。在这次会议之前，我同政研室的领导班子成员和干部们个别谈话，了解情况，交流思想，大家对我寄予很高期望。我想，本机关领导和干部们的认同拥护是推进工作的坚实基础，而党委领导的认可支持则是搞好工作的重要保障。

2003 年 5 月 7 日，我将创建三型机关的讲稿报党委领导。杨利民批示：“同意建设三型机关的工作思路，并以此推动机关作风建设和队伍建设。”任亚平批示：“赞成布和朝鲁同志关于政研室机关建设的想法。”5 月 28 日，杨利民来到我的办公室，我向他汇报来政研室 50 天的工作。他特别赞同三型机关建设，赞同用业务工作促进机关建设，赞同用共同事业凝聚大家的心，要求就这样抓下去。有了全室干部认同和党委领导的支持，我的决心更大了，信心更足了，我要将三型机关建设不遗余力地抓下去。

我们政研室主要通过内部刊物《决策参阅》上报我室干部的研究成果。这个刊物是为党委决策服务的主要载体，只呈送自治区党委常委、政府副主席以上的领导。对《决策参阅》刊发的文稿，党委、政府领导特别是主要领导很重视，觉得有价值的都做批示，从而使文稿提出的意见建议通过不渠道进入决策程序。有领导批示而进入决策程序的，被视作有质量的文稿。

2003年6月20日，《决策参阅》第五期刊发我写的《关于选派优秀高校毕业生到基层挂职工作的建议》，储波批示："请利民、朋山、连辑、子明同志阅处，建议召开一次专门会议，组织、人事、教育等部门参加，就高校毕业生就业问题进行专题研究。"政府副主席连辑批示："此建议积极、前瞻，请人事、教育部门研究，创造可行条件。"这是我来政研室工作以后第一次在《决策参阅》上刊发文稿，并得到领导的批示。

2003年7月26日至8月5日，我带领有关处的同志去西部阿拉善盟、乌海市和巴彦淖尔盟调研，历时11天，行程3700公里，着重了解农村牧区两极分化、农牧民收入、社区建设和就业等情况以及三个盟市的发展思路等问题。回来以后，我写了此行的调研报告。储波对载于《决策参阅》中我的《赴阿盟、乌海、巴盟调研报告》一文批示："写得不错，对三盟市的情况反映比较准确，对三个问题思考有一定深度。"

到了年底，总结一年的工作，并向领导汇报，这是机关工作的常规。2003年12月1日，我们把政研室工作总结《努力建设"三型"机关，全面提高服务水平——政研室今年以来工作汇报》报党委领导。储波批示："一年来政研室的工作很有成效，做了大量调查研究，提出了不少有见地的报告，自身建设也抓得不错。要进一步深入学习十六大、十六届三中全会精神，结合内蒙古实际，多提一些好的决策建议。"储波对我室工作给予如此高的评价是我没有想到的。

2004年1月6日，杨利民来我室参加全室干部关于树立和坚持科学发展观的研讨会。他对我室上一年的工作给予充分肯定，并对2004年的工作提出具体意见。党委领导对我室一年来工作的肯定，说明三型机关建设取得初步成效，需要再接再厉、持之以恒地抓下去。

在三型机关建设中，我坚持身先士卒、以身作则，以带动全室干部加强学习、增强执笔能力。2004年9月，党的十六届四中全会做出《关于加强党的执政能力建设的决定》（以下简称《决定》）。2004年10月11日，我室中心组学习党的十六届四中全会《决定》。我谈学习体会时讲了一些有新意的话：

> 提高党的执政能力，指的是提高党作为一个整体的执政能力，也必然要求提高执政党各级领导干部的素质能力乃至全体党员的素质能力。领导干部和广大党员素质能力的持续提高，构成党的整体执政能力的基础。
>
> 把加强党的执政能力建设与我室工作相结合，关键是在建设高素质干部队伍上找准结合点，把加强党的执政能力落脚到提高我室干部为党委决策服务的自觉性、主动性，落脚到提升全体干部的服务能力和水平上。
>
> 把提高党的执政能力与提升我室干部的执笔能力相结合，把执笔能力提升到执政能力的高度来认识，这是结合我室工作实际落实党的十六届四中全会精神的一个落脚点。

把执政能力同执笔能力联系起来，这是我结合政研室工作实际，对落实党的十六届四中全会精神进行深入思考的结果。努力找准上级党委的重要精神与本地区本部门工作实际的结合点、落脚点，这是我多年来形成的思维方式和工作方法，其目的是将上级党委的精神落到实处。

我身先士卒带头撰写文稿、带动大家写好文稿的想法，在实践中开始取得成效。2004 年 6 月 15 日，任亚平给我交代起草储波在 7 月中旬自治区党委七届六次全委会上的讲话稿，并说这次讲话稿由你们政研室单独完成，稿子出来了直接交给储书记，因为你写稿把关把得细。

到 6 月 18 日，我们用三天半时间，两次讨论，三度修改，拟出讲话提纲送给任亚平。21 日，任亚平说，储书记认为提纲可以，先按此提纲写出初稿来。到 7 月 2 日，我亲自起草《关于储书记在六次全委会上讲话起草过程中一些想法的汇报》，送任亚平和储波。7 月 5 日，任亚平打来电话说，储书记认为稿子大结构可行，可以确定全委会日期了。

那天，我激动得中午未能入睡。下午，储波要我去他的办公室，就修改稿子问题讲一讲。我到储波办公室，任亚平也在。储波说，大结构可以，第一部分三个关系在篇幅上有些失衡，经济素质那个部分需要扩展。结构调整，还是讲产业结构一二三、所有制结构、生产力布局调整。社会发展、党的建设部分需要具体点、展开点，你搞成50页也可以，我能压到30页。

之后，我用整整三天时间，改出一稿，送到储波办公室，做了简要说明。临出来，储波说，你辛苦了。我说，您更辛苦。当晚，储波已经改了一稿。第二天早晨我去印刷厂看储波改的稿，他把42页压到28页，字数由1.9万字压到1.4万字。2004年7月13日至14日，内蒙古党委七届六次全委会召开，储波讲了两个多小时，有时脱稿，有时重复强调。会上，杨利民见了我说，听说这次写讲话稿，你亲自上手了，辛苦了。

我回顾写稿过程，这次为储波起草讲话稿，我提出9个方面的创新性观点。为自治区党委书记起草重要会议讲话稿，这在我的工作经历中是第一次。我觉得有若干体会和一些方法与大家分享，不无益处。我想充分利用起草这次讲话稿过程的积极效应，引导大家提高文稿起草的能力。

7月15日，我室召开干部大会，各处室总结汇报上半年工作。政研室副主任徐党荣谈自己的工作感受时说，布秘书长亲自撰写储波书记在内蒙古党委七届六次全委会上的讲话稿，以前的我不知道，自1991年我来政研室这14年来，政研室独立完成党委主要领导在全委会上的讲话，这还是第一次。

随后，我草拟关于撰写储波在全委会上讲话稿过程的总结。我是想通过讲解讲话稿撰写过程中的一些具体思考方法和表达方式，来启发引导大家提高理论素养和文字能力。7月20日，我室中心组学习会上各处汇报学习讨论储波全委会讲话的体会。大家认为，党委书记在全委会上的讲话交由政研室独立完成，是对我们的信任和重视，对我室是一次重大考验，对我室的工作和发展关系极大。这是为我室争了光，提高了政研室的地位。这个讲话稿是范文、样板，要很好地学习研究。

接着，我按照自己准备的提纲，具体分析讲话内容和结构，讲起草过程和储波的修改过程，肯定大家普遍参与的情况，特别强调储波指导和修改的作用。我说，我们要夹着尾巴做人，对外不说是我们起草的，领导认可并在大会上讲了，就是领导的，我们的职责只是搞好服务。

会后，我整理了《在政研室干部学习研讨会上的辅导发言》稿送储波。他批示："七届六次全委会讲话，经全会讨论，得到认同，说明政研室在起草过程中是花了功夫的。政研室近期的几篇材料水平都较高，说明政研室在加强自身建设，提高理论与写作水平上有成效。"储波做这样的批示，说明他对全委会讲话稿是满意的，对政研室的工作是满意的。

年底，我在中心组学习会上讲了《切实提高为领导文稿服务的能力——写作能力训练提纲》，大家听了认为很受启发。随后，我将《切实提高为领导文稿服务的能力——写作能力训练提纲》送党委领导。在这个材料中，我重点介绍了储波修改材料的方法和技巧。储波批示："我的一些想法也是从实践、从基层得到启示而逐步完善的。这次讲话稿中政研室不少好的提法都予以吸收了。布和朝鲁同志这种严肃认真的态度值得提倡，值得学习。"杨利民批示："布和朝鲁同志从储书记一篇重要讲话的起草工作，说到机关干部提高业务能力训练，选题好，讲得也很好。可以安排给区直各单位从事秘书工作的同志讲一次。"

我知道，言教不如身教。在学习型机关建设中，我深知带头学、亲自写的意义和作用。我坚持亲自写、带头写，以理论服人、以工作服人，给大家做出样子。当初储波跟我谈话时说，"不写材料，只研究问题"。我想象不出在政研室当领导怎么能不写材料。虽然政研室干部数量不算少，但素质能力参差不齐，能搞研究、写材料，特别是撰写符合党委领导要求的文稿并不多。但也有副主任张太平、徐党荣等一些写材料写得不错的干部。总的看，政研室干部的短板是不熟悉基层情况，写出来的东西比较空。

为了帮助大家提高文稿写作能力，2004 年 4 月，我专门写了一万多字的《关于提高写作能力问题》，印成小册子发给政研室的干部。5 月 9 日，任亚平在《关于提高写作能力问题》小册子上批示："请综合处的同志阅研。"当天，党委办公厅综合处处长来我的办公室说，您写的《关于提高写作能力问题》小册子挺好，看了很受启发。随后，他按人数拿走那个小册子，说处里每人发一册学习。

2004年11月7日，中央印发关于在全党开展保持共产党员先进性教育活动的意见。2005年1月16日，我参加全区保持共产党员先进性教育活动工作会议。在分组讨论会上我谈了自己的认识：中央文件概括了保持共产党员先进性的基本要求，这是对全党而言。基层党组织需要在这个基础上，结合本单位实际，提出本单位保持共产党员先进性的具体要求，这是这次教育活动的特点和取得成效的重要环节。

1月20日，我室召开保持共产党员先进性教育活动动员会。我在动员讲话中强调了在这次先进性教育活动中提出我室保持共产党员先进性具体要求的重要意义。1月21日，我在全室党员会议上讲《谈谈对党的先进性的认识》的党课。1月27日，我室中心组学习会，请杨利民来讲党课。我汇报了8天来我室先进性教育活动开展情况。杨利民说，政研室的先进性教育搞得扎实，有特点，学习抓得很认真，值得总结推广。1月28日，我开始起草政研室保持共产党员先进性的具体要求。2005年4月13日，室领导班子会讨论修改我室保持党员先进性的具体要求、领导干部先进性的具体要求和党员工作能力标准。

我加强自身学习方面的一个重要收获，是学会了用电脑打字。2005年4月，在一个饭局上，我和自治区文联主席阿云嘎坐在一起。我和阿云嘎很早就熟悉。我在自治区党委组织部工作时，他是鄂尔多斯市伊金霍洛旗旗委书记。他是才华横溢的知名作家，给我送过他写的书。席间，我们俩聊天。我问他，最近写书了吗？他说，一年写两本小说。我惊奇地说，这也太快了吧。他说，我现在是用电脑写小说，不过敲键盘是“一指禅”。

阿云嘎的这几句话，深深地触动了我。我陷入沉思。我想学电脑打字，少说也有十几年时间。我任阿拉善盟委宣传部长、秘书长的时候，办公室里配备了电脑。但是，由于工作忙，没有时间学，电脑成为摆设。在自治区党委组织部工作期间，我还试着背过五笔输入法的词根，最终也因忙而作罢。在锡盟时，曾几度下决心学电脑，让邓月楼秘书长帮我请最好的老师，一周教我半天，也落空了。办公室的同志给我买来《开天辟地——几天学会电脑》的光碟和书籍，也没有学成。

为什么我的同龄人阿云嘎能用电脑写小说，我却一个字都不会敲呢？那天晚上我难以入睡。政研室是写材料的地方，而我整天爬格子、反反复复勾来画去，还是老办法。我心想，虽然这把年纪了，但别人能，我也能。我想，做事都有个先后顺序，就从动手操作电脑的一二三开始学，我就不信学不会。

第二天一上班，我叫来单位打字员小赵，请她教我电脑打字。她是能听着录音打字的快手，听说教我打字，她就上手操作给我看。我说，你不要着急，今天你教我的方法是“君子”动口不动手。我拿出纸和笔，然后问她，现在我要用电脑打字，你按顺序告诉我，第一步要干什么。小赵说，第一步是开电源，第二步开电脑……我把这些步骤一一写在纸上，然后自己操作电脑，反复练这几步。

小赵建议我，您从一开始就学盲打吧，这对保护颈椎有好处，而且规范敲键盘，避免“一指禅”，可以加快打字速度。我按照小赵教我的姿势和纸上写的步骤，反复练起来。我做到了，那天，我用两个小时打出“打字程序”15 条，从此开始用电脑写文章了。因为我的拼音基础好，选字不成问题。我边学边打，用电脑完成了我的第一篇文稿《先进性教育学习培训阶段心得》，1085 个字，累计用 4 个小时，平均每小时 200 多字。在后来的几个月里，我学会了上网、搜索百度、收发邮件、做课件、用课件讲课等。2005 年 7 月 20 日，我应邀到自治区党委组织部，用课件讲了《关于组工干部的能力问题》。

我按自己的方法学会用电脑打字，使我几天里解决了十几年未能解决的问题。这个方法在我可以说是一个发明。我由此想到，做事情，方法很重要。有句话说，方法不对，努力白费。有些事情做起来似乎很难。仔细想一想，学做事情，都有个由浅入深、由简到繁的过程。这是规律。所以，方法对、认真做，也不难。从此，我的写作有了质的飞跃，快乐的心情难以言表。

2005年9月，用电脑起草《怎样起草领导讲话》稿。11月9日，我在全室干部大会上做《怎样起草领导讲话》的业务能力培训讲座。2006年7月，我开始用电脑写《奋力走进前列——内蒙古现象研究》一书，不到一个月，初稿突破3万字。2006年9月，我在全室干部大会上用课件讲《关于社会主义新牧区建设问题》。2006年11月，我给政研室干部用课件讲《怎样起草领导讲话》，并讲述做课件的方法。

从电脑盲到学电脑，再给大家讲做课件的方法，前后经历一年多时间。2006年起，内蒙古党校举办面向全区党政机关办公部门干部的培训班，叫提高写作能力"菜单式"培训班。这个培训班将我的《怎样起草领导讲话》《怎样写调研报告》讲稿列入培训课程，受到欢迎。《怎样起草领导讲话》《怎样写调研报告》的小册子重印了三次。

第二节 创新处处有

我抓创新型机关建设，主要是推进各项工作制度机制创新，调动全室干部的积极性、主动性、创造性，形成加强学习型机关、服务型机关建设的动力。

我竭力推进提升文稿质量的制度机制创新。撰写文稿，是我们政研室的主要业务。文稿质量，就是我室为党委决策服务的质量。我的想法是，把干部完成的文稿数量及质量作为考核评价干部工作业绩的主要内容。用什么样的标准衡量各业务处干部的文稿质量，成为提升文稿质量、考核评价干部业绩的重要问题。

2003 年 11 月 12 日，室领导班子会议研究了我提出的制订文稿“研究重点细分，研究责任到人”制度以及干部工作实绩考核办法。12 月 16 日，我在全室干部理论研讨会上明确提出，我室的工作要以文稿质量为中心，如同全党工作以经济建设为中心一样。张太平说，这样的提法是正确的。我在政研室工作 8 个月来，一直在思考如何提高全室干部素质能力，提升文稿质量的问题。我不断思考的结果，就是形成了对我室工作定位的新表述。这样，可以把大家的注意力和精力集中到中心工作上来。接着，我们制定了“政研室文稿考评办法”。

2004 年 2 月 18 日，室领导班子会议讨论用新的文稿考评办法考评了 2003 年度农牧处、城镇处、政文处和党建处四个业务处的文稿。用比较规范的标准评价文稿，这在政研室历史上是第一次，实际上是将业务处和干部的文稿研究成果转化为工作业绩的评价机制。这确实是对政研室工作的一次前所未有的改革创新，是有效推进工作的制度机制创新，而且是一个不断改进完善的过程。

2005年2月2日，我室领导班子会议审定了全室2004年度文稿考评结果。每年年初审定上一年度文稿考评结果，已成为我室用制度机制推进工作的正常程序。党委要求政研室单独完成或参与撰写的文稿，一开始我都让各业务处的同志参与进来，拿出初稿，在写作实践中学习写作。我修改或重写的过程中，对他们写的稿子能保留的尽量保留，哪怕是几行字。最终定稿以后，我让他们把定稿与初稿加以对照，认真分析思考，找到区别及原因，从而提高写作能力。

我从制度机制上加强激励约束，亲自起草处室管理制度，给处长压担子。同时，实行“政研室文稿考评办法”，让每个人在适度的压力下忙起来。无论能力大小，都积极主动写稿，争取在《决策参阅》上刊发，以高质量得到领导批示，从而扭转了一些干部无所事事的现象。2004年，我亲自起草、修改和完成的文稿有22篇。经过两年多的不懈努力，到2005年，我室干部的执笔能力、业务水平有了新的提高，文稿数量大幅度增加，《决策参阅》数量比上年几乎翻番，数量增加，质量提高，批示率较高，为党委决策服务取得显著成效。

在实行文稿考评制度的基础上，2008年3月4日，我室建立了优秀文稿奖励制度。该制度具有重大政治背景和非同寻常的意义。2007年11月，中央主要领导来内蒙古视察。11月19日下午，我参加自治区党委的汇报会。会议开始前，自治区党委秘书长符太增对我说，中央政研室主任问你呢，去见一见吧。我从会议室出来，看见中央政研室主任在大厅站着聊天。一见面他就认出了我。因为2003年1月初，我在锡盟陪同中央主要领导一行3天。中央政研室主任很关心我们政研室的工作，我一一做了汇报。他说，我们以后加强联系，下一步我们合作研究一个课题怎么样，由你们承担。篇幅不用长，有5000字就行，课题费我们负责。

我完全理解中央政研室对我们基层政研室的关心和支持。我说，我们将全力以赴完成课题研究，谢谢领导的关照。第二天，中央政研室办公厅倪健民打来电话跟我商量合作研究课题事宜。随后我们上报了课题研究方案。不几日，给我室拨来课题费 10 万元。2007 年 12 月 15 日，我在室领导班子会上建议，将体现中央领导关怀的 10 万元课题费作为政研室“优秀文稿奖励基金”，逐步扩大金额，每年只提取利息来奖励优秀文稿。实行文稿考评制度，建立优秀文稿奖励基金，用制度机制规范中心工作运行，变压力为动力，形成处与处、人与人之间的竞争氛围。这正是从一开始我思考和设计这些制度机制的初衷。

我竭力推进加强领导班子建设的制度机制创新。我一直坚持抓班子、带队伍，发扬民主、集体决定，增进团结、集中统一，以身作则、凝心聚力，发挥班子的领导核心作用。为了取得自治区党委对政研室工作的指导，我要求向常委会汇报工作，得到同意。2004 年 4 月 14 日，我向常委会汇报了政研室的工作。储波说，汇报得很精辟。任亚平对汇报予以全面评价、充分肯定，并对汇报中提出的五个问题一一做了表态。最后，储波讲得很简练，有详有略，详得很具体，略得很精当。政研室向常委会汇报工作，这是多年来的第一次，时间虽短，效果很好，达到了预期目的。

4 月 16 日，召开全室干部大会，传达储波、任亚平的讲话，并进行讨论。大家认为，常委会听取政研室汇报，是 20 世纪 80 年代周惠当书记以来的第一次，布秘书长争取到的这次汇报意义重大。我从 8 个方面概括任亚平的讲话要点，6 个方面概括储波讲话的精神，提出学习领会和抓好落实的三点要求和五项措施。

2004 年 8 月 24 日，召开政研室领导班子会议，研究通过室领导班子思想政治建设意见、处室管理制度、创建党建先进室方案等 6 个文件和管理办法。这是我到政研室工作以来在制度机制建设和完善方面的重要成果。我向全室干部承诺，要从思想、政治和业务上支持帮助每个人发展进步。大家的积极性被调动起来了。

2004 年 9 月初，将我室领导班子思想政治建设意见、处室管理制度、创建党建先进室方案三个文件呈送领导。储波批示：“抓好自身建设，提高干部素质是一项基础性工作，但往往容易被忽视。”杨利民批示：“三个文件都是加强领导班子和机关建设的好文件。请认真落实，并在一段实践之后加以总结。此件也请组织部、机关工委领导一阅。”任亚平批示：“很好，便于政研室的基础建设。”

我来政研室以后，同组织部门协调争取，在干部提拔任用方面也取得前所未有的进展。2004 年，政研室有 2 名干部提拔为副厅级，2 名干部提拔为正处级，2 名正处级干部虚转实，3 名副处级干部虚转实，3 名干部提拔为副处级，共 12 人。2005 年，提拔 2 名厅级干部。2006 年，有 2 名干部提拔为正处级，2 名干部提拔为副处级，2 名副处级干部虚转实，轮岗交流 7 人。干部队伍建设得到新的加强，干部职工精神振奋，政研室多年来积累的干部难以流动等一些问题逐步得以解决。2007 年 1 月 30 日，储波在政研室《关于 2006 年工作总结的报告》上批示：“工作做得不错，任务完成得很好，业务建设、班子建设、队伍建设都有新进展。”

我竭力推进保持共产党员先进性的制度机制创新。在保持共产党员先进性教育活动中，我们结合政研室实际推动先进性教育具体化。在教育活动的最后阶段，建立保持共产党员先进性长效机制问题提上日程。我亲自起草了我室党员保持先进性的长效机制。2005 年 11 月 10 日，杨利民在我室呈报的《内蒙古党委政研室保持共产党员先进性长效机制》上批示：“政研室关于保持先进性长效机制的五个方面内容很好，也很简明。”

2006 年 3 月 15 日，在全区保持党员先进性长效机制建设经验交流会上，我以《论保持党员先进性长效机制》为题发言：

机制是以制度为依托形成的具有明确目标、实施规范、保障措施和反馈渠道的运行系统。通过建章立制，可以把分散的办法系统化、有效的措施制度化，建立健全科学的工作机制。

保持党员先进性的长效机制，是着眼于发挥党员的先锋模范作用，运用我们党加强自身建设的成功经验，特别是把保持党员先进性教育活动中的一些成功做法用制度形式固定下来，使之长期发挥效能的制度体系。

政研室保持党员先进性的长效机制，是由党员对照检查制度、学习提高制度、汇报评议制度，党支部建设制度、组织生活制度、民主生活会制度，领导干部带头制度，以及机关党委的检查通报制度、工作制度、述职考评制度等十项制度构成的。这个长效机制是相互联系、相互促进、相互制约的制度体系，与一般制度相比，具有鲜明的层级性、针对性、关联性、制衡性、简便性的特点。有效运用长效机制，必须提高认识，树立制度意识；领导重视，带头执行；严格考核，强化激励约束。

杨利民讲话时，两次提到他赞成我的关于建立长效机制的观点，并说，这次是特意请布和朝鲁同志发言，他对这个问题思考得很深刻。

在保持共产党员先进性教育活动中，2005 年 4 月 5 日，我主持召开老干部座谈会征求意见。老同志们认为，这届班子坚持实事求是，管干部严，抓业务紧，团结协调，解决了老干部的福利问题。4 月 7 日，召开在职干部座谈会征求意见，大家的评价是，部署工作井井有条、机关生气勃勃、工作扎实、作风正派、办事公道，对领导班子工作给予充分肯定。

我们如果被面对面的评价冲昏头脑，认识不清醒，那就是潜在的危机。在一定意义上，背后的意见才反映真实情况。2006 年 12 月 19 日，我室召开年度领导班子民主生活会。事先，机关党委征求了各支部党员的意见。大家从 10 个方面对领导班子工作给予肯定：注重抓理论学习，思路不断创新，工作尽职尽责，领导作风民主，重视廉政建设，解决干部职工的切身利益问题，制度建设长足进步，执笔能力持续提高，办公条件明显改善，提拔使用干部取得突破，等等。大家提出的意见建议有 7 个方面：多搞文体活动，加强车辆管理，解决福利建房，继续抓干部提拔，业务力量需要加强，完善文稿考评办法，组织老干部旅游，等等。

这次领导班子民主生活会开得比较好，会前征求的意见，提得很实在、很具体，反映了大家的愿望和要求。会上，班子成员开诚布公，畅所欲言，批评和自我批评都比较客观，气氛融洽。这也反映了近四年来我室工作的实际情况。

这些情况不由得使我想起当初来政研室时的情形。储波让我来政研室的理由是“不写材料，只研究问题，你有宏观思维，思考问题有深度”。我确实不怎么会写材料，但我不怕写材料，喜欢写材料。说到底，我不怕甚至喜欢从事具有挑战性的工作，哪怕失败了也在所不辞。我从政以来，在各个工作岗位上，遇到的具有挑战性的事情不少，但我没有退缩过。不论让我去哪里工作，我从来没有挑三拣四、讨价还价。党组织让我去哪里，我就满怀信心地去哪里。

说我有宏观思维，思考问题有深度，其实，我的思维不宏观，思考也没有深度。但是，我的脑子里总是装着工作中需要解决的问题，不断思考，直至理出个头绪来。这是多年来养成的习惯。

我在机关扶贫帮扶工作中也推进了制度机制创新。按照自治区党委政府的扶贫工作部署，从2006年至2008年，政研室帮扶兴安盟扎赉特旗宝力根花苏木德力斯台嘎查。2006年1月上旬，我和农牧处处长郝影去帮扶点德力斯台嘎查调研。我们冒着数九天的寒风，深入德力斯台嘎查召开座谈会，慰问6个贫困户，去9个贫困户和富裕户家里详细了解他们种地的优势、劣势和生产方式。据此，我想起离开锡盟前讲过的贫富之间优势互补、互帮互助的帮扶思路。经过耐心的说服教育，最终商定建立若干“共同富裕合作社”，形成互利互惠的帮扶机制。我在《德力斯台嘎查考察报告》中阐述了共同富裕机制：

> 组建“共同富裕合作社”，要坚持“优势互补、利益联结、能手带动、间接扶持”，一个富裕户带动若干贫困户，发挥经营能手（富裕户）的投入能力和经营管理优势，用“五统两分”模式统一耕种合作社耕地。用贫困户耕地增产分成的分配方式，联结贫富双方利益；用扶贫资金间接扶持方式吸引贫富双方参加合作社；帮助贫困户掌握种养技能和生产管理方法，提高自我发展能力。
>
> 当年由嘎查支部书记、嘎查达、治安主任等4个富裕户，牵头组

建4个合作社，覆盖30来户、1000亩地。力争用三年时间让贫困户都参加“共同富裕合作社”。

“五统两分”的合作方式，就是由经营能手统一投入，统一购买良种、化肥、农膜、农药等生产资料，统一整地，统一播种，统一销售农产品；经营能手指导分户搞田间管理，分户收割和脱粒。

“增产分成”的分配方式，就是从合作社年终总收入中扣除经营能手投入的生产费用，以各户2005年亩产量为基数，将增产部分经营能手与贫困户按三七比例分成。

“间接扶持”的帮扶方式，就是政研室筹措资金建立风险基金，如果在帮扶期间农业因灾减产七成以上，就按每亩70元补偿经营能手对贫困户的投入损失；当年按每亩一次性投入40元，深翻合作社耕地，以改善土壤，提高产量。

我们用两天时间深入农户调研，座谈讨论，达成共识。虽然很辛苦，但是在创新机制、建立新型农民合作社取得比预期还要好的收获——比较好的组织形式和运行机制，我感到很高兴。此后，我多次去德力斯台嘎查进行指导，并派干部常住德力斯台嘎查督促落实，我室帮扶工作取得预期的成效。

2006年3月，杨利民在《德力斯台嘎查考察报告》上批示：“请区直工委转发各帮扶单位参阅。”2007年1月，自治区召开各厅局帮扶兴安盟工作一年总结会。我室帮扶机制创新得到领导的肯定，被评为先进集体。在之后的两年间，我室还帮助德力斯台嘎查通电、打井、开发水浇地、为贫困户盖新房、为嘎查建活动室等，使德力斯台嘎查成为兴安盟脱贫致富的典型。上级来检查、外部来学习，必去德力斯台嘎查参观。我们政研室帮扶德力斯台嘎查，是没权没钱的单位通过制度机制创新，用较少的钱办了较多的事。

在保持党员先进性教育活动期间，2005年4月13日，杨利民打电话叫我去他的办公室。这是他在保持党员先进性教育活动中约自己分管部门的领导来谈心谈话。他对我评价说，你对工作认真负责，对事业执着敬业，储波书记都肯定，说你工作认真、敬业，善于思考问题。

杨利民说，你在锡盟工作时背负着两种不同的议论，对你工作的评价是肯定和否定两种观点。在这种背景下，把你安排到政研室，对你能不能好好干，也是两种观点。你对这些都是泰然处之，你干每件事情都特别认真，全力以赴，努力工作，并干出了成绩，这是难能可贵的，经受住了考验。我对你的这种安排是抱着亏欠态度的。所以，我对政研室的工作格外关注。我对政研室工作有两点要求：一是你在默默无闻干工作的同时，应适当讲一讲，加以宣传；二是你手下力量单薄，需要聚集一批人才。

在锡盟，作者（左）陪同杨利民（中）到牧户了解情况

杨利民谈的情况是客观的，谈得很中肯。对一个人及其工作有不同的议论、不同的评价和不同的观点是很正常的。因为，人们看人看事的立场、观点、方法和价值取向是不同的，这些都不足为奇，不必大惊小怪。其实，不只是在锡林郭勒盟的工作，甚至我这大半辈子的工作，可以说也都“背

负两种不同的议论”，这些我自己也知道。

但是，我有做人的原则，我不能跟着别人的议论转，我不能被议论左右，我该坚持的会坚持到底。关键是领导怎么看，组织怎么看，领导和组织怎么评价，怎样选择。

话又说回来，领导也是人，组织也是由人构成的。领导和组织被“议论”和某种价值所左右的情况也难免。所以，用杨利民的话来说，我一直是“泰然处之”，自认为泰然处之是正确的、必要的。我认定该坚持的一定要坚持，该干的全力以赴干好，不为“议论”所左右，不为“诱惑”所摇摆。

每当我学习党的理论路线方针政策，不由得同本地区、本单位的工作实际和自己的思想实际联系起来，苦思冥想怎样把党的创新理论在工作中和思想上具体化，并用自己的话表述出来。这是我在多年的工作学习中逐渐形成的本能性习惯。我在政研室工作期间的一些创新的思维、思路和方法措施，也都是由此而来。

第三节　服务求质量

我抓服务型机关建设，主要是带领各业务处把文稿写好，尽心竭力撰写高质量文稿，为党委决策搞好服务。同时，在具体工作中，我室还为中央部门的调研服务，为自治区党政领导的调研服务，为提升全区政策研究系统的素质能力服务，并通过发表文章和重大主题宣讲而为全社会服务。

我把主要精力放在写好文稿为党委决策服务上。2003 年 7 月 10 日，储波对《决策参阅》第六期上我写的《关于消除农村牧区两极分化的对策建议——兼论农牧民组织化问题》一文批示："请雷额尔德尼同志研处。"当时，雷额尔德尼是政府分管农牧业的副主席。7 月 14 日，杨利民对这篇文章批示："这是一个非常值得研究并在实践中探索的问题。"7 月 30 日，雷额尔德尼批示："布主任提出的建议很好，应当引起各地区的高度重视。请党委政研室选择不同类型地区搞 1—2 个试点，有关部门给予支持配合。"8 月 8 日，《人民日报》社编的《信息快报舆情》第 291 期以《内蒙古有关专家提出农牧民综合素质差异是两极分化的根本原因》为题，反映了文章的主要内容。我在这篇文章里阐述了采用利益联结、股份合作模式推进农牧民合作组织发展，以消除农村牧区两极分化的思路。2003 年 9 月 4 日《人民日报》理论版刊发我的《关于消除两极分化》的文章。我的文章载《人民日报》理论版，这是头一次。

2003 年 9 月 30 日，区政府主席对《决策参阅》第 15 期上我写的《关于加快推进农牧业产业化思路的建议——兼论农牧业经济结构的战略性调整》一文批示："此文很好，请雷主席、吴永新厅长一阅，并在正在筹备的全区农牧业产业化会议的意见中采纳。”2004 年 3 月 17 日，区政府主席在我写的《关于完善扶贫开发机制的建议》上批示：“请雷主席和扶贫办主任阅。我认为建议写得很好，进行了深刻思考，应该尽可能地在工作中采纳。”

2006 年 2 月 28 日，区政府主席对《决策参阅》第 2 期上我写的《关于新农村新牧区建设的思考》一文批示：“请雷主席、陶厅长阅。我认为布和朝鲁关于新农村新牧区建设的思考，很有价值，值得我们在实施过程中参考，希望你们研究。”杨利民对这篇文章批示：“送一份给农牧业厅陶厅长阅。请先进性教育办公室阅酌。”

2006 年 7 月 21 日，储波对《决策参阅》第 31 期上我写的《社会主义新牧区是什么样》一文批示：“请政府及综合部门领导同志阅。”杨利民对这篇文章批示：“这是一篇有独特见地的研究课题。布和朝鲁同志熟悉牧区，他的观点比较符合区情，值得予以重视。牧区新农村建设面临的情况、任务、重点、难点等与农区大不相同，分类指导，专题研究，政研室开了个好头。请呈岳书记、雷主席阅示。”

以上是党委、政府主要领导及分管领导对我写的一些文稿的批示，说明这些文稿提出的思路引起主要领导和分管领导的重视，均进入党委、政府决策程序，有的文章的观点还引起《人民日报》的关注。

2004 年 5 月 10 日下午刚上班，储波打电话叫我去他的办公室。他对我开门见山地说，我要去河南参加中央关于加强执政能力建设座谈会。我想在会上讲民主、民族、人民内部矛盾、上层建筑适应经济基础等四个方面的问题。请你组织人给我搞一个发言的基础材料。接着，他对每个问题做了简要阐述和自己的看法。我问，什么时候交卷？他说，后天早晨走。我问，需要多长篇幅。他说，每个问题有两三页就行了。储波还说，你思考问题比较深一些，你写的《关于提高写作能力问题》的小册子我看过，很好。

这是我在政研室工作一年多来，储波第一次单独把我叫去交代文稿起草任务。我脑子里闪了一下他说过的“不写材料，只研究问题”，他大概早忘了，也无所谓。我知道，这次任务很重，时间很紧。回到办公室，我把任务分配给相关业务处处长。我说，务必在明日一早交清样，现在已经是下午 4 点多了。

紧接着，我搜集资料夹里的有关材料。还好，由于这些年一直注意积累资料，很快就把有关材料集中起来了。我想，根据来政研室这一年多的经验，等明日早晨拿到业务处写的清样后再思考、修改，恐怕要耽误大事。与其明天着急，不如现在就干。这等于是让业务处处长每人写一个问题，我一个人写四个问题。

我的家人一直很理解我的工作，为我提供方便。这个发言稿，我几乎干了一个通宵，写了 4500 字的初稿。早晨只睡了两个小时。10 日晚上 9 点多，储波把电话直接打到我家里，他说，布秘书长，写民主问题，还是先要正面讲已经取得很大成绩，在这个基础上再讲问题。稿子也不要太急，明天晚上 10 点前搞完就行。这是储波第一次亲自给我打电话，且打到家里。

5 月 11 日，我经过一个整天的艰苦努力，晚 8 点半，给储波的秘书送去两个稿子：《关于民主、民族、人民内部矛盾、上层建筑适合经济基础等问题（提纲，7600 字）》《关于民主、民族、人民内部矛盾、上层建筑适合经济基础等问题（提纲，压缩稿，6200 字）》。经过 20 多个小时的苦干，交了一份可以交代的稿子。这种干法，也是我到政研室以来第一次。

2004 年 5 月 17 日一早，我在党委大院里跑步晨练。正巧碰上储波走出他住的小院，见了我喊了一声老布。他说，那个稿子没有原样用，把三个问题重新整理成一个稿子用的。在秘书那里，给你留了一份。

5 月 19 日，我取回储波“重新整理”的稿子，将其与原稿对比着看。应该说，储波压缩得很好。标题：《关于民主、民族、人民内部矛盾问题（2004 年 5 月 13 日）储波》，四行字的引言是原稿上的一个自然段。然后是关于民主问题，两页多一点；关于民族问题，两页多一点；关于人民内部矛盾问题，整两页。他压缩掉的是原稿对概念的解释和涉及内蒙古的具体论述。整理稿全是原稿的内容，新增的文字加起来没有三行，共 7 页，3500 字。储波压缩修改文稿的能力，可见一斑。

这是储波给我单独交代任务、我单枪匹马完成文稿的整个过程。我多年的感受是，时间越紧，任务越重，越能出活儿。这真是自我加压、自找苦吃、自强信心、自享其乐。

2004 年 11 月 22 日，我将自己撰写的《关于围封转移战略的研究报告》报送储波。这个研究报告是自治区哲学社会科学规划项目。我在锡盟工作时申报过这个课题，来政研室以后改为委托研究项目，历时一年，十易其稿，12500 字。11 月 25 日，储波在《关于围封转移战略的研究报告》上批示："总结得比较客观，比较实事求是，既不是就事论事，有一定理论概括，也不是人为拔高、虚无缥缈，同时能清醒看到，实施围封转移是一项长期任务，任重而道远。要继续加大力度，持之以恒，坚持数年，必有成效。"储波的批示讲得比较客观，要求也很明确。2005 年 1 月 10 日，内蒙古社科规划办在反馈意见中说："缺少研究报告所具备的论点、论据与论证方面的展开，过于突出经验与总结，在理论探索和论证上有所欠缺。"这些意见是一针见血，很专业的，是我最想听到的。

2005 年 3 月 24 日，储波在我写的《做大做强是内蒙古发展的主题》一文上批示："概括得不错。我所说的一些观点，不少是学习中央精神的一些体会，也有不少是基层实践的总结，其中有些可能讲得比较准，也有不少讲得不完善。希望政研室认真吃透'两头'（中央精神与内蒙古实际），深入思考，多提一些客观的决策建议，以帮助自治区党委提高决策的科学化、民主化水平。"杨利民在这篇文章上批示："我认真阅读了，深受启发。"

2005 年 4 月 12 日《内蒙古日报》在头版刊发《做大做强是内蒙古发展的主题》，然后转 7 版"理论专刊"一个整版，计 15000 字。在这样的位置、这么长的篇幅刊出这一级干部的文章，可能是绝无仅有的。2005 年 4 月 12 日，我应邀去社科院，在副研究员以上人员的会上讲《做大做强是内蒙古发展的主题》，他们称为学术报告。其实我不敢当。

2004 年 11 月 23 日，储波给我们讲他在全区经济工作会议上的讲话思路，我和任亚平、王焕承等参加。任亚平说，这个讲话，政研室和办公厅综合处合搞，老布牵头，焕承配合。2004 年 12 月 6 日，储波参加中央经济工作会议回来，和任亚平商量了他的讲话思路。任亚平给我们分工说，中央经济工作会议精神的概括、提高驾驭市场经济的能力，即第一、第四部分由办公厅综合处搞。今年我区的经济形势、明年全区的工作任务，即第二、第三部分由政研室搞。

我来政研室工作 1 年又 8 个月，党委交代的文稿和政研室所有重要文稿，都是我亲自起草或修改，吃苦受罪在所不辞。从大的方面讲是为党委决策、领导讲话搞好服务；从局部讲是为政研室的地位、作用和声誉着想。

2005 年 8 月 22 日起，我用半个月时间起草了储波《在东部盟市经济工作座谈会上的讲话》稿。之前，我率领党委、政府有关部门人员赴东部四盟市进行调研。9 月初，我在讲话稿上写了“这次东部座谈会上的讲话，根据储书记关于加快东部盟市发展的思路，力求在形式上有新突破，内容上突出重点，观点上增强针对性。不知可否，进一步怎么修改，请阅示”，报了上去。储波做了很认真的修改，有删减，有增添，总体上对讲稿是认可的，特别是对我提出的新思路和新观点都接受了，难得。我又完成了一次重要任务。

为中央政研室的调研工作服务是我室工作的重点之一。2002 年 7 月，中央政研室的同志来锡林郭勒盟考察调研，碰巧那段时间我出国考察没见上。2002 年 12 月《中央政策研究室送阅件》上刊发他们的调研报告《围封转移——重建草原生态系统和实现牧区跨越式发展的战略选择——内蒙古天然草原保护与建设的调研和政策建议》。

2004 年 8 月 14 日至 18 日，中央政研室副主任王天增、办公室主任倪健民等再次来锡盟对两年前的建议实施情况进行跟踪调研。这次我全程陪同，协助调研。2004 年 9 月 4 日至 8 日，中央政研室副主任郑新立来呼和浩特参加全国粮食主产区农业工作座谈会。我邀请他给党委系统讲《树立和落实科学发展观，实现经济长期平稳快速增长》的报告。而后，我陪同郑新立赴乌兰察布、锡林郭勒、赤峰等盟市，考察了京津风沙源治理、畜牧业发展、生态建设等情况。

2004 年 9 月，中央政研室副主任郑新立来内蒙古调研。前排从右至左，郑新立、作者、王中和、郑新立秘书焦庆杰

作者和王天增（右）在锡林河边

2007 年 12 月 24 日至 29 日，我陪同中央政研室副主任方立带队的中研室、中财办调研组在鄂尔多斯调研。这次调研是按照中央主要领导视察鄂尔多斯期间的重要指示，总结鄂尔多斯依托资源优势，引进大企业大项目，高起点发展，走出西部地区快速发展路子的经验。我全程陪同调研组，顺利完成了调研任务。

在政研室工作期间，我在《人民日报》《经济日报》等中央报刊和我区报刊上发表了十几篇文章，反响较大，效果较好。我的文章的一个重要内容是，呼吁增加城乡居民收入问题。在党的十七大之后写的两篇文章中，甚至在一次会议上我直截了当地讲，我区 GDP 增速连续四五年居全国第一位，而城乡居民收入同全国平均水平的差距却越拉越大。对我的观点，很多人都有同感，他们对我的直言表示支持和赞同。任亚平听了我的观点以后，在两次发言中也开始讲这件事，使得储波不得不讲。

2007 年 12 月 10 日，常委会听取有关部门关于 2007 年经济运行情况和 2008 年经济工作安排的汇报。按惯例，除了研究人事问题的常委会，一般我都列席。那天的会上，储波说，这几年经济增长这么快，为什么城乡居民收入与全国的差距越拉越大？值得认真反思分析。问题到底出在哪儿？是决策问题，是工作力度问题？你们要不惜成本，全面普查，在深层次思考反思。

其实，我区城乡居民收入同全国平均水平的差距拉大不是现在出现的问题，不过是听而不闻、视而不见，不愿听、不想说而已。现在不得不说了，不过始终没有下文。

2010 年 3 月 15 日，内蒙古党委新任书记胡春华，在传达全国“两会”精神的大会上对“GDP 增速全国第一”果断叫停。他说，党委、政府决定，从今年起不再刻意追求 GDP 增速全国第一。从此，“内蒙古 GDP 增速全国第一”销声匿迹。2010 年，内蒙古的 GDP 增速一下就降到全国第六。

我在政研室工作整整 5 年。这 5 年，是不遗余力推进学习型、创新型、服务型机关建设的 5 年。10 年之后，2012 年 11 月 8 日，党的十八大报告第一次提出“建设学习型、服务型、创新型的马克思主义执政党”。不是我有先见之明，而是“三型”之间的关系体现了党的事业发展的规律性，是我们党全心全意为人民服务的性质所决定的。

2008 年 3 月 25 日，储波在政研室《关于 2007 年工作总结的报告》上批示：“近年来政研室的工作很有成效，围绕中心、服务中心的意识很强，对问题的分析与思考也有一定的深度。政研室的同志们，特别是布和朝鲁同志付出了艰辛与努力，我对大家的工作表示感谢。”

邓小平曾反复强调：“拿笔杆是实行领导的主要方法。”“不懂得用笔杆子、不会拿笔杆子，这个领导就是很有缺陷的。”在我从政的 7 个岗位中，5 个岗位担任主要领导。不论哪一级岗位，我都把拿笔杆子作为领导的主要方法之一。我觉得，拿笔杆子的好处是促使你读书学习、调查研究、深入思考、分析问题、理清思路、推进落实等，这些都是提高自身素质能力不可或缺的重要措施。拿笔杆子，有百利而无一害。

2008 年 4 月 3 日，召开政研室干部大会，组织部领导宣布党委对政研室主要领导的任免决定：免去我的政研室主任职务。我做了《政研室是好单位》的致辞：

2003 年 4 月到 2008 年 4 月，我在内蒙古党委政研室工作 5 年。5 年来，在自治区党委的正确领导和各盟市厅局的大力支持下，我们政研室的全体同志共同团结奋斗，共同推进“三型”机关建设，在为党委决策服务中取得应有的成绩，政研室是好单位。

为党委决策服务，高度概括讲，就是改造主观世界、改变客观世界。改造主观世界，是提高我们自己，使自己具备为党委决策服务的素质能力。改变客观世界，是通过我们自身的素质能力，为党委决策服务，为改变客观世界做出贡献。5 年来，扎实推进学习型、创新型、服务型机关建设，我们的素质能力有新提升，为党委决策服务的质量有新提高，得到党委的充分肯定，政研室是好单位。

我有机会来政研室工作，是人生的一大幸事。5 年来，我沉下心来，冷静回顾以往的从政经历，热心投入全新的执笔工作，自觉改造自己的主观世界，执着致力于改变客观世界的事业，在新实践中收获新进步、新提高、新愉悦，政研室是好单位。

第九章

退而不休的岁月

四世同堂，从左至右：女儿红霞、爱人乌云、母亲阿尤尔扎娜、作者、外孙女哈妮

在退而不休的岁月里，我做的事情，概言之，就是学习，工作，生活。学习，以学习理论为主，按自己的兴趣学习各方面的知识。这样的学习是我的第一需要。饭可以一顿不吃，学习不可以一日没有。一天 24 小时，除了吃饭、睡觉和健身锻炼，我不是在用电脑写东西，就是看书看报纸。这不是别人叫我这样，而是我的兴趣使然。工作，不是没事找事，而是社会的需要，需要我去哪儿我就去哪儿，需要我干什么我就干什么，从不推托。这样一来，我不是清闲了，而是更忙了。但这种忙法不同于以往，不用操心杂七杂八的事。生活，是实实在在的家庭生活，和家人共享天伦之乐。

第一节　学习理论写书写文章

从青年时期起，我学习党的创新理论，从未间断。在高中，我刻苦学习毛泽东著作，特别认真读《实践论》《矛盾论》，做了大量笔记。那时候，不是说我有多少学习理论的自觉性，而是觉得别人谈毛主席语录时自己听不懂、搞不清会丢脸，参加讨论或辩论时也不能没有“理论”依据。

从政以后，因工作需要，用党的创新理论武装头脑、指导实践的自觉性日益增强。我努力学习邓小平理论，深刻体会到在拨乱反正的关键时期，挺身而出捍卫毛泽东和毛泽东思想，邓小平的伟功永垂史册。1982 年 9 月，邓小平率先提出“把马克思主义的普遍真理同我国的具体实践结合起来，走自己的路，建设有中国特色的社会主义”。1992 年的“南方谈话”，进一步具体阐述“走自己的路”，对党和国家的前途命运具有深远的历史意义。

2007 年 10 月，习近平从上海到中央工作，兼任中央党校校长。我从《学习时报》上每次都能读到习近平在中央党校讲话的全文。习近平的讲话使我有不一样的感受，令我精神振奋。从那时起，我就特别关注习近平在各种场合的讲话。

习近平讲的都是未曾听过的新话，我觉得必须系统地学习领会他的讲话。我开始从《人民日报》电子版中下载习近平的讲话、信函和批示等，编辑电子版《习近平总书记讲话集》，截至目前已经编辑了 11 集。每天晚上看中央电视台新闻联播，只要有关于习近平讲话的报道，第二天就从《人民日报》电子版中下载，标注年月日和场合，并认真学习领会。在学习领会的过程中，我用黑体、楷体、加粗和红字等方法，标明讲话内容的层次、重点和新提法。

我下载编辑学习的 11 集《习近平总书记讲话集》，第一集是《习近平总书记重要批示指示讲话集（一）》，包括 2009 年至 2012 年间，习近平的讲话和截至 2015 年的批示指示 11 篇。第二集是《习近平总书记十八大以来讲话集（二）》，包括习近平 2012 年的讲话 12 篇、2013 年的讲话 63 篇、2014 年的讲话 59 篇。第三集是《习近平总书记十八大以来讲话集（三）》，2015 年的讲话 73 篇。第四集是《习近平总书记十八大以来讲话集（四）》，2016 年的讲话 81 篇。第五集是《习近平总书记十八大以来讲话集（五）》，2017 年的讲话 51 篇。第六集是《习近平总书记十九大以来讲话集（六）》，2018 年的讲话 116 篇。第七集是《习近平总书记十九大以来讲话集（七）》，2019 年的讲话 89 篇。第八集是《习近平总书记十九大以来讲话集（八）》，2020 年的讲话 89 篇。第九集是《习近平总书记十九大以来讲话集（九）》，2021 年的讲话 71 篇。前九集约 133 万字。第十集是《习近平总书记十九大以来讲话集（十）》，是习近平 2022 年的讲话 53 篇。第十一集是《习近平总书记二十大以来讲话集（十一）》，是习近平 2023 年的讲话。

这些讲话都是在报刊上公开发表的，包括习近平在中央各种会议上的讲话、出席各类国际会议和出访各国期间的讲话、政治局历次学习会上的讲话、在中央党校的历次讲话、视察各省区市期间的讲话，以及深入企业、学校、城镇社区、农村牧区、农牧民家里，和各族人民群众亲切交流时的谈话，还有对各方来信的复信，等等，内容非常广泛，涵盖内政外交，党政军民学等。

有了这个电子版《习近平总书记讲话集》，我就非常方便及时跟进学、全面系统学、反复深入学、联系实际学，深入思考学；非常方便掌握习近平的新论述、新概括、新理念、新观点、新论断；非常方便查找我要引用的重要论述、重要论断和重要概括；非常方便把我编辑的《习近平总书记讲话集》发到一些盟市厅局和旗县市领导的邮箱里，和他们共享。

与此同时，我还系统学习了自 2016 年 11 月以来《学习时报》连载的《习近平的七年知青岁月》《习近平在正定》《习近平在厦门》《习近平在宁德》《习近平在福州》《习近平在福建》《习近平在浙江》《习近平在上海》八部采访实录。学习这些采访实录，我感到特别震撼。同时我还异想天开，如果20世纪80年代，我在内蒙古阿拉善右旗当书记时有机会学习习近平在河北省正定县委当书记的独特工作方法和宝贵经验，也许我会做得更好一些。

我在跟进学习过程中，试着概括习近平的世界观和方法论方面的硬功夫：吃苦耐劳的硬功夫、酷爱读书的硬功夫、过目不忘的硬功夫、联系群众的硬功夫、心系百姓的硬功夫、调查研究的硬功夫、把握规律的硬功夫、战略思维的硬功夫、科学规划的硬功夫、系统谋划的硬功夫、统筹发展的硬功夫、识变应变的硬功夫、理论创新的硬功夫、实践创新的硬功夫、从严治党的硬功夫、考察干部的硬功夫、严于律己的硬功夫、重情重义的硬功夫、重话轻说的硬功夫等。

学习理论是为了应用理论。没有应用的动力，就难有学习的兴趣。我的体会是，结合自己意识到的内蒙古发展中存在的问题进行反复学习、深入思考，才能对党的创新理论有更深刻的理解。

随着对党的创新理论的理解加深，我萌生了写书、写文章的冲动。我写的第一本书是《奋力走进前列》，副标题叫"内蒙古现象研究"。这个书名源于1987年6月29日邓小平会见美国前总统卡特时说的一段话："内蒙古自治区，那里有广大的草原，人口又不多，今后发展起来很可能走进前列。""走进前列"是邓小平寄予内蒙古的殷切希望，也为内蒙古的发展确定了远大目标。

从2002年到2009年，内蒙古GDP增速连续8年居全国第一。人们将内蒙古GDP增速连年名列前茅的超常规增长称为"内蒙古现象"。这个"现象"是一个什么现象，为什么在这一时期出现这个现象，怎样认识这个现象，它给人以什么样的启示，《奋力走进前列》想回答的就是这些问题。我在书中写道："内蒙古的难度在于城乡居民收入走进前列。这也是'内蒙古现象'的一个突出'表现'。"书中进一步分析说，2007年，内蒙古城镇居民人均可支配收入居全国第10位，与全国平均水平的差距却由2000年的

1151元进一步扩大到1408元。农村居民人均纯收入仍比全国平均水平低188元。

《奋力走进前列》是我2006年开始构思撰写的，是第一次写经济学方面的书。我把2000年至2007年作为分析研究时段，搜集大量资料，全方位、全景式、大跨度审视内蒙古经济发展进程。以科学发展观为指导，以统计数据为依据，对内蒙古经济发展取得的成绩和存在的矛盾进行理论思考，分析解读“内蒙古现象”，设想实现“走进前列”目标的路径。

现在看来，当时竭尽全力争GDP增速“八连冠”，深层次的问题是两个方面，即增长的目的和发展的方式。写这本书，对我来说是一项很大的系统工程，也是一次前所未有的艰苦历练，历经三年、修改七次才收获这33万字。2009年12月，人民出版社出版《奋力走进前列——内蒙古现象研究》，发行3000册。著名经济学家郑新立为《奋力走进前列——内蒙古现象研究》写了序言。王梦奎在书的封底语中说：“作者以饱满的热情和确凿的事实，解读近年来以超高速发展为特征的‘内蒙古现象’，分析发展中存在的矛盾和问题，对可持续发展作了有益的探索。读后大开眼界。”

2010年5月11日，内蒙古党委宣传部召开《奋力走进前列——内蒙古现象研究》一书研讨会。5月27日《人民日报》刊登薛宝生写的书评《〈奋力走进前列——内蒙古现象研究〉简评》，配发书的封面照片。2010年5月末，《奋力走进前列——内蒙古现象研究》被内蒙古中国特色社会主义理论体系研究会评为优秀科研成果一等奖。2010年11月初，《奋力走进前列》一书获得内蒙古自治区第三届哲学社会科学优秀成果政府一等奖。我没想到，这本书会给我带来这样多的喜悦。

2018年8月19日，内蒙古社科联主办第一届“内蒙古学”论坛。中国社科院学部委员、研究员郝时远应邀参加这次论坛。郝时远是我区老革命、老领导郝秀山的儿子，是我国知名外交官傅莹的丈夫。我也参加了那次论坛，并以《我理解的“内蒙古学”》为题发言。那天吃早餐时，有几个人闲聊“内蒙古学”。有人问郝时远，什么是内蒙古学。他说，内蒙古学应该是研究内蒙古经验的。他转而对我说，你2009年出版的《奋力走进前列——

内蒙古现象研究》总结了内蒙古的经验，你的那本书是研究内蒙古现象的唯一一部著作。

郝时远突然说这样的话，出乎我的意料。郝时远在那次论坛上讲的课件标题是《为什么要研究“内蒙古经验”》。他在课件里说，“《奋力走进前列——内蒙古现象研究》总结了内蒙古发展中的经验和问题”，并有我的《奋力走进前列——内蒙古现象研究》一书封面照片。当时我想，高级专家关注拙作，并且作为讲座的内容，我感到非常荣幸。郝时远说得对，那本书确实是研究所谓“内蒙古现象”的唯一一本书。

我写的第二本书是《富民论》。2011 年，国务院《关于进一步促进内蒙古经济社会又好又快发展的若干意见》明确要求，到 2015 年城乡居民收入达到全国平均水平，到 2020 年城乡居民收入超过全国平均水平。5 年过去了，10 年过去了，内蒙古城乡居民收入不仅未能实现达到全国平均水平的目标要求，反而与全国平均水平的差距进一步拉大。“十五”和“十一五”时期，内蒙古 GDP 增速连续 8 年居全国第一位，而城乡居民收入与全国的差距却越拉越大，这是为什么？

当时，别人特别是各级决策层怎么想，我不知道，我是想不通的。我感到这个问题绝没有挖煤卖煤那么简单。我想探讨这个问题。这是我撰写《富民论》的起因。城乡居民收入是提高城乡居民生活水平的基础条件。拿农牧民来说，农牧民收入的主要来源是种养业，而种养业效益的提高，取决于产业结构调整、生产方式转变、经营体系完善，以及农牧民素质能力的提升等。这些重要环节必须环环相扣，缺一不可。不是像有的领导对记者提问的答复那么轻松。不过，再难的事，只要做起来、坚持下去，终会成功。如果认识不到、做不起来，即便口号响亮、空话连篇，也难以奏效。

我从 2011 年开始构思撰写《富民论》。提高城乡居民收入水平是富民的重点，但远不是全部。我觉得写理论性的书，就要敢于和善于做有挑战性的课题，通过多维性分析论证，对社会上的热点、群众关心的难点问题给予科学解答、解疑释惑。《富民论》以党的十八大精神为指导，以习近平提出的中国梦为引领，以“人民对美好生活的向往，就是我们的奋斗目标”

为主线，突出富民主题，拓展富民内涵，分析富民的成绩和问题，针对问题提出了对策思路。

2013年12月，人民出版社出版了《富民论》，2014年11月第2次印刷，发行10000册。2014年9月7日，中秋节前一天，《富民论》一书首发式暨读者见面会在内蒙古图书大厦举行。自治区领导任亚平、符太增、郭子明和我的同乡好友歌唱家德德玛等参加了首发式。任亚平在首发式上致辞，我讲感言，并为购书者签名。2014年10月21日《内蒙古日报》刊登了任亚平在首发式上的讲话《执政为民要富民》和王志诚的评论文章《布和朝鲁和他的〈富民论〉》。2016年9月，《富民论》获得内蒙古第五届哲学社会科学优秀成果政府奖三等奖。

我写的第三本书是《新常态下鄂尔多斯市转型发展的思路研究》。2014年2月12日，我参加鄂尔多斯市党的群众路线教育实践活动动员大会，开始了对这项教育实践活动8个多月的督导工作。其间，市委书记白玉刚要求我对鄂尔多斯市下一步转型发展问题进行研究。当时，白玉刚任鄂尔多斯市委书记才一个多月。我答应了他的要求。

我在《新常态下鄂尔多斯市转型发展的思路研究》一书中阐述了鄂尔多斯市实现转型发展的基础和条件、实现转型发展的新增长点和重点任务、再铸辉煌的目标和任务、全面深化改革的思路和举措。2015年5月，由内蒙古人民出版社出版《新常态下鄂尔多斯市转型发展的思路研究》，发行10000册。这是一本专题研究新时代的新常态下一个市的经济社会转型发展的著作。2015年6月25日《内蒙古日报》介绍了《新常态下鄂尔多斯市转型发展的思路研究》一书，刊发了书的封面照片和白玉刚的序言。

我编辑出版了《布和朝鲁文集》。在从政的各个时期，我写了不少文章。为了把文章资料汇集起来、方便查阅，也为了给有兴趣者提供有关信息，我把那些文章结集成书，出版了自己的文集。

从2015年起，我开始了这项工作。2005年，我学会用电脑打字之后，所写的文章都在电脑里存有电子版。工作量大的是把之前写的纸质文稿录入电脑。经过几年的不懈努力，到2018年底编辑完成《布和朝鲁文集》，按内容分为“理念思路篇”“全面发展篇”“研究探索篇”“随笔散记篇”“党建引领篇”。这五集中收入自己从 1983 年 10 月到 2018 年 9 月 35 年间写的 262 篇文章。2020 年 7 月，经济管理出版社出版发行了《布和朝鲁文集》（129 万字）。

2009 年至 2020 年，作者陆续出版了

《奋力走进前列——内蒙古现象研究》《富民论》《布和朝鲁文集》

我写文章，总体而言有两方面的原因。一个是为了指导和推动工作。我在工作岗位上写的文章，多数是这一类文章。另一个是按照别人的要求写，即所谓“命题作文”。我在政研室写的领导讲话稿和退休以后应邀去讲课的文稿，或者应邀做课题研究，都属于这一类。不管哪一类，都不是“无病呻吟”，而是有感而发。都是立足于解决工作中存在的问题，或者觉得有必要阐述一下自己观点的事情，坚持理论联系实际、理论指导实践，深入调查研究，运用理论思维、逻辑思维的产物。

2010年3月，我在《为不再追求GDP增速第一叫好》的文章里说：“自治区党委、政府决定今年我区不再追求GDP增速全国第一，目的是为加快转变经济发展方式、调整优化经济结构留出空间。加快经济发展方式转变，是深入贯彻落实科学发展观的重要目标和战略举措。把主要精力集中在深入贯彻落实科学发展观的重要目标上，不再追求GDP增速全国第一，这是党委、政府发展思路和价值追求的又一重大转变。”

我写“命题作文”是有求必应。比如，2008年9月26日，我应自治区组织部、财政厅、扶贫办之邀，前往无锡市华西村，在全区贫困旗县党政领导干部培训班上讲《建设有内蒙古特点的新牧区》。晚上，我和中央党校教授王天义一起吃饭。王天义说，上午我听你讲课，你在很好地理解中央精神的基础上，结合内蒙古的实际，用自己的话来讲，没有一句废话。像你这样将要退休的人，还这么活跃地出来讲课，这在中央党校、在同级干部中都不多见。中央党校教授对我的讲课做这番评价，真是出乎我的意料。

在出版文集以来的三年里，我又写了近60篇文章。我想，日后可以出《布和朝鲁文集》续集。

第二节　做好需要我做的事情

退休以后，我干的工作，一个是党组织安排的工作，一个是社会需要我做的工作。对这些工作，我都是义无反顾、全力以赴。

2008年9月14日，中央印发《关于在全党开展深入学习实践科学发展观活动的意见》。2008年9月至2010年2月，全党分批开展了这一活动。2008年10月7日，我区第一批活动在直属厅局中开展。我担任组长的指导检查组与其他组不同，我们负责指导包头市等5个试点单位的学习实践活动，为第二批、第三批活动积累经验。

开展学习实践科学发展观活动的单位，确定各自的实践载体，是一个重要环节。我们把实践载体作为指导检查的重要内容，使之体现科学发展的思路。在第二批学习实践活动中，我对呼、包、鄂三个市的学习实践活动载体进行点评和解读，赋予科学发展观内涵。2009年3月20日，我在呼和浩特市学习实践科学发展观活动动员大会上的讲话中，解读完善了市委的发展思路：

> 市委领导在讲话中提出并阐述了呼和浩特市学习实践科学发展观活动的实践载体："科学发展、打造'一核双圈'，富民强市、构建和谐首府。"这个实践载体是我们搞好学习实践活动的有力抓手。我理解这个实践载体的内涵，科学发展是指导思想，富民强市、和谐首府是目标，"一核双圈"是实现目标的路径。就整个战略来说，富民是目的，是出发点和落脚点；强市是为了富民，是富民的途径和手段；构建和谐首府

的基础是富民，归根结底，百姓富裕、共同富裕，社会才能和谐。

所以，作为路径的“一核双圈”怎样打造，市区“一核”怎样辐射带动外围“双圈”，城镇圈和经济圈怎样协同融合，“一核双圈”怎样推动形成城乡经济社会发展一体化新格局，最终实现富民强市的目标，特别是在当前国际金融危机影响蔓延，我国经济下行压力加大的严峻形势下，如何将打造“一核双圈”与保增长、保民生、保稳定紧密结合起来，保持经济平稳较快发展，都是广大党员特别是县级以上领导班子和领导干部需要在学习实践活动中进一步理清的问题，也是认真加以落实的问题。

我在包头市委、鄂尔多斯市委召开的会议上，对两市的实践载体也进行了类似的解读阐释和完善。我的这些思路，是多次到基层调查研究的过程中逐步形成的。

2010年4月5日，中央办公厅转发中组部、中宣部《关于在党的基层组织和党员中深入开展创先争优活动的意见》。2010年6月至2011年10月，我们这个组指导检查呼和浩特、包头、鄂尔多斯、乌兰察布4个市和央企神华准格尔能源公司的创先争优活动。我应邀到各地讲课的内容是《创先争优活动重在具体化》，强调党组织和党员的承诺越具体越好。

2011年7月19日，中央创先争优活动领导小组办公室《简报》第1320期刊发了我写的《论党组织和党员的内在动力》的文章。2011年9月，这篇文章在全区创先争优活动理论研讨会上获一等奖。

2012年2月，自治区创先办给我打电话说，3月初将向中央创先办报我的《论党组织和党员的内在动力》一文，参加全国优秀论文的评选。我即着手修改这篇文章。写文章的人都说，文章不是写出来的，而是改出来的。我写的文章篇篇都经过多次修改，每次修改都使自己有新的提高，其中对《论党组织和党员的内在动力》的修改至今记忆犹新。

2012年4月18日，自治区创先办转来中央创先办对我的《论党组织和党员的内在动力》一文的具体修改意见：

> 此文试图就党组织和党员发挥作用的内在动力做较系统的阐述，有一定理性思考，文字比较通俗、流畅。但内容上有不少不很得当之处。一是文章缺少实际材料和例证，理论联系实际不够，显得空泛、缺乏说服力。二是文章题目《论党组织和党员的内在动力》缺少核心内容，即党组织和党员“干什么”的内在动力，同时这个题目与创先争优联系得不紧。可以考虑改为《论党组织和党员创先争优的内在动力》，文章内容做相应调整。三是文中有些观点值得商榷，如“从本质上讲，始终保持党的先进性的内在动力主要来源于它的内在矛盾——党的为人民谋利益的先进性要求与党内一些不为人民谋利益甚至借党谋私利等不良现象之间的矛盾”，文章对“党组织和党员的内在动力从哪里来”的回答，仅仅归于利益追求，显得过于简单化，缺乏全面分析。文章对“怎样激发党组织和党员的内在动力”的回答，集中在“公开承诺、兑现承诺”上，将其作为“开展创先争优活动的主要形式”，过分地强调其作用，而忽视其他方法和载体的作用，可能不妥。

我没有想到，中央创先办会对我这篇不成熟的文章给予这样高度的重视、这么具体的指导。这段419个字的评价和修改意见，提得非常精当。肯定性评价有两句：“有一定理性思考，文字比较通俗、流畅。”直截了当地指出“内容上有不少不很得当之处”，具体提出三点：文章缺少实际材料和例证，题目缺少核心内容，文中有些观点值得商榷。这些意见令我心服口服，不愧是国家层次专家的高见。4月19日，我和中央创先办宣传组陈东平处长通了电话。陈说，在全国创先争优理论研讨会上只有13个单位在大会上交流，所以很重视。你这个内在动力的选题选得好，其他单位的文章再没有选这个题的。

读完这段修改意见和与陈东平的交流，我意识到这次修改不是修修补补的问题，而是“伤筋动骨”的问题。只有三天的时间，我立即进入思考“程序”，而且隐隐感到一种压力。4月21日，我改完了《论党组织和党员创先争优的内在动力》，压力变为轻松和快乐。

2012年5月9日，自治区党委组织部的樊忠打来电话说，中织部部务委员傅思和要求以自治区创先争优领导小组名义上报的理论文章质量要高。原先以领导小组名义报过一篇，但中组部的专家们认为还是你的文章好。领导让我跟你说，是否可以把你的《论党组织和党员创先争优的内在动力》署名改为领导小组，末尾注明是你执笔。我回答说，没问题，一切服从组织的安排。

5月21日至22日，全国创先争优理论研讨会在京西宾馆召开。5月23日的《人民日报》用两个整版刊发了"全国创先争优理论研讨会发言摘编"，内蒙古发言的标题没变。2012年8月19日，我收到中央创先争优活动领导小组、全国党的建设研究会颁发的《全国创先争优理论研讨会入选论文证书》，写着"内蒙古自治区党委创先争优活动领导小组：你单位撰写的《论党组织和党员创先争优的内在动力》（执笔人：布和朝鲁）被评选为全国创先争优理论研讨会入选论文，特发此证"。这是我的文章在全国获得的最高奖项。我觉得，我的所有努力都是值得的。

2013年5月9日，中央印发《关于在全党深入开展党的群众路线教育实践活动的意见》。在我区第一批党的群众路线教育实践活动中，我们这个督导组督导自治区党委统战部等九个单位。其间，我制作《教育实践活动要剑指"四风"》的课件，在所联系的单位讲课。2013年8月5日《人民日报》理论版刊登我写的《扫除作风之弊行为之垢》的文章。

在第二批教育实践活动中，我们这个组督导鄂尔多斯市的教育实践活动。2014年3月，习近平去兰考县就开展群众路线教育实践活动进行调研并发表重要讲话。我从《人民日报》的报道中摘录出习近平讲的10个重要论断，以我的理解进行分析解读，写了《学习习近平兰考讲话的几点体会》一文。3月29日，我在市委中心组学习会上对习近平的重要论断进行分析解读。大家在讨论中说，辅导和解读很及时、很精辟、很到位、很有针对性，具有重要的指导作用。

市委书记白玉刚在总结时说，我们要很好地向布书记学习他的学习方法，他提炼的10个重要问题，讲得及时、针对性强。特别是最后五句话：“学习的功夫不在多而在深、不在眼而在脑、不在记而在悟、不在口而在手、不在快而在恒。”这五句话的意思是，要把功夫下在深入钻研上、联想思考上、悟出自己上、亲自动手上、持之以恒上。讲得太好太精辟了，我们向组长学习他的学习方法。

2014年3月，我建议鄂尔多斯市委实行“三到两强”服务制度以解决联系服务群众“最后一公里”问题。我提这个建议是因为回想起5年前的一段往事。当时我是学习实践科学发展观活动指导检查组组长。2009年12月15日，我到鄂尔多斯市准噶尔旗基层巡回检查。旗委常委、组织部长白云平领我到暖水乡暖水村，给我介绍他们开展的干部“工作到村，服务到户，温暖到心”的“三到”便民活动。我充分肯定他们的做法富有创新性，符合科学发展观，适应了苏木乡镇新的职能。

5年以后，2014年3月4日，在市教育实践活动领导小组扩大会议上，我建议将干部“三到”服务制度化来创新实践载体。市委书记白玉刚肯定了我的建议，并说可不可以把“三到”改为“三到两强”，增加“加强基层党组织建设、基层干部队伍建设”的内容。我说，这就更全面了，很好。

之后，我帮助市委组织部和一些旗组织部起草修改“三到两强”服务制度，制定了《鄂尔多斯市联系服务群众“三到两强”制度》。这个制度特别符合基层工作实际。我写了一篇《谈靠制度打通“最后一公里”》的文章。2014年8月15日，在全区党的群众路线理论研讨会上，这篇文章获得一等奖。20日，《内蒙古日报》发表了《谈靠制度打通“最后一公里”》。

2016年2月24日，中共中央办公厅印发《关于在全体党员中开展“学党章党规、学系列讲话，做合格党员”学习教育方案》。2017年3月20日，中办印发《关于推进“两学一做”学习教育常态化制度化的意见》。我是第一调研指导组组长，负责对呼和浩特市和包头市的调研指导。“两学一做”学习教育的要求是“学要学到位，做要做具体”。怎样才能学到位、做具体？这是我在调研指导中深入思考、认真解决的问题。

2016年7月20日，我应包头市委常委、组织部长包国权的要求，参加了包头市旗县区“两学一做”学习教育推进工作座谈会。我在会上着重强调学习教育制度创新问题。晚上，包国权问我有什么办法将“两学一做”的做法常态化。我说，只能创新制度。包国权说，按你的创新制度的思路，请你先在市区抓几个不同类型的试点。我同意协助市委组织部抓好试点。随后，包头市委组织部选定若干基层党支部为学习教育制度创新的试点单位。

回到呼市以后，我找市委组织部分管“两学一做”学习教育的刘强部长，向他介绍包头的做法，建议呼市也抓试点。8 月中旬，刘强召开呼市“两学一做”学习教育示范试点单位建设会议，确定若干基层党支部为试点单位。在“两学一做”学习教育的调研指导中，协助两市组织部坚持面上推进和点上创新相结合，用试点经验确保面上工作成效，这在前几次教育实践活动的指导检查中没有过。

我在抓包头、呼和浩特两市“两学一做”学习教育制度创新试点单位过程中，写了实行“两学一做”学习教育“三项制度”方案，广泛征求两市组织部和各试点单位的意见。2016 年 9 月 27 日，在全区“两学一做”学习教育调研指导工作座谈会上，我汇报了关于实行“两学一做”学习教育“三项制度”的思路。自治区党委常委、组织部长李鹏新在讲话中两次表示完全赞同我的观点，并多次强调必须抓好党支部建设，带领党员为实现党支部目标，立足岗位发挥先锋模范作用。散会后，他特意来跟我握手说，你对制订“三项制度”的分析特别到位。

2016 年 11 月 3 日，在呼和浩特市“两学一做”学习教育调研指导工作座谈会上，市委组织部副部长刘强说：

> 我们感到，布主任（他这样称呼是因为我任过内蒙古党委政研室主任）抓工作有三个集中体现：
>
> 一是集中体现对自治区党委、自治区党委组织部的高度负责。布主任每次来呼市调研指导工作都是认真敬业、一丝不苟，细致入微、深思笃行。上个月，在自治区党委组织部召开的座谈会上，李鹏新部长两次对布主任的调研指导工作提出表扬。

二是体现对呼市市委和全市“两学一做”学习教育的高度重视和厚爱。从科学发展观学习实践活动到创先争优活动，再到“两学一做”学习教育，布主任一直给予呼和浩特市非常多的指导帮助。在“两学一做”学习教育中，布主任多次为各旗县区和市直单位讲专题党课，带着真情、真诚、真心来帮助我们。希望我们在建章立制上有突破，在学习教育中出经验，在巩固长效机制上走在全区前列。

三是体现对我们确定的试点单位的期望。他同各试点单位多次联系，对有关制度给予多次修改，不厌其烦地指导工作，形成了党支部各项制度和学习型党组织建设方案，为我们下一步全面推开奠定了坚实的基础。这次在调研过程中，布主任依然是细之又细、具体深入指导各试点完善工作，提出非常宝贵的意见建议，有很强的针对性。我们要认真抓好贯彻落实。

2016年11月，我终于完成了《党支部工作目标制度》《党员履责制度》《党支部专题学习制度》。这可以说是一个重大成果，是半年多来辛勤学习、调研、思考的成果，也是各方面共同努力的结果。2016年12月29日，中央组织部《“两学一做”学习教育情况通报》第26期上说，内蒙古呼和浩特、包头两市建立《党支部工作目标制度》《党员履责制度》《党支部专题学习制度》三项制度，推动“两学一做”常态化、长效化。

2017年4月18日，我在自治区党委组织部关于贯彻中办意见实施方案征求意见稿上写了如下一段话：

推进“两学一做”常态化制度化，关键在制度化，只有制度化才能常态化；制度化是为了常态化，应立足于常态化实行制度化。制定方案可否以实行制度化为重点，实行制度化应以基层党支部为重点。我们的制度已经不少，但党支部工作的制度化还不够，应要求党支部制定工作目标制度。这是“两学一做”学习教育与中心工作深度融合的需要；是党员以完成党支部工作目标任务为重点发挥先锋模范作用的需要；也是在党支部发挥自身职能、党员发挥先锋模范作用过程中发现问题，针对问题联系实际学好党章党规、系列讲话的需要。

2017年4月28日，自治区党委常委、组织部长曾一春在我的《对“两学一做”学习教育常态化制度化的认识》一文上批示：“布和朝鲁同志的思考、建议很好，很有针对性，可翻印给协调办同志参考。要予提倡鼓励，动员大家把我区‘两学一做’学习教育常态化制度化有力有效抓得更好。”2017年5月22日《学习时报》刊登了我的《树立党的一切工作到支部的鲜明导向》文章。

2014年10月13日，自治区党委组织部考核办常务副主任包国权跟我商量，让我带一个课题组研究关于盟市领导班子政绩考核制度，我接受了这个任务。11月，我带领课题组赴全区12个盟市调研，主要是同各盟市党政一把手交流，听取意见。下盟市调研途中，我们在中巴车上开课题组会议，商量课题研究的问题。

我对按分工起草分报告提出四点要求：一是充分考虑盟市领导的意见，分析以往考核指标的不足，提出更好的指标。二是我们提出的新指标要具有引领性、引导性作用，充分论证其科学性、合理性和必要性；同时提出完成新指标的指导性保障措施，为盟市留足创新推进、创造性工作的空间。三是新指标应体现盟市之间的差异，体现增长幅度。四是明确考核谁、谁考核、日常怎么监测等问题。我鼓励大家充分发表意见。类似的车上会议，我们开过多次，把乏味的车马劳顿变为活跃的思想盛宴。

课题组成员按照分工分别起草分报告，而我也同步起草全篇报告。同步起草全篇，一个人写全部内容，虽然很辛苦，要下更多的工夫，但可以按自己的思路写，再从别人的分报告中取其精华，加以完善，免得耽误时间。2015年1月14日，课题组用一天时间讨论修改《完善盟市党政领导班子年度政绩考核制度研究报告》，连中午都没休息，买来盒饭，边吃边干。大家很认真，从文字到内容、从标点符号到篇章结构，提出了很多很好的修改意见。我感到众人拾柴火焰高。

3月30日，在自治区党委政府考核办会议上，我和包国权分别汇报盟市党政领导班子政绩考核制度研究情况。这个研究报告的新意在于，按照“四个全面”战略布局框架设置全部引领性指标，全部提出指导性保障措施，这是之前所没有的。包国权说：这一研究成果来之不易，凝聚了课题组全体成员的心血和汗水。特别是布和朝鲁同志为课题研究付出了巨大的辛劳。他的那种严谨细致、勇于探索、精益求精的精神，给课题组成员树立了榜样。自治区党委常委、组织部长李鹏新在主持会议、讲话过程中，两次提议大家鼓掌，对我和课题组表示感谢。

时隔不久，2016年2月21日，通辽市委书记罗永纲打来电话说，老领导能不能来通辽帮我们研究一下提高农牧民收入问题。我说，这事我能办，一定去。我放下电话查阅资料，发现2015年通辽市的GDP排在呼、包、鄂之后，居全区第四位，而农牧民人均可支配收入却排在倒数第四位，反映了经济总量与农牧民收入水平不相称的问题。

罗永纲书记为加快增加农牧民收入而着急，体现了他的为民情怀，我必须帮他的忙。3月中旬，我带领市委政研室的几个同志，分两次去农牧民比较集中的奈曼旗、库伦旗、科左后旗和科左中旗进行深入的调查研究。养牛和种玉米是通辽市具有良好基础的传统优势产业，又是互补产业。眼下的问题是，通辽市农牧业人口多，多数农牧户户均养牛数量少甚至不养牛；养牛和种玉米的生产方式仍然是粗放式；合作化、机械化程度低。

我在《关于增加通辽市农牧民收入的调研报告》中提出：要扶持养牛少或不养牛的农牧户，从人均三头牛起步，三到五年实现收入翻番。要推进设施化养殖良种牛、规模化种植良种玉米，着力转变生产方式，试点引领合作共富。我特别建议抓住今年春耕在即的有利时机，在科尔沁区等玉米主产区先行搞试点，买两台进口的大型播种机、一台玉米籽粒收获机，满足一个作业期5000亩耕地作业需求，实现生产方式转变。

2016年4月25日，罗永刚打来电话说：按照你的研究报告，我在全市重点工作重点项目推进会上部署了5000亩玉米规模化种植任务。我算了一下，用进口农机规模化种植，一斤玉米能降低成本一毛钱。进口农机非常人性化，无人驾驶，效率高。合作化设施化养牛的事，我们正在部署。我听了罗永刚的话很高兴。他的动作之快让我惊奇、欣喜、激动。我搞的关于发展思路研究报告之类不在少数，这个研究报告，进入决策之快、具体实施之速、投入资金之多、突破难度之深、受益面之广、影响面之大，可谓首推。

我退休以后的工作，除了全力以赴完成党组织安排的工作以外，还认真负责地做好需要我做的各层次、各类研究性工作。两者在时间和精力上都没有矛盾，是互不影响、交叉进行的。

2009 年 8 月 12 日，我在北京见到郑新立。他是中央政策研究室原副主任，著名经济学家。我担任内蒙古党委政研室主任时就认识他，他是我业务系统的上级领导，对我很了解。那天，我请求郑新立为我的新书《奋力走进前列——内蒙古现象研究》写序言，他欣然答应了。那时，他是我国“高智库”——中国国际经济交流中心（简称国经中心）的常务副理事长。那天，他说要聘我为国经中心的特约研究员。

2009 年 12 月，我收到国经中心的“首届中国经济年会邀请函”：“因为您的贡献和影响，特邀请您作为年会主论坛嘉宾出席。”2010 年 1 月 17 日，第一届中国经济年会在北京中国大饭店举行。这届年会演讲的嘉宾有张国宝、陈元、张晓强、刘鹤、刘遵义、厉以宁和樊纲等。国务院原副总理曾培炎及多位部级领导、国内外著名经济学家、行业领袖、国内外经济组织和机构等诸多经济界人士参加了这次高规格巅峰对话。中央电视台财经频道全程录播。我是第一次参加这样高规格的中国经济年会，感到大开眼界，有多方面的收获。

2011 年 1 月和 6 月，我陆续参加了“中国经济年会（2010—2011）”“第二届全球智库峰会”。当年 9 月，我被聘为国经中心特邀研究员，聘书里夹着一张便签：“布和朝鲁同志：感谢您一直以来对国经中心给予的支持和帮助，经研究，聘任您为特邀研究员，希望您今后继续支持国经中心的工作。郑新立，二〇一一年九月二十六日。”

2012 年 1 月 14 日，我参加了第三届中国经济年会。这次，国经中心发给我的邀请函上写着："您一直大力支持国经中心工作，特邀请您作为演讲嘉宾出席年会，并给予指导。本届年会将因您的出席而增添光彩。"作为演讲嘉宾出席年会，在我是第一次，对我是无上的荣耀。第三分论坛第一时段的主题是"经济转型与发展方式转变"。我从论坛主题切入，讲十年来内蒙古的快速发展，既是宣传，又是铺垫。接着讲问题：转变发展方式的必要性、紧迫性；讲正在转变的思路和措施；理论性概括结尾。主持人向我提的问题指向国务院 21 号文件的落实问题，我从国务院文件中对内蒙古产业发展的定位切入，讲能源发展现状、制约性问题、破解的前景。两次讲的效果比预料中的好！国经中心的景春梅等说，你是 6 人中讲得最好的。郑新立也说，你讲得好，宣传了内蒙古。15 日，中国网等全面报道年会内容，我的演讲内容几乎一字不落地发了，并配发几张特写照片。国经中心"智库报告"《中国经济分析与展望（2011—2012）》一书收入我的《转型发展才能富民优先——基于内蒙古发展的分析》一文。

2013 年 1 月 26 日，我参加了"中国经济年会（2012—2013）"。2015 年 12 月 17 日，我应国经中心研究员景春梅邀请，参加他们受阿拉善盟额济纳旗策克口岸管委会委托研究的《构建中蒙策克——西伯库伦跨境经济合作区研究》课题评审会。景春梅是我阿拉善小老乡，我每次去北京参加国经中心的会议，小景都非常照顾我。参加国经中心的重要会议，写研究报告，都不是常年性工作，却是我最关注、最重视、最珍惜、最满意的工作。作为特邀研究员，我直接享受智慧盛宴，亲临思想前沿，有了难得的体验。有人说"做官是造福一方，做学问是造福全社会"。不论做什么，我都要努力为百姓造福。

2010 年 8 月 13 日，内蒙古政协原副主席许柏年邀请我担任内蒙古低碳发展研究院的常务副院长。从此我积极协助许柏年院长，参与了研究院创建初期及之后的一系列工作。2010 年 12 月 28 日晚，许柏年在低碳发展研究院新年聚餐会上祝酒时说，低碳发展研究院最困难的时期已经过去了，在最困难的时候布书记鼓励了我。我祝酒时说，凡干一番事业，靠领导者有方，靠大家帮忙。许主席老骥伏枥，志在千里；德高望重，坚韧不拔；

创业资源丰富，工作卓有成效，我们要同心协力支持许主席的事业。

我在低碳发展研究院协助许柏年工作的4年间，主持研究了《内蒙古生态文明示范工程推进方式研究》等6个课题，其中5个是我协调争取的。2012年4月24日，我写了《关于低碳经济发展的有关问题》一文，由研究员杨阳做成课件，在低碳院的学习日，我讲了这个问题。许柏年主持学习时对讲座内容给予充分肯定。

2013年1月15日，低碳院召开2012年工作总结会，我主持。许柏年讲了他写的《内蒙古低碳发展研究院2012年工作总结》，所有人员都做个人总结发言。按我事先的部署和要求，年轻人都用课件发言，达到了预期的效果。大家讲完了，我对许柏年的总结给予充分肯定；对8位年轻研究员的课件发言，分别用一个字概括其特点，比如，幽、详、细、诚、清、实、动、简等，并加以简短阐释。最后，我用课件做《2012’课题研究总结》的发言。大家要求许柏年对我的发言做一个字的评价。许柏年的评价是“精”，说我的课件精练、调研精细、课题精湛。

2018年9月23日，我应邀担任内蒙古牧区资源合作商会乡村振兴战略规划研究中心的顾问。这个商会的会长是内蒙古农业大学的教授格日勒图，副会长是新傲都。我当这个研究中心的顾问以后，有了致力于我区乡村振兴的平台，发挥我应发挥、能发挥的作用。2018年10月至2021年1月间，我主持编制了呼伦贝尔市《陈巴尔虎旗乡村振兴规划（2019—2023）》等13个规划。其中，旗规划1个，苏木镇规划3个，嘎查村规划9个；牧区的11个，农村的2个。对乡村振兴事业做了些工作，我很有满足感。

2020年6月，对陈巴尔虎旗乡村振兴规划征求意见会上，旗政协主席何天峰说，我看过很多不同的规划，这个规划是最好的，使人耳目一新。对鄂尔多斯市准格尔旗大路镇两个村的规划，北宸智库的蔡常青说，整个规划框架清晰有创意，表达简明到位。农业大学的盖志毅说，总体很好，布老是大手笔，这么短时间编制完，殊为不易。

2012年9月18日，自治区党委组织部领导给我打来电话说，郑科扬老领导要来鄂尔多斯市就非公企业党建工作进行调研，你是自治区党建研究会副会长，辛苦你去陪同一下。我接受了这个任务。9 月 19 日至 23 日，我陪同郑老在鄂尔多斯市非公企业东方控股集团进行调研。东方控股集团党委书记、董事长丁新民陪同调研。

前排从左至右：作者、党建研究专家郑科扬、东方控股集团董事长丁新民、作家田培良

9 月 23 日，东方控股集团召开企业党的建设研究会成立大会。郑老在会上讲了很多重要观点，我也谈了体会。丁新民提出的创建“中国特色社会主义新型企业”的发展理念、“以人为本，共同富裕”的企业宗旨、“让无产者变为有产者”的奋斗目标、“人本重于资本”的分配原则以及党支部建在民工联队、党管分配等理念、思路，确实是独具特色、富有新意，在其他非公企业闻所未闻。更加可贵的是，怎么说就怎么做，落到了实处，企业有了长足发展，员工收入大幅提高，让当初扛着一把锹来的民工们变为“有产者”。

东方控股集团和丁新民获得自治区和国家很多嘉奖和荣誉。丁新民是全国百名优秀党务工作者，是党的十八大代表。2013 年 10 月 26 日，全国非公有制企业党建论坛（2013 年会）暨“朵日纳”杯非公有制企业党建征文交流研讨会在鄂尔多斯市东方控股集团召开。内蒙古党委常委、组织部部长李鹏新致辞，浙江省委常委、组织部长蔡奇做主旨发言。我在大会上以《论东方控股集团高举旗帜创新发展的实践》为题发言，并获得“朵日纳”杯非公有制企业党建主题征文一等奖。此后，我多次应邀到东方控股集团讲课或参加有关会议。

退休以后，我做需要我做的工作中，讲课是重要一项。退休的当月，就被聘为内蒙古党校客座教授，之后，又被聘为一些高校的客座教授。2011 年 5 月 29 日，我应邀去内蒙古财经大学，为大一、大二的学生讲授调查研究方法和调研报告写作问题。事先，老师跟我说，学生搞的暑期调研报告都不合格，都是从网上下载拼凑的，因此不得不把暑期调研改为寒假调研。针对这些情况，我围绕调查研究的目的意义和方法、调研报告的价值和写作技法进行深入浅出的讲解，不断跟同学们互动。我对同学们回答我的提问给予鼓励和肯定，同学们对我的每次回答都报以热烈的掌声。

2019 年 5 月 26 日，我应邀去内蒙古师范大学经管学院，给近 200 名学生入党积极分子讲党课。我在《谈探索一条新路子》的课件里，通过讲习近平 3 月 5 日在参加十三届全国人大二次会议内蒙古代表团审议时的讲话精神，结合同学们的学业内容，讲解习近平思想。同学们全神贯注、认真记录，互动不断、气氛活跃。那天是在阶梯教室讲课，讲台是为站着讲课设计的。我站着讲了 1 小时 40 分钟，也不觉得累。结束时，同学们长时间热烈鼓掌，使我非常感动。

退休以后，我回头看自己的从政之路，认真反思和反省。苏格拉底说：“认识你自己。”我觉得，认识自己比认识别人要难得多。我这个人，有不少缺点错误，却见不得别人工作中的毛病。我的错误在于，老是拿自己做尺子量别人，或者说用自己的优点和长项比别人的缺点和短处。

我这个人，老是想改变别人，往往忽略外因只能通过内因而起作用。山河易改，本性难移。我的错误集中表现为“三过”：对工作，标准过高、要求过严、求效过急，往往忽略辩证地看人看事。人和人有差异，事与事有区别，而我不能从别人的实际出发提出工作要求。我还认为直截了当地指出别人的不足是领导的职责，严厉批评才能让对方长记性、改毛病。这种理由不管动机如何高尚、出发点如何正确，无一例外适得其反。

我的“三过”错误，在职的时候始终没有改彻底。到了晚年，我才悟出一个道理：改变别人，莫如改变自己。

第三节 共享天伦之乐

我于2012年退休，从此告别长达32年的从政历史，步入退休的新生活。我可以和我的爱人乌云长久地生活在一起了。之前，由于我的工作岗位变动和脱产学习等原因，我们俩聚少离多，分居两地五次16年，占我从政时间的一半。

作者和爱人乌云在锡林河边

第一次是1974年至1976年，我爱人考入临河的巴盟师范学校学习两年，我在乌拉特后旗当教师。当时交通通信落后，我俩只能写信或发电报联系，或者我去临河看她。为了方便爱人上课看时间，1975年3月，我拿着200元去临河，用110元给爱人买了一块红旗手表，其余的做她的零花钱。这是卖了在查干温都尔饲料基地的新房的钱。

第二次分居是1983年9月至1985年7月，我考入内蒙古师范大学学习两年，爱人在阿拉善盟盟直机关工作。当时，我是阿拉善盟行署办公室副主任，但家里没有电话。我和爱人通电话，她要跑到邻居家里接电话，十分不方便。这两年里，她给我写了17封回信，我把她的信全部保存下来。当然，我给爱人写的信肯定比她的回信要多。爱人除了给我写信以外，但凡有人去呼市，总要给我捎去茶食、炒米、黄油、奶粉、酸酪丹和自家院子里的水果等，还有衣服、鞋袜等。每次接到爱人捎来的东西，我的心情总是难以言表。我知道爱人对我的体贴入微是无可比拟的。

第三次分居是1985年7月至1991年7月，我在阿拉善右旗工作6年，爱人在阿拉善盟盟直机关工作。在阿右旗工作时期，我们家里仍然没有电话。在阿右旗，我住办公室，电话是摇把子的。长途电话须通过邮局要通邻居的电话，邻居叫她来接电话，非常不方便。这期间，爱人给我写了29封回信，我照例全部保存下来。她想方设法给我捎东西的传统没有变，只不过我平时都在单位食堂就餐，早餐食品捎得少了，多数是自家院子里的水果和衣服之类。我只有参加自治区、盟里的会议和过春节的时候才回家团聚。1989年3月4日，收到妻子捎来的信和水果。这是一封感情溢于字里行间的信：

……自你走了以后我很孤独，孩子们常常提起你，使我更难受。我只盼着我们团聚的那一天。想起这些年分居的生活，我就害怕。随着孩子们长大和生活条件的改善，在一起过日子的愿望多么强烈呀！这次巴书记下乡回来以后，我就去找他，请求把你调回来。女儿升学走了以后，我和儿子怎么过日子呢！

> 你一个人在外，与一张办公桌和一张铁丝床为伴，吃在食堂，软硬不管，又是多么难呢！想起来多么爱怜你！不管怎样，今后在各方面更要关心支持你。什么时候彻底回来了，我就把你供在大立柜的顶子上。我只求你不管走到哪里，不要把老婆孩子忘了。经常给你的两个孩子写信，鼓励他们的学习……

这些都是她的真挚感情的直接表白，没有一点假的。她就是这样一个人。我立即提笔给她回信，安慰我的爱人。这些年确实难为她了。

第四次分居是 1991 年 9 月至 1992 年 7 月，我在中央党校中青年干部培训部学习一年，爱人在阿拉善盟盟直机关工作。这个时期，家里已经安了电话，联系比较方便了，书信也相对少了。去北京的人不是很多，她给我捎东西也相对少了。这期间，她专门去北京看我，住在宿舍里，跟我一个党小组的学员都认识了。他们都为我有这么美丽、干练的爱人感到很是羡慕。

作者和爱人乌云在一起

第五次分居是1998年5月至2003年4月，我在锡林郭勒盟工作5年，爱人在内蒙古党委《党的教育》杂志社工作。在锡盟工作时，我住在盟委的周转房里。锡林浩特和呼和浩特之间的交通条件相对方便，我爱人和孩子们来锡盟相对多了，在生活上照顾我也方便了。我和爱人分居，身在两地，心在一起。对于分居，我爱人完全理解，全力支持我的工作。自从有了手机以后，我俩几乎每天晚上通电话，我倾听她说话，即便她有时候发几句牢骚，我也耐心听，安慰她，鼓励她。我充分体谅她，全家里里外外、老老小小，全靠她一个人，真是不容易，想起来我都心痛。我离开锡盟回呼市，从此结束了分居的生活。我把我俩先后分居16年称作两地恩爱十六载。

我离家到其他地方工作，总是有搬家或带行李的事情。1980年7月，我从巴彦淖尔盟乌拉特后旗宝音图学校调回阿拉善盟委办公室工作。随后，爱人也调到阿拉善盟行署民族宗教事务局工作。同年11月，我们从宝音图学校往阿盟搬家，在一辆大卡车上装了一个写字桌、两个床板、几卷铺盖、几纸箱旧衣物、几纸箱书籍和锅碗瓢盆。这些是我们的全部家当，只占了车厢的一个角落。为了在长途跋涉中保持行车平衡，车厢里装了大半车梭梭柴火。

1985年，我去阿拉善右旗工作时所带的行李是一个铺盖卷、几件衣服。1991年离开阿右旗回家时，带走的也是铺盖卷和衣服，其余的收获都装在脑壳里了。1998年，我离开自治区党委组织部去锡林郭勒盟工作，我的行李是铺盖卷和衣物箱。2003年，我离开锡盟，带回来的也只是铺盖卷和衣物箱。人的富有在精神，精神的富有比物质的富裕更珍贵。

经历前后16年的分居，退休以后我和爱人真正团聚了。我心想，要好好陪我的爱人，好好爱我的爱人，要把16年的分居补回来。我的父母健在的时候相亲相爱、相敬如宾，相互间从不直呼其名，只叫尊称。到了我们这一代，没有尊称了。在家里，我称她老乌，她叫我老布，比那些夫妻间直呼其名的要亲切得多。

有一天，我爱人叫一声宝宝，我奇怪地问，你叫谁呢？我爱人说，叫你呢呀，对我来说你是我的宝贝，我要叫你宝宝。我什么也没有说。但是，从那天起，我也叫她宝宝。我们那个才几岁的小孙女吉日嘎听了，奇怪得不得了，给她的爸爸妈妈说，你们知道吗，奶奶叫爷爷叫宝宝，爷爷叫奶奶也叫宝宝，多可笑呀！

退休以后，作者和爱人乌云在一起

2014年9月，我们的孙女吉日嘎开始在呼和浩特市苏虎街实验小学念书。辅导孙女吉日嘎的学习，照料她的生活，这个任务历史性地落在我和爱人的肩上。关心和帮助儿孙完成学业，是作为长辈义不容辞的责任，而我对儿女却没有完全尽到这个责任，在我来说做得很不够。我们的姑娘红霞、儿子乌特哈念小学和中学的时候，我在阿拉善右旗工作。我们的外孙女哈妮念小学和中学的时候，我在锡林郭勒盟工作。后来我回到呼和浩特工作时，外孙女哈妮已经读高中，我想辅导也力不从心。那个年代，我辅导儿孙的学习，不仅条件不允许，就是整个社会这方面的意识似乎也没有现在这么强烈，但我的心里很愧疚。

2011年3月18日，我在日记里写道：

今天，是我和爱人举行结婚典礼的40周年纪念日。当年美丽善良的小女孩，而今已是两个孩子的母亲、孙子和外孙的奶奶和姥姥了。

我平时很少上街，但今天特意到花店买了6朵红玫瑰，寓意60岁的她依然那样美丽，牵手41年依然那样温馨，儿孙满堂、天伦之乐，今后岁月事事大顺。爱人接我送的鲜花，听说缘由，很激动的样子，向我鞠躬。女儿、儿子听了，感到惊喜，说要好好庆祝一下。

女儿红霞和女婿奎巴特

我们的女儿红霞是在查干温都尔饲料基地出生的。我爱人上临河师范学校学习期间，先是我母亲从阿盟来把她的孙女儿领回去照看了一年。1975 年下学期，我在乌盖学校任教时红霞跟我在一起，她才四五岁。后来我爱人回忆起我对她讲过“每天早晨给女儿梳头要花 17 分钟”。我有课时没课的老师帮我照看。红霞在宝音图学校念小学，在阿盟念中学，1991 年从内蒙古警察学校毕业，回阿拉善盟从事公安工作。1995 年，红霞调到内蒙古政府部门。女儿在单位工作积极主动，表现出色；业余时间自学绘画和书法，得到专家的赞赏。女儿是妈妈的小棉袄，也是全家的贴心人。尊老爱幼，细致入微，谁的事儿她都操心，里里外外一把手。女婿奎巴特是老革命奎壁的孙子，身为正厅级干部，没有丝毫的官架子，爱学习，善思考，为人谦和，受人尊敬，在本职工作岗位上做出了出色的成绩。

1995 年，儿子乌特哈参军赴边防部队前向父亲作者告别

1996 年春节，作者和爱人乌云去边防部队看儿子乌特哈，乌特哈向父母演示军人叠被子

我们的儿子乌特哈是在宝音图学校出生的。小学、中学，他都是在阿盟念的。1990 年上半年，在阿盟民中念初一的儿子到阿右旗我的身边，在阿右旗蒙中念了一个学期。这期间，儿子跟我一起睡在我的铁床上。我下乡和外出时，把他托付给他的班主任，由班主任代为照管。1995 年，乌特哈从内蒙古体育运动学校毕业，分配到内蒙古交通厅工作。他当年参军，在

作者和儿子乌特哈在一起

儿子乌特哈和孙女吉日嘎在草原上

内蒙古军区三〇旅服役。服役期间，他荣获优秀士兵“八一”证章一枚，荣立三等功一次并荣获“八一”奖章一枚。儿子是全家的顶梁柱，对老人抱着一颗孝心，对家人的大事小事都挂在心，对女儿的学习成长尽心尽力，对亲戚的事儿一样用心，对同事朋友的事儿也是一片热心，受到大家的称赞。

外孙女哈妮和作者在一起

外孙女哈妮在英国

我们的外孙女哈妮很优秀，在呼市苏虎街小学学习期间一直当班长，从四年级开始当少先队大队长，多次获得三好学生和优秀班干部奖状。在呼市三中念初中期间加入共青团，连续三年获得优秀团干部奖状和新城区优秀团支部书记荣誉。在呼市二中念高中期间一直是班级宣传委员，并获得优秀红十字会员荣誉。2019 年，哈妮从内蒙古科技大学毕业以后，考入英国朴茨茅斯大学，读国际人力资源管理研究生，2021 年回国以后在北京工作。哈妮爱好广泛，特别喜爱动漫艺术，多次参加动漫真人表演，在舞蹈和钢琴、马头琴弹奏上也有不俗的表现。

2023 年春节，孙女吉日嘎（左）和在北京工作的姐姐哈妮相互拜年

作者和孙女吉日嘎在一起

我们的孙女吉日嘎从小就很优秀，在苏虎街实验小学六年间，各课学业成绩全部为优。2016 年参加“印巷宝贝（WONDER BABY）中国国际儿童超模大赛”获得季军。她从小学弹钢琴，三次获得“蒲公英”等全国少儿钢琴大赛金奖。2020 年 9 月，吉日嘎如愿以偿被呼市十九中录取，成为初中生。每当看吉日嘎的课本，我的第一个感觉是，现在的课本内容比 20 世纪五六十年代我读小学和中学时期的课本内容深多了，没法比。文科类课程还好说，理科类课程，我试着先自学再辅导，后来也心有余而力不足了。爱人和我除了吉日嘎上学的时间，无不在想方设法提高她的成绩，无不尽心竭力让她既学习知识、又学习做人、做事，无不为我们几个的饮食起居而忙碌。

晚上，作者辅导孙女吉日嘎

我辅导吉日嘎的学习时，也常常交流一些课文以外的话题。比如，2017年12月26日晚上，在辅导吉日嘎有关课文内容时她突然问我，爷爷，是不是每个人都要死？当时她是小学三年级的学生。我回答说，是的，这是自然规律、自然法则，所有人都不例外。像你们这样的少年甚至青年、中年人，说到死会害怕，这很自然。我的孙女说，是吗。我接着说，但是像爷爷这样，已经70岁了，就不怕死了，对死亡没有恐惧感。因为我懂得人生是怎么回事。像爷爷这一生，该做的事情多数都做了，需要继续做的事情还要做好。但对随时可能离开这个世界的事情，却无所谓了。

我说的时候孙女不吱声了。我看到她两眼满满的泪水。我不由得抚摸着她的头说，我的孙女动感情了吗？吉日嘎的眼泪像珍珠串似的掉了下来。我抚摸着她说，所以，我们一定要珍爱生命，珍惜每分每秒的时间，好好学习，长大了好好做事。

2022年春节以后，呼和浩特市发生了新冠疫情。3月1日开学起，开始了40天的线上教学。当时，吉日嘎读初二下学期。我陪她在线上上课，现场感受她的课堂状态，我想方设法改变她的状态。语文老师善于和学生互动，老师每次提问题，我都在一旁启发、鼓励和帮助吉日嘎抢时间回答。吉日嘎越往后越积极主动回答问题，而且多数回答正确。

老师表扬她说："吉日嘎最近的学习状态特别好。"这句话大大调动了她学习语文的积极性，在语文课上基本是全神贯注。相比之下，她对学数学就差一些。开始时，我也跟她一起在平板电脑上看数学老师做题，却发现孙女往往不在状态。我想了一个招，我给她讲学好数学的重要性，我说爷爷也想学好数学，但在平板电脑上看不太清楚。你把老师做题的步骤全部记下来，晚上你再给爷爷讲讲，我搞清楚了好辅导你。

她答应了。这样一来她对数学课的关注度大大提高，给我讲得也像那么回事。吉日嘎对英语一直比较重视。其他副课，有互动的我也鼓励帮助她回答问题。听班主任在周末班会上讲，线上教学，好些同学不在状态。而对我们爷孙俩来说，却有点"弯道超车"的味道。我觉得在这40天里，吉日嘎自主自立学习能力显著提高，做题速度比较快，而且上课注意力不够集中、平时贪玩手机的现象明显改观。

2022 年 5 月中旬，初二年级期中考试。在班里开的家长会上，班主任老师夸奖说，吉日嘎这学期进步很大，由入学时全年级 800 多人中第 606 名提升到这次的 188 名。这次全家人都高兴得不得了。

“生命在于运动。”我从年轻时就相信这句话。健身晨跑是我多年来养成的习惯。20 世纪 70 年代初，我当教师，每天早晨领着学生跑操。从此，就坚持每天晨跑，从未间断。我看了不少关于跑步锻炼的文章。我认为，跑步不像其他锻炼项目必须有一定的环境条件，只要能走的地方就可以跑，随时随地都可以跑。跑步出汗，浑身舒坦。我感到，跑步锻炼需要跑够一定的距离，跑出一定的速度，才能达到锻炼的效果。跑步既能锻炼身体，又能锻炼意志、增强毅力。跑步有助于思考。头天晚上写东西，思路不畅了，第二天早晨边跑边思考，思绪豁然开朗了。

跑步能治病。2009 年 5 月 8 日，我早晨跑步回来照例上电子秤，那天的体重是 79.6 公斤，终于破了 80 公斤。这是近 20 年来第一次。之前，我的体重一直在 85 公斤至 89 公斤之间。2008 年冬体检，医生说我有轻度脂肪肝，并说脂肪肝是可逆的，建议我把体重降下来。回来以后，我加大跑步力度，跑步的距离延长了，跑步的速度加快了。

几个月后再去复检，结果脂肪肝不但没有逆转，反而由轻度变为中度，使我吃惊不小。在跟医生的交流中，我似乎明白了个中缘由。原来我有一个误区，以为每天跑步消耗大，必须多吃一点。这就违背了“管住嘴，迈开腿”的要求。我按医生的指导，在之后的一个多月里几乎不吃主食，不吃肥肉，以蛋奶、果蔬为主。再去复检，让我很惊喜，肝脏的脂肪消失得无影无踪。

从那以后，我严格控制饮食量，逐步调整饮食结构。早晨，空腹吃水果，接着喝奶茶，吃奶食和鸡蛋、各种坚果，有时还喝咖啡。中午，以肉食和蔬菜为主，吃少量主食。晚上，喝一碗我爱人自制的酸奶，吃一些坚果等。每天吃的总量不多，种类不少，总有十几种食品。细嚼慢咽，一顿饭吃半个小时以上，似乎胃缩小了，不知不觉就饱了。

我几乎每天上电子秤，根据体重调整饮食量。这些年，一般情况下体重保持在 72 公斤左右。坚持跑步不停步，每天早晨、过年过节、寒冬酷暑不中断。75 岁之前每天跑 5 公里，75 岁起每天跑 4 公里。配速 8 分钟左右，心率 125 以上。这些年，我每年的体检结果，各项健康指标都在正常范围之内。

你知道骆驼怎么跑吗？骆驼的速度不如骏马快，但步伐最坚、耐力最持久。我从驼乡来，一直在奋斗的路上奋力奔跑。很辛苦，但很充实；有付出，更有收获。在前行的路上，我将继续奔跑。步速必然慢下来，步伐将依旧坚定，劲头将依然十足，路边仍然是景色无限美。我很欣赏一段话：每一个中国人，每一点平凡的努力，成就不平凡的自己，也成就不平凡的中国。个人脚步坚定向前，国家梦想不断成长，这是每一个人的功劳，更是每一个人的幸运。

知识分子的精神家园